K-IFRS 반영

회계원리 에센스

Accounting Principle Essence

| 최창식 · 윤진기 지음 |

유원북스

머리말

최근 회계학은 세계화, 전문화, 다각화되어가는 경제환경에 따라, 기존에 행해져 왔던 경제활동의 인식과 측정, 자원의 효율적 관리와 투명성 향상뿐만 아니라, 경영자문이나 정보기술을 활용하는 분야에 진출하는 등 회계업무의 영역은 증대되고 있다.

또한 정부기관을 비롯한 비영리단체에서도 회계학의 개념과 체제를 수용함으로써, 회계학의 사회적 공헌도가 크게 높아지고 있는데, 회계학은 경제현상을 이해하고 관련 업무를 수행하는 데 있어 중요한 판단의 기준으로 현대 사회에서 매우 중요한 기능을 담당하고 있다.

회계학은 우리가 직면하는 모든 경제환경에 대한 체계적인 이해와 안목을 제공함은 물론, 영리단체와 비영리단체를 망라한 모든 사회 구성원들에게 그들의 업무수행을 위한 지침을 제공하고 있는 것이다.

회계는 기업의 언어라고도 한다. 즉, 회계는 투자자, 채권자 등 기업외부 정보이용자뿐 아니라 경영자, 종업원과 같은 기업내부 정보이용자에게도 유용한 정보를 제공하여 기업과 기업의 이해관계자들 간의 의사소통을 가능하게 한다는 것이다.

본서는 회계를 처음 접하는 독자를 위하여 가급적 쉬운 예제와 다양한 그림을 통한 시각적 효과로 쉽게 회계의 의미를 이해할 수 있도록 하여 독자들과 소통하려고 했다.

또한 중급회계 수준의 교재에서 다루는 주제들도 일부 간략히 언급하면서 최근 들어 우리나라가 도입한 국제회계기준과 기업회계기준의 내용을 가급적 쉽게 설명하려고 노력했다.

따라서 회계를 처음 공부하는 학생뿐 아니라 향후 좀 더 심도 있는 회계학 학습을 하는데도 도움이 되도록 했다는 데 본서의 특징이 있다.

이 책을 공부한 이후 심도 있는 회계학의 학습은 회계학문의 성격상 경제학, 경영학 그리고 법학 등 인접학문을 함께 공부해야 하며 또한 교재의 연습문제뿐 아니라 시중에 나온 회계학 연습문제집을 구해 다양한 회계학 계산문제를 많이 풀어볼 것을 권한다. 회계학은 계산과정을 눈으로만 봐도 알 것 같지만 스스로 직접 계산문제를 풀어보아야 자신의 지식이 되기 때문이다.

저자들 나름대로 노력은 했지만 부족한 점이 많이 있을 것이라 생각한다. 부족한 점은 전적으로 저자의 몫이며 향후에 독자들의 고견과 충언을 반영하여 개선해 나갈 것을 약속드린다.

본서가 회계학을 공부하는 학생들에게 좋은 지침서가 될 수 있기를 희망하면서 향후 회계실무 및 자금, 투자, 기획, 컨설팅 등 경영 각 부문에서 전문가로서 일하고자 하는 독자들의 바람이 결실을 맺는 데 기여하는 초석이 되었으면 한다.

2015년 2월 23일

저자 일동

차 례

제3장 회계의 순환과정과 재무제표의 작성(3)

제6장 금융자산(1)

제7장 금융자산 (2)

제8장 재고자산

제9장 유형자산과 무형자산(1)

제10장 유형자산과 무형자산(2)

제11장 금융부채

제12장 충당부채와 기타비금융부채

제13장 법인세회계

제14장 자 본

제15장 현금흐름표

부 록

제 1 장

회계의 순환과정과 재무제표의 작성(1)

1. 회계의 의미와 재무제표
    - 1.1) 미리보는 사례
    - 1.2) 재무제표
    - 1.3) 주주와 채권자
    - 1.4) 회계의 의의
2. 단식부기와 복식부기
    - 2.1) 회계의 순환과정
    - 2.2) 회계상 거래의 의미
    - 2.3) 부기의 의미와 종류
    - 2.4) 단식부기
    - 2.5) 복식부기
3. 주식회사의 재무상태표 작성 사례
    - 3.1) 교환거래와 손익거래
    - 3.2) 재무상태표 작성 사례

학습개요

회계는 주주, 채권자 등의 경제적 의사결정을 도울 수 있도록 재무제표를 작성하여 보고하는 활동으로 이해하고, 거래의 이중성의 의미와 복식부기 개념의 이해를 통해 회계의 순환과정을 통하지 않더라도 거래의 내용을 분개하여 직접 재무제표(특히, 재무상태표)에 반영하는 방식의 학습을 통해서 1장에서 가장 중요한 재무제표인 재무상태표가 만들어지는 모습을 학습하도록 한다.

학습목표

1. 회계의 의미를 설명할 수 있다.
2. 재무제표의 종류와 재무상태표, 손익계산서의 유용성을 설명할 수 있다.
3. 복식부기의 의미를 설명할 수 있다.
4. 재무상태표 자체를 일종의 장부로 보는 사고방식의 전환을 통해 거래내용을 분개하여 직접 재무상태표에 반영하여 재무상태표를 만들 수 있도록 한다.

주요용어

- 재무제표 투자자의 재무의사결정에 유용한 정보를 제공해 주는 재무보고서로 재무상태표, 손익계산서, 자본변동표, 현금흐름표를 말한다.
- 계정 계산을 정리 또는 집계하는 단위를 의미하는 용어로 계정과목, 계정명, 과목 등으로 불린다. 재무상태표계정으로는 자산, 부채, 자본계정이 있다. 각 계정 밑에는 하위 계정이 있다. 예를 들면, 자산계정의 하위 계정으로 현금, 재고자산 등의 하위 계정이 있다.
- 거래 재무제표의 요소인 자산, 부채, 자본에 미치는 사건을 회계에서는 거래 또는 사건이라고 표현한다.
- 복식부기 거래의 이중성에 따라 모든 거래는 차변, 대변 양쪽으로 영향을 미치고 차변금액과 대변금액의 합계는 항상 일치하게끔 장부(원장)를 기록하는 장부작성 방식

1. 회계의 의미와 재무제표

1.1) 미리보는 사례

회계란 일반목적 재무제표를 만드는 것이다.
재무제표는 무엇인가?
재무상태표, 손익계산서, 자본변동표, 현금흐름표를 말한다.

그러면 회사는 왜 재무제표를 만드는가?
회사에 자금을 투자한 주주, 채권자 등이 원하기 때문이다.

주주, 채권자 등은 왜 재무제표를 원하는가?
투자한 자금을 원활히 회수할 수 있는지, 투자해서 이익을 볼 수 있는지 판단하기 위하여, 즉 경제적 의사결정을 하기 위하여 재무제표를 필요로 하는 것이다.

재무상태표는 무엇이고 주주, 채권자 등은 이를 어떻게 이용하는가?
재무상태표는 특정 시점에서 회사가 가지고 있는 자산금액과 부채금액을 보여줌으로써 자산이 부채보다 많다면, 즉 순자산(=자산−부채)이 크다면 투자자들은 자금을 회수할 가능성이 높다고 판단할 수 있기 때문이다.

손익계산서는 무엇이고 주주, 채권자 등은 이를 어떻게 이용하는가?
손익계산서는 일정 기간 경영성과, 즉 회사가 조달한 자금을 가지고 얼마나 이익을 창출하였는지 계산하여 보여주는 표로서 이를 보고 향후 기업의 순자산이 더 커질지, 작아질지 예측하여 투자한 자금을 원활히 회수할 가능성이 있는지의 여부를 판단하는 데 사용할 수 있기 때문이다.

굳이 일반목적 재무제표라 하고 '일반목적'을 붙인 이유는 무엇인가?

재무제표란 하늘에서 뚝 떨어져서 만들어진 것이 아니고, 회사의 자금조달 원인, 즉 투자자인 주주와 채권자의 지위가 다르기 때문에 각자가 요구하는 재무제표의 양식이 다를 수 있고, 주주와 채권자가 요구하는 대로 각각 회사에 재무제표를 만들어 달라고 하면 너무 과중한 부담이므로 회계학자들의 연구를 바탕으로 회계기준 제정기관이 여러 이해관계자의 재무정보 요구사항을 공통적으로 충족시키기 위한 재무제표를 만드는 기준(방법)을 정하고 그 기준에 따라 만들어진 재무제표라는 의미에서 일반목적 재무제표라고 한다.

우리는 일상생활에서 회계라는 용어를 자주 접한다. 기업회계, 비영리법인회계, 정부회계, 재무회계, 관리회계, 세무회계, 전산회계, 일반회계, 양곡회계, 특별회계, 기금회계, 회계정보 등등 헤아릴 수 없이 회계라는 말이 들어간 용어를 자주 접한다. 이와 같은 용어 중에서는 이름이 제대로 붙여진 것도 있고, 회계라는 말을 더욱 혼란스럽게 하는 것도 있다(이러한 회계가 들어간 용어들은 회계의 의미를 파악한 다음에 다시 설명하기로 한다). 회계의 의미를 설명하기 전에 먼저 다음 사례를 살펴보자.

사례

어느 날 부모님의 교통사고로 천애고아가 된 죽마고우가 나를 찾아와서 상속받은 예금 1억원을 종잣돈으로 하여 치킨호프주식회사를 설립하려고 한다면서 사업자금으로 1억원이 부족하니 자기가 주식회사를 만든 후 자기를 믿고 주식회사에 대출을 해 달라고 부탁한다.

딱한 사정을 외면할 수 없어 며칠을 고민하다가 어렸을 때부터 사업수완이 있는 것 같고 믿을 만한 친구라는 생각에, 치킨호프주식회사를 설립하여 운영해 보겠다는 친구의 청을 받아들여 친구가 만든 주식회사에 1억원을 빌려주기로 결심했다. 다만, 처자식이 있는 나인지라 없는 돈인 셈 치고 그냥 빌려줄 수는 없어 딱 3년 동안 은행대출이자보다 훨씬 싼 1%의 이자로 빌려주는 대신 매 1년마다 사업자금 2억원(종잣돈 1억원+나에게 빌린 돈 1억원)이 어떻게 사용되고 있고, 얼마나 돈을 벌었는지 알려주고 만약 1년 뒤 돈을 벌지 못하면 조기에 상환해 달라는 조건을 달았다.

즉, 넉넉잡아 3년이면 호프집의 성패가 결정 날 것 같지만, 애지중지 모은 내 돈 1억원 전부를 3년 뒤에 날릴까 매일매일 노심초사하면서 잠을 못 이루느니, "친구에게 돈 빌려주고 나를 믿지 못하냐"라는 핀잔을 들을지언정, 될 성싶은 나무는 떡잎부터 다르다고 매 1년마다 치킨호프주식회사의 경영상황을 보면 3년 뒤에 내 돈을 안전하게 회수할 수 있을지 없을지 가늠할 수 있을 것 같았다. 그리고 암만 믿는 친구지만 회사 돈을 빼내 혹여 도박으로 탕진할 수도 있겠다는 일말의 염려로 매일매일 치킨호프주식회사가 잘되고 있는지 보고받고도 싶지만 그렇게 하기는 친구로서 좀 야속할 것 같아 최소 매 1년마다 치킨호프주식회가가 가지고 있는 자산(재산)이 얼마 있고, 부채(채무)가 얼마나 있는지, 치킨호프주식회사가 얼마나 많은 돈을 벌었는지 알려주는 조건으로 빌려주기로 한 것이다.

1.2) 재무제표(재무상태표를 중심으로)

상기의 사례에서 돈을 빌려준 나는 친구의 사업이 잘되길 바라면서도 한편으로 혹 빌려준 돈을 회수할 수 없을까봐, 친구에게 주식회사가 가지고 있는 재산(또는 자산)과 부채(또는 채무)내역 정보를 요구하고 있다. 여기서 일단 자산(또는 재산)은 '팔아서 돈이 될 수 있는 것'이라고 상식적으로 정의하고, 부채(또는 채무)는 '갚을 돈', 자본은 갚지 않아도 될 돈이라고 쉽게 정의하자.

자산(재산): 팔아서 돈이 될 수 있는 것
부채(채무): 향후 미래에 갚을 돈
자본(순자산=자산−부채): 조달한 자금 중 갚지 않아도 될 돈. 주식회사의 경우 자산에 대한 주주의 몫

아울러, 장사가 잘되어 자산(재산)이 불어난 것을 이익잉여금(또는 경영성과)이라 부르기로 약속하기로 하자. 이렇게 번 돈은 갚지 않아도 될 돈이므로 자본의 일부가 된다.

자본(이익잉여금): 사업하면서 벌어들인 이익의 누적액

돈을 빌려준 내가 이와 같은 정보를 요구하는 것은 자산(재산)이 부채보다 많으면 내 돈을 충분히 회수할 가능성이 높다고 판단할 수 있기 때문에 요구한 것이다. 아울러, 장사가 잘되면(거창하게 경영이 잘 된다면) 주식회사의 재산이 더 늘어나서 내 돈을 더 안전하게 회수할 수 있을 것 같아서 요구한 것이다.

특정 시점의 자산(재산)이 부채(채무)보다 많은지를 한눈에 알 수 있도록 자산이 얼마이고, 부채가 얼마인지 자산의 금액과 부채의 금액을 대조해서 보여주는 표를 재무상태표라 부른다. 재무상태표에서 財

는 재산(자산)을 의미하고, 務는 채무를 의미한다고 이해하면 재무상태표는 특정 시점의 자산이 얼마이고, 부채가 얼마인지를 알려주는 표라고 이해할 수 있다(구체적인 재무상태표의 작성방법은 이하에서 배울 것이므로 아직 이해가 안 되는 독자들이 있더라도 걱정하지 말길 바란다).

> 재무상태표: 특정 시점에서 회사가 가지고 있는 자산의 금액과 부채의 금액 및 자본의 금액을 보여주는 표

재무상태표는 지면을 양쪽으로 나누어 왼쪽에는 자산잔액을 기재하고 오른쪽에는 부채잔액과 자본잔액을 표시한다. 이러한 형식의 재무상태표를 T계정식 재무상태표라고 칭한다. 왼쪽을 차변이라 부르고, 오른쪽을 대변이라고 부른다. 한글 같은 경우는 왼쪽에서 오른쪽으로 읽으므로 우리식으로 표현한다면 차대대조표라고 할 수도 있다(재무상태표의 예전 명칭은 대차대조표였다).

재무상태표: 일정 시점의 기업의 자산, 부채, 자본에 관한 정보를 제공하는 재무제표이다.

재무상태표 해석의 의미는 재무상태표를 작성하는 주체(즉, 회계실체)가 조달한 자금의 금액은 대변(오른쪽)에 기재하고 자금의 사용내용은 차변(왼쪽)에 기재한다. 앞으로의 학습은 이러한 T계정식을 이용하여 설명할 것이다.

T계정식 재무상태표

차변	대변
자산	부채 자본

보고식 재무상태표는 자산 밑에 나란히 부채와 자본을 표시하는 방식이다. 구체적으로 어느 비상장 주식회사의 재무상태표를 예시하면 다음과 같다.

〈재무상태표 예시〉

재무상태표

제24(당)기: 2014년 12월 31일 현재
제23(전)기: 2013년 12월 31일 현재

회사명: 회계원리주식회사

과목	제24(당)기		제23(전)기	
자산				
Ⅰ. 유동자산		44,948		38,809
당좌자산		15,711		16,855
현금및현금성자산(주석 3, 7, 8)	785		402	
단기금융상품(주석 3, 7)	262		524	
매출채권(주석 8)	13,582		15,820	
대손충당금	(283)		(168)	
선급비용	32		37	
미수금	1,308		207	
미수수익	25		34	
재고자산		29,237		21,954
상품	29,214		21,902	
미착상품	23		52	
Ⅱ. 비유동자산		28,025		24,144
투자자산		8,314		3,599
장기금융상품(주석 3, 7)	4,908		261	
매도가능증권(주석 4)	3,386		3,318	
만기보유증권(주석 4)	20		20	
유형자산(주석 5, 6, 7)		18,693		19,120
토지	3,537		3,763	
건물	3,737		4,100	
감가상각누계액	(582)		(500)	
구축물	415		410	
감가상각누계액	(110)		(90)	

과목	제24(당)기		제23(전)기	
기계장치	310		283	
감가상각누계액	(280)		(247)	
차량운반구	104		62	
감가상각누계액	(53)		(42)	
비품	478		460	
감가상각누계액	(430)		(387)	
건설중인자산	11,567		11,306	
기타비유동자산		1,018		1,425
보증금(주석 16)	1,018		1,425	
자산총계		72,973		62,953
부채				
Ⅰ. 유동부채		24,333		20,951
매입채무	2,664		1,484	
단기차입금(주석 8, 9, 16, 17)	20,057		18,954	
선수금(주석 8)	106		3	
미지급금	120		145	
미지급비용	12		3	
예수금	45		60	
미지급법인세	1,329		302	
Ⅱ. 비유동부채		255		134
퇴직급여충당부채(주석 10)	402		297	
퇴직연금운영자산	(177)		(192)	
임대보증금	30		30	
부채총계		24,588		21,086
자본				
Ⅰ. 자본금(주석 11)		700		700
보통주자본금	700		700	
Ⅱ. 기타포괄손익누계액		86		18
매도가능증권평가손실(주석 4, 19)	(47)		–	
매도가능증권평가이익(주석 4, 19)	133		18	
Ⅲ. 이익잉여금(주석 12)		47,599	–	41,149
이익준비금	175		175	
기업합리화적립금	10		10	
임의적립금	75		73	
납세적립금	39		40	

과목	제24(당)기		제23(전)기	
미처분이익잉여금(당기순이익: 6,450백만원)	47,300		40,851	
자본총계		48,385		41,867
부채 및 자본총계		72,973		62,953

위의 표에서 보면 자산, 부채, 자본 밑에는 여러 종류의 자산, 부채, 자본이 있음을 알 수 있다. 자산 밑에는 현금및현금성자산, 단기금융자산, 매출채권 등의 명칭이 보이고 부채 밑에는 매입채무, 단기차입금 등의 명칭이 보이고, 자본 밑에는 자본금, 이익잉여금의 분류가 보인다. 이러한 명칭들은 각각 회사의 사정에 맞게 자산의 종류, 부채의 종류, 자본의 종류별로 이름을 붙인 것에 불과하다는 것만 일단 이해하자. 이러한 각각의 명칭들로 금액을 집계한다는 의미, 즉 계산을 정리한다는 의미에서 계정과목(또는 계정, 과목, 계정명)이라고 부른다. 회계를 처음 배울 때는 이러한 명칭에 너무 구애받지 말고 일단 자산, 부채, 자본의 큰 틀을 기억하고 학습하는 것이 좋다.

재무제표에는 재무상태표 말고도 다음과 같은 것이 있다. 회계를 처음 배울 때 가장 중요한 재무제표는 재무상태표이다. 따라서, 여기서는 다른 재무제표는 명칭과 각 재무제표가 갖는 의미 정도만 간략하게 정리하고 추후에 좀더 자세한 설명을 할 것이다.

손익계산서: 일정 기간 회사가 달성한 경영성과를 알려주는 보고서

자본변동표: 일정 기간 회사의 자본구성 내용이 어떻게 변동하였는지 알려주는 보고서

현금흐름표: 일정 기간 회사의 기초현금과 기말현금의 변동과정을 영업활동, 투자활동, 재무활동으로 구분하여 설명하는 보고서

1.3) 주주와 채권자

다시 상기의 치킨호프주식회사에서 친구는 1억원의 자금을 출자하였으므로 치킨호프집의 주주가 되고 주식회사에 돈을 빌려준 나는 주식회사에 대한 채권자가 되게 된다(친구에게 빌려준 것이 아니고 주식회사에 빌려줬다고 한 표현에 유념하기 바란다).

주주가 주식회사에 사업자금으로 납입한 금액을 자본금이라고 한다. 자본금은 자본으로 분류되는 것 중 주주가 납입한 금액을 뜻한다고 이해하면 된다. 주주가 주식회사에 주식대금으로 납입을 하게 되면 주식회사는 주주에게 주식을 교부하게 된다. 통상 채권자는 특정 기간(통상 만기라고 한다) 돈을 빌려준 대가로 사전에 약정된 이자를 받게 되고, 돈을 빌려준 기간이 완료되면 빌려준 원금을 회수하게 된다. 주주의 경우는 주식회사의 주인으로서 주식회사가 계속 존속하는 동안에는 주식회사가 벌어들인 돈(이익잉여금)을 주주들이 주주총회에서 결의하여 분배해 줄 것을 요구할 수 있는 배당청구권을 갖게 되고 주주들이 주주총회에서 분배해 줄 것을 결의하는 그 순간 주식회사는 주주에게 배당금을 줄 의무가 생기게 되는 것이다. 주식회사가 해산하고 없어질 경우에는 주식회사의 자산처분대금에서 부채를 갚은 후(자산을 처분하여 그 대금으로 부채를 갚는 행위를 청산이라고 하고, 자산에서 부채를 뺀 금액을 순자산이라고 표현하기도 한다), 잔여재산에 대하여 분배받을 수 있는 권리인 잔여재산분배청구권을 갖게 된다. 역으로 해석하면 주식회사는 주주가 출자한 금액을 주식회사가 해산하여 없어지기 전까지는 주주가 출자한 출자금을 주주에게 갚을 필요가 없는 것이다. 주주의 경우 출자한 금액을 회수하는 방법은 주식을 다른 사람에게 양도하여 회수하게 된다.

채권자는 만기가 되면 투자한 금액을 회수하게 되지만 주주의 출자금에는 만기가 없다는 것과 아래의 주주와 채권자의 차이를 잘 구분해서 기억하기 바란다.

구분	주주	채권자
투자한 자금의 성격	출자금(자본금)	대출금
투자한 자금의 만기	없음	약정에 따른 기간
투자의 과실	벌어들인 수입에서 관련 비용을 뺀 나머지를 배당의 형태로 받음.	약정에 따른 이자수익
투자자금 회수방법	타인에게 주식양도	만기 상환
투자자금 회수순위	채무상환 후 남은 금액	주주보다 우선

1.4) 회계의 의의

어떤 이는 회계를 "회사의 계산"의 약자라고 하기도 한다. 통상 회계를 거론하면 회사를 떠올리게 되므로 이런 식으로 용어를 정의할 수도 있지만, 저자는 회계(모을 會, 셀 計)를 모은 돈(조달한 자금)을 어디에 사용하여 특정 시점 현재 회사의 자산 · 부채 · 순자산은 얼마인지, 특정 기간 동안 자금을 얼마나 불렸는지(돈을 벌었는지)를 보여주기 위하여 재무상태표, 손익계산서 등을 만드는 것으로 정의하겠다.

이런 식으로 회계를 정의하면, 정부회계는 정부가 돈을 조달하여(세금으로 조달하든지, 국채를 발행하여 조달하든지) 조달한 돈을 어디에 사용하고 얼마나 증식하였는지를 집계하여 재무제표를 만드는 것으로 이해할 수 있고, 불우이웃돕기 성금 회계는 불우이웃을 돕기 위하여 얼마나 자금을 모집(조달)하여 어디에 사용하고 조달한 자금을 얼마나 증식하였는지 재무제표를 만드는 것이라고 할 수 있다. 정부회계의 경우 정부가 재무제표를 만들어야 하는 회계실체[1)]가 되고, 불우이웃돕기

성금 회계의 경우 모집된 성금 자체가 회계실체가 된다. 이러한 회계실체를 회계단위라고 말한다.

즉, 회계단위란 돈을 조달한 주체를 말하고 다른 의미로는 재무상태표 등 재무제표를 만드는 주체를 말한다.

> 회계단위: 회계처리를 수행해야 하는 단위, 즉 돈을 조달한 주체로서 재무제표를 만드는 주체

만약, 아버지가 자녀 1과 자녀 2에게 용돈을 주면서 12월 31일에 용돈으로 받은 금액과 사용내용을 집계해서 자녀 1과 자녀 2에게 각각 보고하라고 했다면, 보고를 해야 할 각각의 주체를 회계단위라 할 수 있다.

회계단위를 이렇게 이해했다면 기업회계는 재무상태표를 만들어야 하는 주체가 기업일 때 기업회계라 말하고, 정부회계는 재무상태표를 만들어야 하는 주체가 정부라는 의미이고, 기금회계는 재무상태표를 만드는 주체가 기금 자체라는 의미이다. 회계단위는 상대적 개념으로 기업을 예를 들어 설명하면, 기업 전체 단위에서 회계를 하는 것을 기업회계라고 하고, 기업 내의 총무팀, 회계팀, 전산팀 등 부서단위로 회계를 한다면 총무팀회계, 회계팀회계, 전산팀회계 등으로 부를 수 있다. 이렇게 회계주체에 따라 여러 가지 이름의 회계가 있을 수 있지만 회계는 회사회계를 근간으로 발전하여 왔으므로, 이하 논의과정은 특별한 언급이 없는 한 주식회사의 일반목적 재무제표를 만드는 회계, 즉 재무회계를 중심으로 설명하기로 한다.[2)]

1) 혹자의 경우는 경제실체라고 부르기도 한다.

2) 회계를 구분하면서 재무회계, 관리회계, 세무회계라는 용어도 사용하지만 재무회계는 장부작성을 기초로 하여 재무상태표 등 재무제표를 만드는 것을 근간으로 하지만, 관리회계, 세무회계는 별도의 장부를 만드는 것은 아

2. 단식부기와 복식부기

2.1) 회계의 순환과정

많은 다른 회계학 교재들에서 재무제표를 만드는 과정을 회계의 순환과정을 통해서 설명하고 있지만, 아무 기초도 되어 있지 않은 회계를 처음 접하는 독자들을 상대로 회계의 순환과정대로 강의를 하다 보면 오히려 회계를 더욱 어려워하는 모습을 자주 보아 왔다.

■ 회계의 순환과정
거래발생 → 분개 → 원장에 전기(원장의 작성) → 수정전시산표 작성 → 수정분개 → 수정후정산표 → 재무제표 작성 → 계정의 마감

위의 표에서 기억해야 할 것은 색깔로 표시된 '거래발생 → 분개 → 원장에 전기(원장의 작성) → 재무제표 작성'이 핵심이다. 회계의 목적을 재무제표를 작성하는 것으로 이해한다면, 재무제표에 영향을 주는 거래가 발생하면 당연히 재무제표가 거래발생 전과 다르게 변할 것이므로, 거래의 발생을 요약하여 최종적으로 재무제표를 만드는 것이 회계의 핵심이라고 할 수 있다.

특히, 요즘은 전산화된 환경에서 거래에 대하여 분개처리만 하면 자동으로 재무제표가 만들어지는 시대에, 수기회계처리 시대에 재무제표를 만들기 위해서 중요한 의미를 갖는 회계의 순환과정을 먼저 설명

니다. 따라서 처음 회계를 공부하는 입장에서는, 관리회계는 재무회계에서 나오는 정보를 근간으로 경영자가 의사결정을 하는 데 필요한 계산기법을 배우는 학습분야로 이해하고, 세무회계는 재무회계에서 나오는 정보를 기초로 세금을 과세하는 데 필요한 법인소득을 계산하는 방법을 배우는 학습분야라고 이해하면 될 것이다.

하는 것보다는 쉬운 예를 가지고 거래발생이 재무상태표에 반영되는 모습을 보여준 후, 회계의 순환과정을 설명하면 훨씬 이해가 높아지는 모습을 자주 보아 왔다. 따라서, 본 교재에서는 발생한 거래를 분개하여 곧바로 재무상태표를 만드는 과정을 먼저 보여준 후, 이후에 회계의 순환과정을 설명할 것이다.

2.2) 회계상 거래의 의미

회계에서 거래란 주식회사의 자산, 부채, 자본의 변동을 가져오는 사건을 거래라고 한다. 이런 의미에서 거래는 일상생활에서 사용하는 거래와는 다소 의미 차이가 있다.

■ 회계상 거래(사건)
자산, 부채, 자본의 변동을 가져오는 사건

예를 들어 설명하면, 유통업을 하고 있는 유통주식회사가 보유하고 있는 상품을 현금으로 파는 거래를 하면 회계상으로도 상품이라는 자산이 감소하고 현금이라는 자산이 증가하여 자산의 변동을 가져오므로 회계상 거래이지만 만약에 유통주식회사의 상품보관 창고가 불이 나서 보관 중인 상품과 건물이 소실되었다면 이는 일상생활에서 사용하는 거래는 아니지만, 회계상으로 거래에 해당된다. 왜냐하면 화재로 상품이라는 자산이 감소하고, 건물이라는 자산이 없어져서 회사의 자산이 변동했기 때문이다.

회계에서는 거래(사건)를 다음과 같이 분류할 수 있다.[3]

3) 김성기, K-IFRS 중급회계(무역경영사, 2013), p. 42.

- 회계상 거래(사건)
  - 외부적 사건
    - 거래
      - 상호적 이전(교환)
      - 일방적 이전
    - 거래 이외의 외부적 사건
  - 내부적 사건

상기 분류에서 거래라고 표현한 것은 거래 쌍방이 존재하는 것으로, 상호적 이전(교환)의 대표적인 예는 매매라 할 수 있고, 일방적 이전은 증여를 예로 들 수 있다. 거래 이외의 외부적 사건은 자연재해 등을 예로 들 수 있고, 내부적 사건은 원재료를 제조공정을 통해 제품으로 변환시키는 것을 예로 들 수 있다.

2.3) 부기의 의미와 종류

복식부기(또는 기장)란 회계상 거래(사건)가 발생했을 때 거래내용에 따른 자산, 부채, 자본의 증감내용을 자산장부, 부채장부, 자본장부에 기록(기입, 기재)하는 것을 복식부기라고 한다. 자산에는 현금및현금성자산, 매출채권 등 여러 종류의 자산이 있다고 앞에서 설명했는데, 각 하위 자산들이 회사의 구체적인 장부가 된다. 즉, 현금성자산의 변동내용을 기록하는 장부는 현금성자산장부이고, 매출채권의 변동내용을 기록하는 장부는 매출채권장부이다. 이렇게 개별 자산, 부채, 자본의 변동내용을 기록하는 장부를 원장이라고 한다. 장부를 기록하는 방법에는 단식부기라는 것도 있다. 이하에서는 두 방법을 비교해 보기로 하자.

2.4) 단식부기

단식부기란 현금의 유입과 지출이 있을 때마다 단식부기장부(예:

가계부)에 기록하는 방식으로 자산, 부채, 자본, 수익, 비용의 증감을 별도로 표시하지 않고 단순히 현금의 수입과 지출 및 현금잔액에 관한 단순한 정보만 알 수 있다. 이러한 단식부기는 기록방법이 쉽고 간단하다는 장점이 있지만, 기록상의 오류가 있다 할지라도 스스로 검증할 수 없으며 재산의 상태와 변화과정에 대한 상세한 정보를 얻기 어렵다는 단점을 가지고 있다.[4] 단식부기의 쉬운 예로는 가계부를 생각하면 된다. 다음의 사례를 가지고 단식부기를 설명해 보기로 하자.

〈기본사례〉

① 3월 1일: 아버지로부터 용돈 10,000원을 받다.

② 3월 5일: 어머니로부터 용돈 5,000원을 받다.

③ 3월 7일: 5,500원으로 책을 구입하다.

④ 3월 9일: 형에게서 8,000원을 빌리다.

⑤ 3월 15일: 아이스크림을 1,000원어치 사먹었다.

⑥ 3월 18일: 10,000원으로 장난감을 구입하다.

⑦ 3월 25일: 친구에게 장난감을 11,000원에 팔다.

이상의 거래내용을 가계부라는 장부에 단식부기방식으로 기록하면 다음과 같다.

월일	적요	수입	지출	잔액
3/1	①	10,000	–	10,000
3/5	②	5,000	–	15,000
3/7	③	–	5,500	9,500
3/9	④	8,000	–	17,500
3/15	⑤	–	1,000	16,500

4) 삼일회계법인, 회계원리(삼일인포마인, 2011), p. 34.

3/18	⑥	–	10,000	6,500
3/25	⑦	11,000	–	17,500
3/31	3월 결산	34,000	16,500	17,500

상기의 예는 3월 한달분의 용돈내역을 기록한 것인데, 만약 1월부터 12월까지 받은 용돈의 내용을 어디에, 어떻게 사용하였는지 보고하라고 하면 어떻게 될까? 즉, 1년간 받은 용돈(조달한 금액)을 어디에, 얼마만큼 사용하였는지 그리고 갚아야 할 돈이 얼마만큼 남아 있는지 밝히라는 것으로 12월 31일 현재 총 조달한 자본은 얼마이고 갚을 돈은 얼마나 남아 있으며, 자산(재산)은 얼마 있는지 알려 달라는 것이다. 이것을 파악하기 위해서는 자산별로 증감내역을 별도로 작성해야 하고, 마찬가지로 부채별로 부채의 증감내역을 별도로 작성해야 한다. 이러한 과정은 아마도 어렸을적 방학숙제를 한 번에 몰아치기 했던 것처럼 며칠을 끙끙거리며 했던 기억을 떠오르게 할 것이며, 이러한 단점 때문에 단식부기는 현대회계에서는 거의 사용하지 않는다.

2.5) 복식부기

자산(재산)은 돈이 되는 것이고, 부채(채무)는 갚을 돈, 자본은 조달한 금액 중에서 갚지 않아도 될 돈이라고 간단히 설명했다. 재무상태표 자체를 하나의 장부라고 가정하자. 원래, 재무상태표는 자산별·부채별·자본별로 매일매일의 증감내역을 반영한 후 최종 잔액이 얼마인지 알려주는 표로서, 즉 거래발생 → 원장기록 – 원장별 잔액을 재무상태표에 집계하는 과정을 통해 재무상태표가 작성되지만 거래가 어떻게 재무상태표에 반영되는지를 직접 설명하기 위해 재무상태표를 매일매일 거래를 기록하는 장부라고 가정하자는 것이다. 재무상태표는 특정 시점에서 회계단위가 가지고 있는 자산, 부채, 자본의 잔액을 알려주는 재무제표의 한 종류라고 설명했다. 따라서, 재무상태표는 자산이라는 대분류 밑에는 여러 종류의 자산이 있고 각 자산별로 변동내용을 집계한다. 마찬가지로 부채와 자본이라는 대분류 밑에는 여러 종류의 부채와 자본이 있다. 이러한 각 자산별 · 부채별 · 자본별로 각각 증감내용을 집계 · 정리한다고 하여 회계에서는 각 자산, 부채, 자본의 명칭을 계정과목(또는 계정, 과목, 계정명)이라고 부른다.

계정(계정과목, 계정명, 과목): 계산을 정리(집계)하는 단위

회계에서 거래는 재무상태표라는 장부의 구성요소(또는 정리단위)인 자산, 부채, 자본의 변동을 가져오는 것을 거래(사건)라고 한다.

회계상 거래: 자산, 부채, 자본의 변동을 가져오는 사건

복식부기는 회계상 거래가 발생되었을 때, 복식부기라는 이름에서 느끼듯이 거래의 왼쪽과 오른쪽을 항상 같은 금액을 기록하는 방식을 말한다. 이러한 복식부기의 성질을 거래의 이중성이라고 한다. 이러한 거래의 이중성은 복식부기 및 현대회계의 핵심적인 내용이라고 할 수 있다.

■ 거래의 이중성

모든 거래는 자산, 부채, 자본에 변화를 초래하는 원인과 결과라는 두 가지 속성이 함께 있다는 것

이러한 거래의 이중성은 다음과 같은 사건을 기록하는 과정에서

태동된 것으로 볼 수 있다. 예를 들어, 1/1일에 사업을 시작해서 딱 1년간만 존재하는 유통업을 하는 주식회사를 가정해 보자.

주식회사가 처음 시작할 때는 주주가 1억원을 출자하고, 주식회사가 1억원을 차입하여 설립되었다고 가정하자. 주주와 채권자로부터 출자금과 차입금을 회사명의의 보통예금계좌로 입금받았다면, 주주와 채권자로부터 출자를 받은 시점에서의 재무상태를 나타내자면 주식회사의 자산은 2억원, 부채는 1억원, 자본은 1억원일 것이다. 자산과 부채, 자본의 목록을 적되, 자산은 왼쪽에 나타내기로 하고, 부채와 자본은 오른쪽에 기재하기로 약속했다면 다음과 같은 모습이 될 것이다.

자산		부채	
보통예금	2억원	은행차입금	1억원
		자본	1억원

일단 양쪽의 금액이 일치함을 눈여겨보길 바란다.

만약, 이렇게 출자를 받은 다음 곧바로 주식회사가 사업을 하지 않기로 하고 곧바로 돌려 준다면 어떤 식으로 돌려 줄까를 생각해 보자. 회사는 있는 자산을 처분하여 일단 채권자 돈을 갚고 나머지 잔액은 주주들에게 돌려 줄 것이다. 보통예금은 현금 그 자체이므로 회사는 채권자와 주주에게 계좌이체 방식으로 송금을 해 주면 될 것이다.

주식회사가 계속 사업을 한 경우를 가정해 보자. 즉, 주주와 채권자로 조달을 받은 금액을 가지고 상품을 매입하고 팔고 하는 과정을 수없이 반복했을 것이다. 그 결과 12월 31일의 회사의 재무상태는 다음과 같다고 가정해 보자.

자산		부채	
보통예금	2억2천만원	은행차입금	1억원
상품	1천만원		
		자본	?

이 상태에서 주식회사가 없어진다면 어떻게 정리할까? 주식회사는 일단 상품을 처분하여 1천만원을 현금화하고 그 돈과 현금을 합한 2억3천만원으로 은행차입금 1억원을 갚고 나면 1억3천만원이 남는다. 이 1억3천만원은 누구의 것이 될까? 주식회사의 주인인 주주들이 자기의 주식 수 비율대로 공평하게 나누어 갖게 된다.

이 사례에서 주주의 이득 내지 부의 증가는 얼마일까? 돌려받는 1억3천만원에서 애당초 사업자금으로 납입한 1억원을 차감한 3천만원이 주주가 벌게 된 이득(이익)이라고 할 수 있다. 회계에서는 돌려받는 1억3천만원은 애당초 주주가 출자한 출자금 1억원(회계에서는 이를 자본금이라고 한다)과 회사가 사업을 해서 번 돈 3천만원(회계에서는 이를 자본 중 이익잉여금이라고 한다)을 구분해서 표시하면 쉽게 출자한 원금이 얼마이고 회사가 사업해서 번 금액이 얼마인지 구분하기 쉬울 것이라고 생각해서 이렇게 자본에 성격별로 이름을 붙이자고 약속하게 된다.

앞에서 주식회사의 경우는 회사가 계속 존속하는 동안에는 주주는 회사에 출자금을 돌려 달라고 요구할 수 없다고 했다. 그래서 회사가 계속 존속하는 동안에는 주식회사의 입장에서는 갚을 의무가 없는 돈이라고 설명했다. 그렇지만, 회사가 없어지는 경우에는 자산을 처분한 대금에서 부채를 갚고 난 금액은 전부 주주의 것이 되게 된다. 위의 재무상태표에서 자본에는 '?'를 달아 놓았다. 결국 자본, 즉 주주의 몫은 자산에서 부채를 뺀 금액으로 자동 결정된다. 이 결정된 금액을 다시 위의 표에 적으면 다음과 같은 모습이 될 것이다.

자산		부채	
보통예금	2억2천만원	은행차입금	1억원
상품	1천만원		
		자본	
		자본금	1억원
		이익잉여금	3천만원

이렇게 적고 보니 또 양쪽 금액이 자동으로 일치한다. 처음 주식회사를 시작할 때 양쪽 금액이 같았는데, 끝날 시점에서도 양쪽 금액이 같다. 사업 시작 후 12월 31일까지는 상품을 사고 파는 거래가 무수히 있었을 것인데, 자본을 단지 회사 자산처분 금액에서 주주의 몫으로 생각하면 양쪽 금액은 자동으로 일치하게 된다. 이러한 현상에서 거래의 이중성이라는 사고방식은 중세 상인들이 생각해 낸 것인데, 처음부터 양쪽이 같은 것에서 시작해서 중간의 수많은 거래를 거쳐 결국 12월 31일에 다시 양쪽이 같게 된다면 거래가 발생할 때마다 양쪽 금액을 동일하게 기록하는 방식을 택하면 결국 최종적으로 양쪽 금액은 같게 되는 재무상태표가 만들어지겠구나 하는 사고방식을 하게 된 것으로 볼 수 있다. 이러한 사고방식의 태동이 현대 복식부기의 기초가 된 것으로 볼 수 있다.

즉, 복식부기는 거래가 발생할 때마다(달리 이야기하면 회사의 자산, 부채, 자본의 변동이 생길 때마다) 그 효과를 양쪽으로 기록하는 방식을 말한다. 재무상태표 자체를 하나의 장부라고 가정할 때, 거래로 인한 자산, 부채, 자본변동 효과를 양쪽으로 기재하는 방식을 말한다. 복식부기의 작성원리는 다음과 같다.

■ 복식부기 작성원리

자산의 증가는 왼쪽에, 자산의 감소는 오른쪽에 기록
부채의 감소는 왼쪽에, 부채의 증가는 오른쪽에 기록
자본의 감소는 왼쪽에, 자본의 증가는 오른쪽에 기록
그리고
왼쪽과 오른쪽의 합계가 항상 일치하도록 기록

따라서, 모든 회계상 거래는 다음과 같은 형태가 서로 결합되어서 나올 수 있을 것이며 항상 왼쪽 금액과 오른쪽 금액의 합계는 같도록 기재한다(아직 수익, 비용 개념은 나오지 않았으므로 1장에서는 일단 수익, 비용은 무시하기로 하고 수익, 비용 개념에 입각한 손익계산서의 작성원리 및 필요성은 다음에 설명하기로 한다).

차변(왼쪽)	대변(오른쪽)
자산의 증가	자산의 감소
부채의 감소	부채의 증가
자본의 감소	자본의 증가

즉, 장부 지면을 왼쪽, 오른쪽으로 구분하여 왼쪽을 차변으로 이름 붙이고, 오른쪽을 대변으로 이름 붙인다. 오른쪽(대변)에는 자금의 조달내용을 기록하되 갚을 돈(부채 또는 채무)과 갚지 않아도 될 금액(자본)을 구분하여 기록하고, 왼쪽(차변)에는 조달한 자금으로 자산(재산)을 구입한 내용을 기재하는 것이다. 직관적으로 자산이 남아 있어야 할 주소는 왼쪽이고, 부채와 자본이 남아 있어야 할 주소는 오른쪽이라고 생각하면 된다. 여기까지 이해하게 되면 이제 회계를 뜻하는 영어 단어 account 또는 accounting이라는 말을 직관적으로 이해할 수 있게 된다. 즉, 어떤 거래가 발생할 때마다 그 효과를 자산, 부채, 자본

의 주소지(또는 장소)에서 계산하라는 의미인 at+count=account가 된 것으로 이해할 수 있게 된다.

재무상태표라는 장부를 처음 작성할 때는 다음과 같은 백지의 모습일 것이다.

차변		대변	
자산	0	부채	0
		자본	0

〈기본사례〉에서 ①번 거래를 반영하면 재무상태표라는 장부는 다음의 모습으로 변할 것이다.

①번 거래반영 후 재무상태표

차변		대변	
자산(현금)	10,000	부채	0
		자본	10,000

아들의 입장에서 아버지로부터 용돈을 조달받으면 현금이라는 자산이 늘고 용돈은 갚을 필요가 없는 돈이므로 자본에 집계하는 것이다. 재무상태표를 보면 양쪽 금액의 합계가 동일함을 알 수 있다. 상기 재무상태표는 최초의 재무상태표에 ①번 거래를 재무상태표라는 장부에 직접 적었는데, 이는 다음과 같은 모습이 결합된 것으로 볼 수 있다.

최초의 재무상태표

차변		대변	
자산	0	부채	0
		자본	0

+

①번 거래

차) 자산(현금) 10,000 대) 자본(용돈) 10,000

위와 같이 모든 거래를 양쪽으로 나누어 기록한 후 재무상태표라는 장부에 개입시켰다는 의미로 거래를 분개(나눌 分, 개입할 介)한다고 한다.

■ **분개의 의미**

모든 거래를 차변(왼쪽)과 대변(오른쪽)을 구분하여 해당 계정별로 기록하는 것을 분개라고 한다. 이때 차변과 대변에 적는 금액은 항상 일치해야 한다(거래의 이중성).

이제 ②번 거래를 분개해 보자.

②번 거래

차) 자산(현금) 5,000 대) 자본 5,000

즉, 어머니로부터 용돈을 받았으므로 자산은 늘고, 조달한 자금은 갚을 필요가 없으므로 자본(용돈)의 증가로 기록하는 것이다.

②번 거래를 ①번 거래가 반영된 재무상태표에 반영시키면 다음과 같이 변할 것이다.

②번 거래반영 후 재무상태표

차변		대변	
자산(현금)	15,000	부채	0
		자본(용돈)	15,000

이제 ③번 거래를 분개로 표시해 보자.

③번 거래

차) 자산(책)	5,500	대) 자산(현금)	5,500

5,500원을 주고 책을 샀으므로 5,500원 현금이라는 자산이 줄고, 책이라는 자산이 늘어났으므로 위와 같이 분개하는 것이다. 책은 당장 팔면 돈이 되는 것이므로 자산이 되는 것이다. 분개에서는 자산의 감소는 오른쪽에 적었는데, 재무상태표 장부에 기록할 때는 '자산 5,500원 감소와 자산 5,500원 증가 금액이 같으므로 15,000+5,500−5,500=15,000이 된 것이다.

③번 거래까지 반영된 재무상태표에 반영시키면 다음과 같은 모습으로 변할 것이다.

③번 거래반영 후 재무상태표

차변		대변	
자산(현금)	9,500	부채	0
자산(책)	5,500		
		자본	15,000

이제 ④번 거래를 분개해 보자.

④번 거래

차) 자산(현금)	8,000	대) 부채	8,000

형으로부터 8,000원을 빌렸으므로 8,000원이라는 자산(현금)은 증가하고, 대신 형에게 갚을 돈 8,000원도 생겼으므로 복식부기 원리에 따라 상기와 같이 분개를 한 것이다. 상기 분개내용을 ④번 거래까지 반영된 재무상태표에 반영시키면 다음과 같은 모습으로 변할 것이다.

④번 거래반영 후 재무상태표

차변		대변	
자산(현금)	17,500	부채(형)	8,000
자산(책)	5,500		
		자본(용돈)	15,000

이제 ⑤번 거래를 분개해 보자.

⑤번 거래

차) 자본(손실금)	1,000	대) 자산	1,000

현금 1,000원을 주고 아이스크림을 사먹었으므로, 현금이라는 자산이 1,000원 감소하고, 부채는 늘어나거나 줄어든 것이 없으므로 결국 갚지 않아도 되는 내 돈, 즉 자본(용돈)으로 사먹은 것이므로 자본의 감소로 기록한 것이다. 상기 분개내용을 ⑤번 거래까지 반영된 재무상태에 반영시키면 다음과 같은 모습으로 변할 것이다.

⑤번 거래반영 후 재무상태표

차변		대변	
자산(현금)	16,500	부채(형)	8,000
자산(책)	5,500		
		자본(용돈)	14,000

이제 ⑥번 거래를 분개해 보자.

⑥번 거래

차) 자산(장난감) 10,000 대) 자산(현금) 10,000

현금이라는 자산은 10,000원 감소하고 장난감이라는 자산은 10,000원 증가했으므로 동 분개내용을 ⑥번 거래까지 반영된 재무상태표에 반영시키면 다음과 같은 모습으로 변할 것이다.

⑥번 거래반영 후 재무상태표

차변		대변	
자산(현금)	6,500	부채(형)	8,000
자산(책)	5,500		
자산(장난감)	10,000	자본(용돈)	14,000

이제 ⑦번 거래를 분개해 보자.

⑦번 거래

차)	자산(현금)	11,000	대) 자산(장난감)	10,000
			자본(이익금)	1,000

현금 11,000원을 받고 장난감을 팔았으므로 장난감이라는 자산은 10,000원 감소하고 현금이라는 자산은 11,000원 증가한다. 차이금액

1,000원은 자산이 증가한 것이므로 내가 이익을 본 것으로 동 이익금은 갚을 필요가 없으므로 자본의 증가로 기록한다. 상기 분개내용을 ⑦번 거래까지 반영된 재무상태표에 반영시키면 다음과 같은 모습으로 변할 것이다.

⑦번 거래반영 후 재무상태표

차변		대변	
자산(현금)	17,500	부채	8,000
자산(책)	5,500		
자산(장난감)		자본(용돈)	14,000
	0	자본(이익금)	1,000

위와 같이 매일매일 회계거래(사건)를 기록했다면 3월 31일 현재 자산이 얼마 있고, 부채가 얼마 있는지, 그리고 자본이 얼마 있는지를 파악하는 재무상태표라는 장부가 완성되었다.

3. 주식회사의 재무상태표 작성 사례

3.1) 교환거래와 손익거래

복식부기를 이용하여 재무상태표를 만드는 과정을 설명했으므로, 주식회사의 설립부터 몇 가지 거래내용을 반영한 후 재무상태표를 만드는 방법을 복습해 볼 것이고, 복습을 하기 전에 회계거래의 분류방법을 먼저 설명하고자 한다.

회계에서는 자산에서 부채를 뺀 금액을 순자산이라고 한다. 거래

결과 순자산의 변동을 가져오는 거래를 손익거래라 하고, 순자산 변동이 없는 거래를 교환거래라 한다.

순자산=자산−부채
교환거래: 거래결과 순자산 변동이 없는 거래
손익거래: 거래결과 순자산 변동이 있는 거래

손익거래 결과 순자산이 증가했으면 이익을 본 것이고 동 이익은 갚을 의무가 없으므로 분개를 함에 있어서 순자산 증가분, 즉 이익은 1장에서는 독자의 이해를 돕기 위해서 자본(이익잉여금)계정을 사용하여 나타낸 것이다.

손익거래를 이해하기 위해 다음과 같은 사례를 살펴보자.

사례

1월 1일에 신년회 겸 친구를 만나 자산을 얼마나 가지고 있냐고 물었더니 자산은 달랑 시가 10억원 아파트 한 채를 가지고 있다고 한다. 10억원 재산을 가지고 있으므로 부자라고 했더니 친구가 10억원 중 9억원은 은행 것이라고 한다. 즉, 은행에서 대출 9억원을 받아서 10억원 아파트를 산 것이라고 한다.

이 경우 친구의 순자산은?

순자산＝자산－부채＝10억원－9억원＝1억원

12월 31일에 망년회 겸 그 친구를 다시 만나 자산을 얼마나 가지고 있냐고 물었더니 자산은 달랑 시가 5억원 아파트 한 채를 가지고 있다고 한다. 그 중 은행 것은 얼마냐고 물었더니 1억원이 은행 것이라고 한다. 이 경우 친구의 순자산은?

순자산 = 자산 − 부채 = 5억원 − 1억원 = 4억원

12월 31일 현재 이 친구는 1월 1일에 비해 더 부자가 되었는가? 아니면 더 가난해진 것인가? 순자산이 늘었으므로 부자가 되었다는 것을 직감적으로 알 수 있다. 얼마나 부자가 되었는가? 순자산이 3억원 늘었으니 연초 대비 3억원 더 부자가 된 것임을 알 수 있다.

이와 같이 어떤 거래 결과 거래 전보다 순자산이 늘어나면 그 거래는 순자산 변동을 가져왔으므로 그 거래는 손익거래라고 한다.

다음 거래를 통하여 분개도 연습해 보고 손익거래 여부도 판단해 보자.

■ A주식회사가 은행으로부터 1억원을 대출받아 곧바로 회사의 보통예금계좌에 입금했다. 보통예금이라는 자산이 1억원 증가하고 은행에 갚아야 할 부채 1억원이 증가하여 순자산 변동은 없으므로 교환거래임을 알 수 있다.

이 거래를 분개하면 다음과 같다.

차) 자산(보통예금)	1억원	대) 부채(차입금)	1억원

■ B주식회사가 가지고 있던 상품 1억원을 1억2천만원의 현금을 받고 매출했다. 현금이라는 자산이 1억2천만원 증가하고, 상품이라는 자산이 감소하여 순자산이 증가했으므로 동 거래는 손익거래라고 할 수 있다.

이 거래를 분개하면 다음과 같다.

차) 자산(현금)	1억2천만원	대) 자산(상품)	1억원
		자본(이익잉여금)	2천만원

3.2) 재무상태표 작성 사례

사례

① (주)유통은 중국에서 휴대폰을 수입하여 국내에 팔기 위하여 자본금 10억원으로 설립되었다. 주주로부터 받은 자본금은 회사의 보통예금계좌로 입금되었다.

〈분개〉

차) 자산(보통예금) 10억원 대) 자본(자본금) 10억원

분개반영 후 재무상태표

차변		대변	
자산		부채	0
보통예금	10억원		
		자본	
		자본금	10억원

참고

주식회사의 자본금은 발행주식 수×1주당 액면가액이다.
상기 회사의 경우 1주당 액면가액은 1만원이고, 발행주식 수는 10만 주라고 가정한다.

② (주)유통은 사업자금을 늘리기 위하여 최대주주의 지인으로부터 10억원을 차입했다. 차입금은 회사의 보통예금계좌로 입금되었다.

〈분개〉

차) 자산(보통예금) 10억원 대) 부채(차입금) 10억원

분개반영 후 재무상태표

차변		대변	
자산		부채	
보통예금	20억원	차입금	10억원
		자본	
		자본금	10억원

③ (주)유통은 매장으로 사용할 점포를 임차보증금 3억원을 주고 임차했다. 임차보증금은 보통예금계좌에서 계좌이체했다.

〈분개〉

차) 자산(임차보증금) 3억원 대) 자산(보통예금) 3억원

분개반영 후 재무상태표

차변		대변	
자산		부채	
보통예금	17억원	차입금	10억원
상품	0		
임차보증금	3억원	자본	
		자본금	10억원

④ (주)유통은 중국에서 휴대폰을 10억원어치 구입하고, 구입대금은 보통예금계좌에서 계좌이체 송금했다.

〈분개〉

차) 자산(상품) 10억원 대) 자산(보통예금) 10억원

분개반영 後 재무상태표

차변		대변	
자산		부채	
보통예금	7억원	차입금	10억원
상품	10억원		
임차보증금	3억원	자본	
		자본금	10억원

⑤ (주)유통은 휴대폰을 국내에서 전부 12억원에 판매했다. 판매대금은 모두 보통예금으로 계좌이체받은 것으로 가정한다.

〈분개〉

차) 자산(보통예금) 12억원 대) 자산(상품) 10억원
자본(이익잉여금) 2억원

분개반영 後 재무상태표

차변		대변	
자산		부채	
보통예금	19억원	차입금	10억원
상품	0		
임차보증금	3억원	자본	
		자본금	10억원
		이익잉여금	2억원

⑥ (주)유통은 직원급여로 1억원을 지급했다.

〈분개〉

차) 자본(이익잉여금) 1억원 대) 자산(보통예금) 1억원

분개반영 後 재무상태표

차변		대변	
자산		부채	
보통예금	18억원	차입금	10억원
상품	0원		
임차보증금	3억원	자본	
		자본금	10억원
		이익잉여금	1억원

상기 최종 재무상태표를 해석해 보면, (주)유통은 자본금 1억원을 출자하여 설립되었고, 차입금 10억원으로 사업을 하여 1억원의 돈을 벌었으며, 현재 자산은 보통예금 18억원과 임차보증금 3억원이 있다.

위 마지막 재무상태표에서 이익잉여금이 1억원이라는 것을 알 수 있는데, 채권자와 주주는 마지막 재무상태표만을 보면 주주와 채권자의 입장에서는 도대체 이러한 이익을 어떠한 과정을 통해서 벌었는지 궁금해지게 된다. 즉, 사업을 영위해서 번 이익인지 아니면 회사 경영자가 길을 가다가 우연히 돈을 주어서 회사에 입금시킨 금액인지 알 수가 없다. 따라서, 회사에 돈을 투자한 주주와 채권자들은 회사가 어떻게 해서 돈을 벌었는지 구체적으로 알려달라는 보고서를 요구하게 된다. 여기서 필요한 것이 손익계산서라고 할 수 있으며 손익계산서의 작성원리와 필요성은 다음 장에서 상세하게 공부하기로 한다.

연습문제

1. 다음 중 재무제표의 종류가 아닌 것은?

① 재무상태표 ② 포괄손익계산서

③ 현금흐름표 ④ 제조원가명세서

풀이 ④

재무제표는 재무상태표, 포괄손익계산서, 자본변동표, 현금흐름표
재무상태표: 특정 시점의 자산, 부채의 상태를 나타낸다.
포괄손익계산서: 특정 기간의 경영성과(실현손익과 미실현손익)를 나타낸다.
자본변동표: 특정 기간의 자본의 변동내용을 설명해 준다.
현금흐름표: 특정 기간의 현금및현금성자산의 변동내용을 설명해 준다.

2. 다음 중 회계상 거래가 아닌 것은?

① 취득원가 10억원의 공장건물이 전소했다.

② 거래처로부터 1억원의 상품을 납품받을 수 있는지 문의받았다.

③ 회사는 채권자로부터 1억원의 빚을 탕감받았다.

④ 주주로부터 1억원을 기부받았다.

풀이 ②

회계상 거래란 자산, 부채, 자본의 변동을 가져오는 사건을 말한다.
① 공장건물이 전소하였으므로 공장건물이라는 자산이 감소했다.
② 단지 문의만 받은 것이므로 자산, 부채, 자본의 변동이 없으므로 거래가 아니다.
③ 부채가 감소하였으므로 회계상 거래이다.
④ 자산과 자본이 변동하였으므로 회계상 거래이다.

3. 순자산 접근법에 의할 때 당기 중 회사의 이익으로 가장 적절한 것은?

기초자산 10억원	기말자산 12억원
기초부채 5억원	기말부채 5억원
기초자본 5억원	기말자본 7억원
기초자본과 기말자본에는 미실현손익은 없는 것으로 가정한다. 당기 중 유상증자로 자본이 1억원 증가했다.	

① 1억원　　② 2억원

③ 3억원　　④ 4억원

풀이 ①

기말순자산은 7억원으로 기초순자산 5억원에 비교해 2억원이 증가했으나, 이 중 1억원은 주주의 납입으로 증가했으므로 이것은 회사가 벌어들인 이익으로 볼 수 없다. 따라서, 회사가 벌어들인 이익은 1억원이 된다.
자본은 주주의 몫이므로 기말자본을 늘리는 방법은 기초자본이 있는 상태에서 유상증자(=추가출자를 받은 금액)와 순이익(=영업활동 결과 이익을 발생시켜 자본을 증가시킨 금액)을 발생시키면 된다.
이를 식으로 나타내면 '기말자본=기초자본+유상증자+순이익'으로 표현할 수 있다. 따라서, 위 식에서 기초자본과 유상증자를 이항시키면 '기말자본−기초자본−유상증자=순이익'이 된다.
숫자로 대입하면 7억원−5억원−1억원=1억원(순이익)
순이익을 알아보는 방법은 수익에서 비용을 차감하여 측정할 수도 있다(손익법).

4. 회사의 자금조달 주체인 주주와 채권자에 대한 설명으로 가장 올바르지 않은 것은?

	주 주	채권자
① 투자한 자금의 성격	출자금(자본금)	차입금(대출금)
② 투자한 자금의 만기	있음	없음
③ 투자자금 회수방법	타인에게 양도	만기 상환
④ 투자자금 회수순위	채무상환 후 잔액	주주보다 우선

풀이 ②

기업실체의 입장에서 자금조달원은 주주와 채권자라고 할 수 있다. 주주가 갖는 재산상의 권리는 배당청구권과 잔여재산청구권이 있다. 즉, 회사가 계속 존속하는 동안에 주주는 주주총회의 결의로 회사가 벌어들인 이익의 분배를 결의하여 회사가 벌어들인 이익을 분배해 줄 것을 청구할 수 있지만, 투자한 원금에 대해서는 돌려달라고 할 수 없다. 다만, 회사가 해산으로 없어지는 경우에는 회사 자산을 처분한 대가에서 부채를 상환하고 남은 잔액에 대해서, 즉 잔여재산에 대해서 지분비율대로 청구를 할 수 있을 따름이다. 그러므로 회사의 입장에서 볼 때 주주가 납입한 자금에는 만기가 없다고 할 수 있는 것이다.

5. 다음 중 회계의 주된 목적은 무엇인가?

① 일정 기간 동안의 경영활동에 대한 증빙자료를 제공

② 과세의 근거자료로 활용

③ 미래의 투자의사결정에 필요한 자료 제공

④ 일정 시점의 재무상태와 일정 기간의 경영성과를 파악

풀이 ④

회계는 경제주체의 경제활동에 따른 재산의 증감변화를 일정한 원리에 따라 정확히 기록·계산·정리하는 것을 주된 목적으로 한다.

6. 회계의 근간은 복식부기를 바탕으로 하고 있다. 다음 중 복식부기의 특징이 아닌 것은?

① 원리와 원칙을 가지고 작성해야 한다.

② 거래를 이중으로 기록하기 때문에 자기검증기능이 있다.

③ 모든 재산과 자본의 증감변화를 기록한다.

④ 기록방법이 간편하지만 손익의 원인은 알 수 없다.

풀이 ④

복식부기는 손익의 원인 및 재산의 현재상태와 변화과정을 파악하기 쉬우나 기록하는 방법은 단식부기보다는 쉽지 않다.

7. 일정 시점의 재무상태를 나타내는 정태적 재무제표로서 기업이 소유하고 있는 경제적 자원, 그 경제적 자원에 대한 의무 및 소유주 지분에 관한 정보를 제공하는 재무제표를 무엇이라 하는가?

① 재무상태표 ② 현금흐름표

③ 손익계산서 ④ 자본변동표

풀이 ①

재무상태표는 일정 시점의 재무상태를 나타내는 재무제표로서 기업이 소유하고 있는 경제적 자원을 자산, 그 경제적 자원에 대한 의무를 부채, 소유주 지분에 관한 정보를 자본이라는 항목으로 제공하게 된다.

8. 다음 중 회계상의 거래에 해당하는 것은?

① 토지 등의 담보설정 ② 건물의 임대차계약

③ 상품가격의 하락 ④ 상품의 매매계약

풀이 ③

상품가격의 하락은 자산이 감소한 것으로 회계상 거래이다.

9. 다음은 재무보고의 대상이 되는 것이다. 가장 관계가 적은 것은?

① 일정 시점의 경제적 자원과 그 청구권에 관한 정보

② 일정 기간의 경영성과에 관한 정보

③ 일정 기간의 특정 실체가 속한 산업 전반에 관한 예측정보

④ 일정 기간의 현금흐름 및 자본변동에 관한 정보

풀이 ③

재무보고는 일정 시점의 재무상태(경제적 자원과 그 청구권)와 경영성과 및 현금흐름, 자본변동에 관한 정보를 제공한다. 그러나 특정 실체가 속한 산업 전반에 관한 정보를 제공하지는 못한다.

10. 기업의 재산과 자본주(투자자)의 재산은 구별하여 별개의 장부에 기록해야 한다. 이와 같은 장부기록의 범위를 설명한 것으로 옳은 것은?

① 회계연도 ② 회계단위

③ 회계기간 ④ 보조부

풀이 ②

장부기록의 범위를 회계단위라 하고, 성과계산을 위한 기간적 단위를 회계기간이라고 한다.

정리하기

1. 재무회계는 재무제표를 작성하여 주주, 채권자 등 이해관계자에게 보고하는 활동이며 가장 핵심적인 것은 재무제표를 작성하는 것이다.

2. 재무제표에는 재무상태표, 손익계산서, 자본변동표, 현금흐름표가 있다.

3. 재무상태표는 특정 시점의 자산, 부채, 자본의 상태를 알려주는 보고서이다.

4. 거래란 회사의 재무상태에 영향를 주는 사건으로서 거래가 발생하게 되면 그 결과 회사의 재무상태는 변하게 된다.

5. 회계순환과정이란 거래발생으로부터 재무제표 작성까지의 일련의 절차를 의미하는 것으로 그 핵심은 거래발생으로 인한 자산, 부채, 자본을 파악하는 과정으로 이해하면 된다.

6. 전산화된 환경에서 분개만 하면, 즉 회계처리만 하면 재무제표가 자동으로 작성되는 환경에서 재무상태표 자체를 장부로 이해하면 거래내용을 분개를 통해 직접 재무상태표에 반영하는 방식으로 재무상태표를 작성할 수 있다.

7. 자산 – 부채 = 자본(순자산)이라는 등식을 통해 자산금액에서 부채를 상환하고 남은 금액은 전부 주주의 몫(지분)이 되므로, 회사가 벌어들인 이익을 순자산 증가로 정의하면 순자산 증가는 전부 주주의 몫으로 이해할 수 있다.

제 2 장

회계의 순환과정과 재무제표의 작성(2)

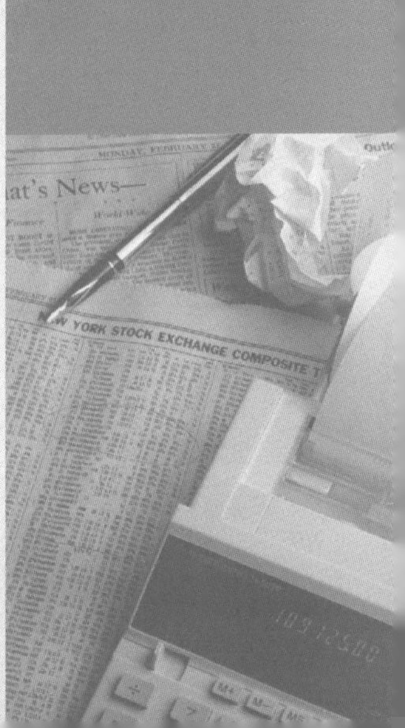

학습개요

교환거래와 손익거래의 구분을 통하여 회계학적인 수익 개념과 비용 개념을 이해하고 영업수익과 영업외수익의 차이와 영업비용과 영업외비용의 차이를 이해하여 손익거래 발생 내용을 집계하여 보고해 주는 손익계산서를 작성할 수 있고 손익계산서의 계정의 의미를 학습한다. 손익계정의 마감 과정을 통해 손익계산서상의 이익이 재무상태표로 대체되는 과정을 이해한다.

학습목표

1. 교환거래와 손익거래를 설명할 수 있다.
2. 수익, 비용의 개념을 회계학적 개념으로 설명할 수 있다.
3. 순자산 접근법에 비해 손익계산서로 경영성과를 파악하는 방법의 장점을 설명할 수 있다.
4. 손익거래와 교환거래를 구분할 수 있고, 손익거래의 내용을 수익, 비용으로 회계처리(또는 분개)하여 손익계산서를 작성할 수 있다.

주요용어

- 교환거래 순자산 변동이 없는 거래
- 손익거래 순자산 변동을 발생시키는 거래
- 수익 회계에서 수익이란 손익거래로 인한 자산의 증가 또는 부채의 감소액을 의미한다. 수익의 대표적인 예로는 매출을 들 수 있다.
- 비용 회계에서 비용이란 손익거래로 인한 자산의 감소 또는 부채의 증가액을 의미한다. 비용의 대표적인 예로는 매출원가를 들 수 있다.

1. 이익계산 방법과 손익계산서의 유용성

1.1) 순자산 접근법

1장에서 손익거래와 교환거래 개념을 설명하면서 기초순자산보다 기말순자산이 증가한 경우 부가 증가되었다고 하며 회계용어로는 증가된 부를 이익잉여금으로 설명했다. 복습하는 의미에서 1장에서 언급했던 사례를 다시 한 번 상기해 보자.

사례

1월 1일에 신년회 겸 친구를 만나 자산을 얼마나 가지고 있냐고 물었더니 자산은 달랑 시가 10억원 아파트 한 채를 가지고 있다고 한다. 10억원 재산을 가지고 있으므로 부자라고 했더니 친구가 10억원 중 9억원은 은행 것이라고 한다. 즉, 은행에서 대출 9억원을 받아서 10억원 아파트를 산 것이라고 한다. 이 경우 친구의 순자산은 자산－부채＝10억원－9억원＝1억원이었다.

12월 31일에 망년회 겸 그 친구를 다시 만나 자산을 얼마나 가지고 있냐고 물었더니 자산은 달랑 시가 5억원 아파트 한 채를 가지고 있다고 한다. 그 중 은행 것은 얼마냐고 물었더니 1억원이 은행 것이라고 한다. 이 경우 친구의 순자산은 자산－부채＝5억원－1억원＝4억원이다.

순자산이 3억원 늘었으므로 연초 대비 3억원 더 부자가 된 것임을 알 수 있다.

이와 같이 기초순자산 대비 기말순자산 증가액으로 이익을 파악하는 방법을 순자산 접근법 또는 재무상태표(대차대조표) 접근법이라고 부른다.

순자산 접근법에 의한 이익 = 기말순자산−기초순자산−기중 출자금

1.2) 손익계산서 접근법

이와 같이 순자산 접근법에 의한 이익 파악은 특정 기간의 이익을 손쉽게 파악할 수 있지만, 이익(또는 경영성과)이 어떠한 과정을 통해서 이루어졌는지 알 수 없다는 단점이 있다. 즉, 주주 및 채권자 등 투자자는 특정 기간 동안 기업이 달성한 이익이 어떠한 원천을 통해 달성되었는지 알고 싶고, 더 나아가 이러한 이익이 향후에도 계속 발생될 수 있는지 알고 싶어 한다.

유통업을 하는 주식회사가 있다고 가정할 때 이 주식회사의 본업은 상품을 싸게 사서 일정한 마진을 남기고 파는 것이 주 영업이고 계속되는 사업이다. 만약, 이 유통회사가 사업이 번창하여 10년 전에 10억원에 구입한 상가건물을 올해 중에 15억원에 팔았다면 이 회사는 이 거래를 통하여 5억원의 이익을 보게 된다. 그렇지만 이러한 이익은 매년 계속된다고 볼 수 없다. 왜냐하면 유통회사의 본업은 상품을 싸게 매입해서 비싸게 파는 것이 본업이지, 영업용 건물을 싸게 사서 비싸게 파는 것은 본업도 아니고 이것은 매년 발생하는 일도 아니기 때문이다. 따라서, 투자자들은 회사가 특정 기간 벌어들인 이익이 계속적인

영업활동에서 벌어들인 이익인지 일시 우발적으로 발생한 이익인지를 알고 싶어 한다. 이러한 목적에서 이익의 원천별로 이익 발생내역을 보여주는 보고서를 필요로 하게 되는데, 이러한 보고서를 손익계산서라고 부른다. 손익계산서는 기본적으로 벌어들인 수익에서 이 수익을 창출하기 위해 지출한 비용을 차감한 잔액을 이익으로 파악하게 된다. 즉, 손익계산서는 '수익－비용＝이익'이라는 구조를 통해 회사의 특정 기간 경영성과(이익)를 파악한다.

손익계산서 접근법에 의한 이익＝수익－비용

1.3) 순자산 접근법에 의한 이익계산 사례와 손익계산서의 필요성

사례

장난감유통(주)는 중국에서 장난감을 수입하여 국내에 판매하는 사업을 주업으로 하는 주식회사이다. 장난감유통(주)는 1월 1일에 설립했다. 설립 이후 회사의 거래내용은 다음과 같다(특별한 언급이 없으면 자금거래는 계좌이체 방식으로 송금하는 것으로 가정한다).

① 회사는 자본금 10억원(1주당 액면가액 10,000원×발행주식 수 10만 주)을 출자하여 설립되었으며, 설립시 주금 납입대금은 전부 회사명의의 보통예금계좌로 입금되었다.

② 회사는 본사 및 판매점으로 사용할 목적으로 상가건물을 임차했다. 임차조건은 임차보증금 2억원에 매월 임차료로 1백만원을 지급하는 조건이었다. 임차료는 1/1일에 1년분을 전부 계좌이체 방식으로 지급한 것으로 가정한다(⑪번 거래를 보면 결론적으로 회사는 12개

월 동안 상가건물을 사용했으므로 회사가 미리 낸 임차료 중 돌려받을 금액은 없을 것이다. 선급하여 미리 낸 임차료는 12월 31일에 회계처리하는 것으로 가정한다).

③ 회사는 중국에서 장난감을 2억원(1개당 10,000원×2만 개)어치를 구입하고 구입대금은 전액 계좌이체로 송금했다.

④ 회사는 장난감 2만 개를 전량 2억5천만원에 매각하고 대금은 전액 현금으로 받았다. 전액 받은 현금은 곧바로 보통예금계좌에 입금했다.

⑤ 회사는 장난감 3만 개를 개당 10,000원에 수입하고 대금은 계좌이체로 전액 송금했다.

⑥ 회사는 장난감 1만 5천 개를 개당 15,000원에 판매하고 대금은 전액 보통예금계좌로 입금받았다.

⑦ 회사는 전기료로 5백만원을 납부했다.

⑧ 회사는 상가건물 관리비로 1천만원을 지급했다.

⑨ 회사는 판매사원 급여로 3천4백만원을 지급했다.

⑩ 회사는 사장 급여로 1억원을 지급했다.

⑪ 회사는 12월 31일에 사업확장을 위하여 새로운 상가건물로 이전하였으며, 임차조건은 임차보증금 3억원에 월임대료 2백만원을 지급하기로 했다.

⑫ 기존 임차 상가건물을 다른 임차인에게 인계하면서 임차보증금과 권리금을 포함하여 2억5천만원을 회수했다.

상기 거래내용이 1년간 이루어진 거래의 전부라고 가정할 때, 12월 31일의 재무상태표를 작성하여 보자(아직 회계의 순환과정대로 재무상태표를 작성하는 방법을 배우지 않았으므로 1장에서 배운 대로 재무상태표 자체를 하나의 장부라고 보고 각 거래를 재무상태표에 직접 반영하는 방법으로 재무상태표를 작성한다).

재무상태표를 일종의 장부라고 가정할 때, 재무상태표의 처음 모습은 다음과 같은 백지의 모습일 것이다.

차변		대변	
자산	0	부채	0
		자본	0

①번 거래를 분개하면 다음과 같다.

차) 자산(보통예금)　　10억원　　대) 자본(자본금)　　10억원

주식회사의 입장에서 보통예금이라는 자산이 10억원 늘어났으므로 차변에 증가로 표시하고, 주주로부터 조달된 자금 10억원은 주식회사의 입장에서 회사가 계속 존속하는 한 갚을 필요가 없으므로 자본의 증가로 대변에 표시한 것이다. 자본 중에서 주주가 납입한 출자금은 자본 중 자본금으로 계정과목을 회계에서 정하기로 한 것뿐이다. ①번 거래의 분개내용을 이 거래가 있기 전의 재무상태표에 반영하면 재무상태표는 다음과 같은 모습으로 변할 것이다(이하 재무상태표상의 단위는 천원으로 가정한다).

①번 거래반영 후 재무상태표

(단위: 천원)

차변		대변	
자산		부채	0
보통예금	1,000,000		
		자본	
		자본금	1,000,000

②번 거래를 분개하면 다음과 같다.

차) 자산(임차보증금) 2억원 대) 자산(보통예금) 2억원
차) 자산(선급임차료) 12백만원 대) 자산(보통예금) 12백만원

임차보증금으로 보통예금을 송금하였으므로 회사의 입장에서는 보통예금이라는 자산이 2억원 감소하였으므로 대변에 보통예금으로 기록하고, 회사의 입장에서는 임차보증금이라는 자산이 2억원 증가하였으므로 차변에 자산증가로 기록한 것이다. 임차보증금의 경우 계약만료시 다시 돌려받을 수 있는 권리가 있으므로 송금한 임차보증금은 자산이 되는 것이다.

매월 지급할 임차료를 한꺼번에 몽땅 1년분을 지급하면서 보통예금이라는 자산이 감소하였으므로 대변에 자산감소로 기록하고, 선급임차료라는 자산으로 차변에 동일한 금액을 기록했다. 일단 자산으로 기록하는 이유는 만약, 임대인이 갑자기 마음이 바뀌어서 계약을 파기하자고 하면 임차하여 건물을 사용하지도 않았으므로 1년분을 고스란히 돌려받을 수 있을 것이므로 일단 자산으로 기록한 것이다.

그런데 만약 임차인이 1개월 사용하다가 임차계약을 그만두기로 하고 마음이 착한 임대인이 위약금을 물리지 않으면서 임차료를 돌려준다면(만약 매월 임차료를 내는 조건이라면) 1개월 사용했으므로 1개월분 임차료를 공제한 금액을 돌려 줄 것이다. 즉, 만약 내가 12개월 동안 계속해서 상가건물을 임차하여 사용했다면 1월 1일에 1년분을 몽땅 낸 임차료 중 돌려받는 금액은 하나도 없게 될 것이다.

②번 거래반영 후 재무상태표

(단위: 천원)

차변		대변	
자산		부채	0
보통예금	788,000		
임차보증금	200,000	자본	
선급임차료	12,000	자본금	1,000,000

③번 거래를 분개하면 다음과 같다.

차) 자산(상품)　　2억원　　대) 자산(보통예금)　　2억원

③번 거래반영 후 재무상태표

(단위: 천원)

차변		대변	
자산		부채	0
보통예금	588,000		
임차보증금	200,000	자본	
선급임차료	12,000	자본금	1,000,000
상품	200,000		

④번 거래를 분개하면 다음과 같다.

차) 자산(현금)　　2억5천만원　　대) 자산(상품)　　2억원
　　　　　　　　　　　　　　　　　자본(이익잉여금)　5천만원

상품이라는 자산이 2억원 감소하고 현금이라는 자산이 2억5천만원 증가하여 회사의 순자산은 이 거래로 인하여 5천만원 증가했다. 즉, 회사는 이익을 창출한 것이다. 순자산 증가는 자본항목 중 이익잉여금으로 하자고 했으므로 자본(이익잉여금)증가를 대변에 기록한 것이다.

④번 거래반영 후 재무상태표

(단위: 천원)

차변		대변	
자산		부채	0
보통예금	838,000		
임차보증금	200,000	자본	
선급임차료	12,000	자본금	1,000,000
상품	0	이익잉여금	50,000
현금	0		

⑤번 거래를 분개하면 다음과 같다.

차) 자산(상품) 3억원 대) 자산(보통예금) 3억원

⑤번 거래반영 후 재무상태표

(단위: 천원)

차변		대변	
자산		부채	0
보통예금	538,000		
임차보증금	200,000	자본	
선급임차료	12,000	자본금	1,000,000
상품	300,000	이익잉여금	50,000
현금	0		

⑥번 거래를 분개하면 다음과 같다.

차) 자산(보통예금) 2억2천5백만원 대) 자산(상품) 1억5천만원

자본(이익잉여금) 7천5백만원

⑥번 거래반영 후 재무상태표

(단위: 천원)

차변		대변	
자산		부채	0
보통예금	763,000		
임차보증금	200,000	자본	
선급임차료	12,000	자본금	1,000,000
상품	150,000	이익잉여금	125,000
현금	0		

⑦번 거래를 분개하면 다음과 같다.

차) 자본(이익잉여금) 5백만원　　대) 자산(보통예금)　5백만원

전기료를 납부하면서 보통예금이라는 자산이 5백만원 감소하였고 지급한 전기료는 향후 돈으로 회수되는 것이 아니므로 회사의 입장에서는 순자산이 5백만원 감소한 것이다. 순자산 접근법에 의하여 순자산 감소는 그만큼 이익이 감소한 것이다. 그래서 차변에 자본(이익잉여금)감소로 기록한 것이다.

⑦번 거래반영 후 재무상태표

(단위: 천원)

차변		대변	
자산		부채	0
보통예금	758,000		
임차보증금	200,000	자본	
선급임차료	12,000	자본금	1,000,000
상품	150,000	이익잉여금	120,000
현금	0		

⑧번 거래를 분개하면 다음과 같다.

차) 자본(이익잉여금) 1천만원 대) 자산(보통예금) 1천만원

관리비를 납부하면서 보통예금이라는 자산이 1천만원 감소하였고 지급한 관리비는 향후 돈으로 회수되는 것이 아니므로 회사의 입장에서는 순자산이 1천만원 감소한 것이다. 순자산 접근법에 의하여 순자산 감소는 그만큼 이익이 감소한 것이다. 그래서 차변에 자본(이익잉여금)감소로 기록한 것이다.

⑧번 거래반영 후 재무상태표

(단위: 천원)

차변		대변	
자산		부채	0
보통예금	748,000		
임차보증금	200,000	자본	
선급임차료	12,000	자본금	1,000,000
상품	150,000	이익잉여금	110,000
현금	0		

⑨번 거래를 분개하면 다음과 같다.

차) 자본(이익잉여금) 3천4백만원 대) 자산(보통예금) 3천4백만원

판매사원 급여를 지급하면서 보통예금이라는 자산이 3천4백만원 감소하였고 지급한 판매사원 급여는 향후 돈으로 회수되는 것이 아니므로 회사의 입장에서는 순자산이 3천4백만원 감소한 것이다. 순자산 접근법에 의하여 순자산 감소는 그만큼 이익이 감소한 것이다. 그래서 차변에 자본(이익잉여금)감소로 기록한 것이다.

⑨번 거래반영 후 재무상태표

(단위: 천원)

차변		대변	
자산		부채	0
보통예금	714,000		
임차보증금	200,000	자본	
선급임차료	12,000	자본금	1,000,000
상품	150,000	이익잉여금	76,000
현금	0		

⑩번 거래를 분개하면 다음과 같다.

차) 자산(이익잉여금) 1억원 대) 자산(보통예금) 1억원

사장 급여를 지급하면서 보통예금이라는 자산이 1억원 감소하였고 지급한 사장 급여는 향후 돈으로 회수되는 것이 아니므로 회사의 입장에서는 순자산이 1억원 감소한 것이다. 순자산 접근법에 의하여 순자산 감소는 그만큼 이익이 감소한 것이다. 그래서 차변에 자본(이익잉여금)감소로 기록한 것이다.

⑩번 거래반영 후 재무상태표

(단위: 천원)

차변		대변	
자산		부채	0
보통예금	614,000		
임차보증금	200,000	자본	
선급임차료	12,000	자본금	1,000,000
상품	150,000	이익잉여금	(−)24,000
현금	0		

⑪번 거래를 분개하면 다음과 같다.

차) 자산(임차보증금) 3억원 대) 자산(보통예금) 3억원

⑪번 거래반영 후 재무상태표

(단위: 천원)

차변		대변	
자산		부채	0
보통예금	314,000		
임차보증금	500,000	자본	
선급임차료	12,000	자본금	1,000,000
상품	150,000	이익잉여금	(−)24,000
현금	0		

⑫번 거래를 분개하면 다음과 같다.

차) 자산(보통예금) 2억5천만원 대) 자산(임차보증금) 2억원

자본(이익잉여금) 5천만원

회사가 임차한 건물의 임차권리를 다른 사람에게서 양도하면서 그 대가를 받았으므로 이제 더 이상 임차보증금을 받을 권리가 없어졌으므로 임차보증금이라는 자산감소를 대변에 기록하고, 대신 자산(보통예금) 5천만원 증가를 차변에 기록하고 차액만큼은 순자산 증가이므로 회사의 이익이 증가한 것이므로 자본(이익잉여금)증가로 대변에 기록한다.

⑫번 거래반영 후 재무상태표

(단위: 천원)

차변		대변	
자산		부채	0
보통예금	564,000		
임차보증금	300,000	자본	
선급임차료	12,000	자본금	1,000,000
상품	150,000	이익잉여금	26,000
현금	0		

⑫번 거래까지 반영하여 일단 재무상태표가 완성되었다. 그런데 자산항목 중 선급임차료 1천2백만원은 향후 돈이 될 수 있을까? 즉, 자산성이 있다고 할 수 있을까? 회사는 1년분 임차료를 1월 1일에 미리 지급한 후, 12월 31일까지 1년을 꼬박 임차하면서 상가건물을 사용하였으므로 임대인은 동 임차료를 돌려주지 않을 것이다. 따라서, 회사는 12월 31일에 이 부분에 대한 회계처리를 해야 한다. 이에 대한 분개는 다음과 같다.

차) 자산 (이익잉여금)	1천2백만원	대) 자산 (선급임차료)	1천2백만원

선급임차료 감소반영 후 재무상태표

(단위: 천원)

차변		대변	
자산		부채	0
보통예금	564,000		
임차보증금	300,000	자본	
선급임차료	0	자본금	1,000,000
상품	150,000	이익잉여금	14,000
현금	0		

이상으로 1년 거래내용이 재무상태표에 모두 집계되었다. 주주와 채권자들이 보고받은 재무제표는 12월 31일까지 모든 거래가 반영된 마지막 재무상태표를 받는다. 이 재무상태표를 해석하면 다음과 같다. 회사는 설립하면서 주주로부터 10억원을 조달하였고, 1년간 사업결과 1천4백만원의 이익을 창출했다. 그리하여 12월 31일 현재 설립시 주주에게서 조달한 자금 10억원과 사업으로 내부적으로 번 돈 14,000천원을 조달하여 12월 31일 현재 보통예금에 564,000천원, 임차보증금 자산운용에 300,000천원, 상품 자산운용에 150,000천원을 사용하고 있다.

여기서, 주주와 채권자들은 이익잉여금을 도대체 어떻게 창출하였고, 향후에도 이러한 이익을 달성할 수 있을지 궁금해 하고 있다. 그렇지만, 회사가 벌어들인 이익을 이렇게 재무상태표상으로 달랑 자본(이익잉여금)으로 표시하면 이익을 어떻게 창출하였는지 알 수가 없다. 그래서 주주들과 채권자들은 회사가 구체적으로 어떻게 해서 이익을 창출하였는지 좀더 구체적 내용을 알고 싶어 작성하는 재무제표가 손익계산서이다.

2. 손익계산서의 작성

2.1) 손익계산서의 양식과 계정과목

회사가 이익을 어떻게 창출하였는지 과정을 알고 싶어 하는 주주와 채권자의 정보욕구를 충족시키기 위해 회계에서는 수익과 비용 개념이 고안되었다. 즉, 손익거래 발생시(순자산 변동 거래발생시) 자산의 증가 또는 부채의 감소액을 수익으로 표시하고, 자산의 감소 또는 부채의 증가액을 비용으로 따로 표시하여 수익에서 비용을 차감한 잔액을 이익(음수이면 손실)으로 기록하는 방법을 고안해 낸 것이다.

회계에서 손익계산서는 결국 특정 기간 동안 벌어들인 수익의 총금액과 쓴 비용을 집계하여 총 집계금액을 보여주는 재무제표이다. 그렇지만 회계를 처음 배울 때는 손익계산서 자체도 하나의 장부라고 생각하면 쉬워진다. 즉, 재무상태표와 마찬가지로 수익을 표시하는 장소와 비용을 표시하는 장소를 구분하여 기록하는 장부라고 생각하면 된다. 일상생활에서 수익은 수입과 비슷한 용어로 회사 등 사업을 하는 주체(또는 회계실체, 회계단위)가 상품, 제품 등을 판매하고 벌어들인 수입을 의미하고, 비용은 동 수익(또는 수입)을 얻기 위하여 들어간 대가를 의미한다. 수익에서 비용을 차감하여 남는 부분은 이익이라고 하고, 만약 벌어들인 수익보다 쓴 비용이 많다면 손실을 입었다고 말한다.

주주와 채권자들이 손익계산서를 원하는 이유를 간단하게 설명하면 발생한 수익－비용＝이익을 바탕으로 향후에도 이러한 이익이 발생할 것인가를 가늠해 보기 위해서라고 생각하자. 이러한 것을 파악하기 위해서는 수익과 비용 자체를 손익거래가 발생할 때마다 계속·반복적 수익·비용인지, 일시 우발적 수익·비용인지 미리 구분하도록 약속해야 한다. 회계에서는 계속·반복적 수익을 영업수익이라고 하고, 계속·반복적 수익을 얻기 위해서 희생해야 하는 비용은 영업비용으로 부른다. 일시 우발적 수익은 영업외수익이라 하고, 일시 우발적 비용은 영업외비용으로 부른다. 이렇게 약속한 후 손익거래 발생시 계속·반복적 수익은 영업수익이라는 계산단위(계정)에 집계하고 계속·반복적 비용은 영업비용이라는 계산단위에 집계한다. 마찬가지로 일시 우발적 수익은 영업외수익이라는 계산단위에 집계시키고 일시 우발적 비용은 영업외비용이라는 계산단위에 집계시킨다.

예를 들어, 상품을 매입하여 판매하는 사업과 제품을 만들어서 판매하는 사업을 겸업하는 주식회사가 있다고 가정하자. 이 회사의 경우 상품을 매출하여 얻는 수입과 제품을 만든 후 제품을 판매하여 얻는 수입은 대표적인 영업수익이 된다. 상품매출액과 제품매출액을 모두 합하여 매출이라는 계정과목으로 매출액을 집계할 수도 있지만, 상품을 판매하면서 거둬들인 영업수익을 상품매출이라는 계정으로 집계하고, 제품을 매출하고 벌어들인 영업수익은 제품매출이라는 계정으로 집계한다. 상품매출이라는 수익을 얻기 위해서는 상품을 소비자에게 인도하면서 상품이라는 자산이 감소하게 된다. 즉, 상품매출대금을 얻기 위해서 희생한 상품의 금액은 상품매출이라는 영업수익을 얻기 위한 대가이므로 영업비용에 해당하고 영업비용 중 구체적으로 상품매출원가라는 계정과목으로 집계한다. 마찬가지로 제품매출대금이라는 영업수익을 얻기 위해서 희생한 제품의 금액을 제품매출원가라는 계정과목을 사용하여 집계한다. 여기서 회계학에서 사용하는 원가의 개념을 정리하고 넘어가자. 원가란 자산구입에 들어간 지출을 의미한다고 생각하면 된다.

따라서, 토지취득원가라는 말은 토지라는 자산을 구입하기 위하여 들어간 돈이라고 생각하면 되고, 상품매입원가라는 말은 상품이라는 자산을 구입하기 위하여 들어간 돈을 의미하고, 제품제조원가라는 말은 제품이라는 자산을 제조하기 위하여 들어간 돈을 의미한다.

그럼 매출원가는 무슨 의미인가? 영어를 정확하게 번역하자면 매출원가는 '매출된 원가'의 의미이다. '매출된 원가'를 줄여서 매출원가라고 부르는 것이라고 이해하면 된다. 따라서, 상품매출원가는 상품이 소비자에게 팔리면서 회사에는 상품대금이라는 매출의 수입(수익)이 들어오지만 대신 팔린 상품의 감소라는 희생을 치러야 하며 그 희생된 상품이라는 자산을 구입하는 데 들어간 금액을 의미한다.

이러한 내용을 바탕으로 손익계산서라는 장부는 다음과 같은 방식으로 작성되며 이와 같은 손익계산서를 T계정식 손익계산서라고 한다. 수익과 비용을 한 줄로 나란히 적은 방식의 손익계산서를 보고식 손익계산서라고 한다.

T계정식 손익계산서

(단위: 천원)

차변	대변
비용	수익
영업비용	영업수익
상품매출원가	상품매출
제품매출원가	제품매출
영업외비용	영업외수익

회계를 처음 배우는 입장에서는 위와 같은 T계정식 손익계산서를 이용해 작성하면 회계의 원리, 즉 분개의 원리를 쉽게 이해할 수 있는 장점이 있다. 따라서, 이하에서는 T계정식으로 손익계산서를 작성하는 방법을 배운다.

2.2) 사례를 통한 손익계산서 작성

손익계산서는 결국 특정 기간 동안 발생한 수익과 비용을 집계하여 총 집계금액을 보여주는 재무제표로서 회계의 순환과정을 통해서 작성된다. 그렇지만 회계를 처음 배우는 입장에서는, 회계라는 것이 결국 재무제표를 작성하는 것이라고 할 때 회계의 순환과정대로 손익계산서를 작성하는 것보다는 손익계산서 자체를 하나의 장부라고 가정하고 손익계산서라는 장부를 작성하는 방법을 배우는 것이 훨씬 효과적이다. 그리고 다시 언급하지만 전산화된 환경에서는 거래발생시 동 거래를 분개만하게 되면 이후의 회계순환과정이 전산에서 자동으로 처리되어 재무상태표와 손익계산서가 작성되는 것을 생각할 때 더욱 그렇다.

앞의 ①~⑫의 사례를 가지고 손익계산서를 작성해 보자. ①~⑫에서 행한 분개와 차이는 손익거래 발생시 순자산 증감액을 자본(이익잉여금)증가 및 감소로 분개하지 않고, 자산의 증가 또는 부채의 감소는 수익이라는 계정을 이용하고 자산의 감소 또는 부채의 증가는 비용이라는 계정을 이용하여 분개한다는 것이다. 아울러 매 분개시마다 재무상태표라는 장부와 손익계산서라는 장부를 동시에 작성하게 된다. 이제 사전 준비는 끝났으므로 구체적으로 각 거래내용을 재무상태표라는 장부와 손익계산서라는 장부에 집계해 보자.

①번 거래를 분개하면 다음과 같다.

차) 자산(보통예금) 10억원 대) 자산(자본금) 10억원

이 거래는 순자산 증감이 없는 거래이므로 교환거래이고 손익거래가 아니다. 따라서, 동 거래내용은 재무상태표(장부)에만 기록하면 된다.

①번 거래반영 후 재무상태표

(단위: 천원)

차변		대변	
자산		부채	0
보통예금	1,000,000		
		자본	
		자본금	1,000,000

①번 거래반영 후 손익계산서

(단위: 천원)

차변		대변	
비용		수익	
영업비용	0	영업수익	0
영업외비용	0	영업외수익	0

②번 거래를 분개하면 다음과 같다.

차) 자산(임차보증금) 10억원 대) 자산(보통예금) 2억원
차) 자산(선급임차료) 12백만원 대) 자산(보통예금) 12백만원

이 두 거래 모두 손익거래가 아니므로 손익계산서 장부에 기록한 내용은 없다.

②번 거래반영 후 재무상태표

(단위: 천원)

차변		대변	
자산		부채	0
보통예금	788,000		
임차보증금	200,000	자본	
선급임차료	12,000	자본금	1,000,000

②번 거래반영 후 손익계산서

(단위: 천원)

차변		대변	
비용		수익	
영업비용	0	영업수익	0
영업외비용	0	영업외수익	0

③번 거래를 분개하면 다음과 같다.

차) 자산(상품) 2억원 대) 자산(보통예금) 2억원

이 거래도 교환거래이므로 손익계산서 장부에 기록할 내용은 없다.

③번 거래반영 후 재무상태표

(단위: 천원)

차변		대변	
자산		부채	0
보통예금	588,000		
임차보증금	200,000	자본	
선급임차료	12,000	자본금	1,000,000
상품	200,000		

③번 거래반영 후 손익계산서

(단위: 천원)

차변		대변	
비용		수익	
영업비용	0	영업수익	0
영업외비용	0	영업외수익	0

④번 거래를 분개하면 다음과 같다.

차) 자산(현금) 2억5천만원 대) 수익(영업수익) 2억5천만원
비용(영업비용) 2억원 자산(상품) 2억원

상품이라는 자산이 2억원 감소하고 현금이라는 자산이 2억5천만원 증가하여 회사의 순자산은 이 거래로 인하여 5천만원 증가했다. 첫 번째 분개는 손익거래 발생으로 자산의 증가 또는 부채의 감소금액은 수익으로 집계하고 이러한 수익이 계속·반복적으로 수익의 하부 계정인 영업수익으로 집계한 것이다. 두 번째 분개는 손익거래 발생시 자

산의 감소 또는 부채의 증가액을 비용으로 집계한 것으로 이러한 비용이 계속·반복적으로 발생하는 것으로 비용의 하위 계정인 영업비용이라는 계정에 집계한 것이다.

상품판매대금을 현금으로 받은 후 곧바로 보통예금에 입금한 거래는 교환거래이므로 다음과 같이 분개하면 된다.

차) 자산(보통예금) 2억5천만원 대) 자산(현금) 2억5천만원

④번 거래반영 후 재무상태표

(단위: 천원)

차변		대변	
자산		부채	0
보통예금	838,000		
임차보증금	200,000	자본	
선급임차료	12,000	자본금	1,000,000
상품	0	이익잉여금	0
현금	0		

④번 거래반영 후 손익계산서

(단위: 천원)

차변		대변	
비용		수익	
영업비용	200,000	영업수익	250,000
영업외비용	0	영업외수익	0

대차대조표와 손익계산서의 차변금액 합계와 대변금액 합계가 일치함에 유의하기 바라고, 이익잉여금이 '0'임에도 유의하기 바란다.

⑤번 거래를 분개하면 다음과 같다.

차) 자산(상품)　　　3억원　　대) 자산(보통예금)　　3억원

손익거래가 아니므로 손익계산서에 반영할 내용은 없다.

⑤번 거래반영 후 재무상태표

(단위: 천원)

차변		대변	
자산		부채	0
보통예금	538,000		
임차보증금	200,000	자본	
선급임차료	12,000	자본금	1,000,000
상품	300,000	이익잉여금	0
현금	0		

⑤번 거래반영 후 손익계산서

(단위: 천원)

차변		대변	
비용		수익	
영업비용	200,000	영업수익	250,000
영업외비용	0	영업외수익	0

⑥번 거래는 손익거래로서 이를 분개하면 다음과 같다.

차) 자산(보통예금)　2억2천5백만원　　대) 수익(영업수익)　2억2천5백만원
비용(영업비용)　1억5천만원　　자산(상품)　1억5천만원

⑥번 거래반영 후 재무상태표

(단위: 천원)

차변		대변	
자산		부채	0
보통예금	763,000		
임차보증금	200,000	자본	

선급임차료	12,000	자본금	1,000,000
상품	150,000	이익잉여금	0
현금	0		

⑥번 거래반영 후 손익계산서

(단위: 천원)

차변		대변	
비용		수익	
영업비용	350,000	영업수익	475,000
영업외비용	0	영업외수익	0

⑦번 거래는 손익거래로서 분개하면 다음과 같다.

차) 비용(영업비용) 5백만원 대) 자산(보통예금) 5백만원

전기료를 납부하면서 보통예금이라는 자산이 5백만원 감소하였고 지급한 전기료는 향후 돈으로 회수되는 것이 아니므로 회사의 입장에서는 순자산이 5백만원 감소한 것이다. 전기료의 납부는 상가건물을 판매점으로 이용하면서 발생하는 비용이므로 유통업을 계속한다면 계속·반복적으로 발생하는 비용의 성격이다. 따라서, 영업비용에 해당된다.

⑦번 거래반영 후 재무상태표

(단위: 천원)

차변		대변	
자산		부채	0
보통예금	758,000		
임차보증금	200,000	자본	
선급임차료	12,000	자본금	1,000,000
상품	150,000	이익잉여금	0
현금	0		

⑦번 거래반영 후 손익계산서

(단위: 천원)

차변		대변	
비용		수익	
영업비용	355,000	영업수익	475,000
영업외비용	0	영업외수익	0

⑧번 거래는 손익거래로서 분개하면 다음과 같다.

차) 비용(영업비용) 1천만원 대) 자산(보통예금) 1천만원

관리비를 납부하면서 보통예금이라는 자산이 1천만원 감소하였고 지급한 관리비는 향후 돈으로 회수되는 것이 아니므로 회사의 입장에서는 순자산이 1천만원 감소한 것이다. 관리비의 납부는 상가건물을 판매점으로 이용하면서 발생하는 비용이므로 유통업을 계속한다면 계속·반복적으로 발생하는 비용의 성격이다. 따라서, 영업비용에 해당된다.

⑧번 거래반영 후 재무상태표

(단위: 천원)

차변		대변	
자산		부채	0
보통예금	748,000		
임차보증금	200,000	자본	
선급임차료	12,000	자본금	1,000,000
상품	150,000	이익잉여금	0
현금	0		

⑧번 거래반영 後 손익계산서

(단위: 천원)

차변		대변	
비용		수익	
영업비용	365,000	영업수익	475,000
영업외비용	0	영업외수익	0

⑨번 거래는 손익거래로서 분개하면 다음과 같다.

차) 비용(영업비용) 3천4백만원　대) 자산(보통예금) 3천4백만원

판매사원 급여를 지급하면서 보통예금이라는 자산이 3천4백만원 감소하였고 지급한 판매사원 급여는 향후 돈으로 회수되는 것이 아니므로 회사의 입장에서는 순자산이 3천4백만원 감소한 것이다. 판매사원 급여는 유통업을 계속한다면 계속·반복적으로 발생하는 비용의 성격이다. 따라서, 영업비용에 해당된다.

⑨번 거래반영 後 재무상태표

(단위: 천원)

차변		대변	
자산		부채	0
보통예금	714,000		
임차보증금	200,000	자본	
선급임차료	12,000	자본금	1,000,000
상품	150,000	이익잉여금	0
현금	0		

⑨번 거래반영 後 손익계산서

(단위: 천원)

차변		대변	
비용		수익	
영업비용	399,000	영업수익	475,000
영업외비용	0	영업외수익	0

⑩번 거래는 손익거래로서 분개하면 다음과 같다.

차) 비용(영업비용)　　1억원　　대) 자산(보통예금)　　1억원

사장 급여를 지급하면서 보통예금이라는 자산이 1억원 감소하였고 지급한 사장 급여는 향후 돈으로 회수되는 것이 아니므로 회사의 입장에서는 순자산이 1억원 감소한 것이다. 사장 급여는 회사가 유통업을 계속한다면 계속·반복적으로 발생하는 비용의 성격이다. 따라서, 영업비용에 해당된다.

⑩번 거래반영 후 재무상태표

(단위: 천원)

차변		대변	
자산		부채	0
보통예금	614,000		
임차보증금	200,000	자본	
선급임차료	12,000	자본금	1,000,000
상품	150,000	이익잉여금	0
현금	0		

⑩번 거래반영 후 손익계산서

(단위: 천원)

차변		대변	
비용		수익	
영업비용	499,000	영업수익	475,000
영업외비용	0	영업외수익	0

⑪번 거래를 분개하면 다음과 같다.

차) 자산(임차보증금)　　3억원　　대) 자산(보통예금)　　3억원

순자산 변동이 없는 교환거래이므로 손익계산서에 반영할 내용은 없다.

⑪번 거래반영 후 재무상태표

(단위: 천원)

차변		대변	
자산		부채	0
보통예금	314,000		
임차보증금	500,000	자본	
선급임차료	12,000	자본금	1,000,000
상품	150,000	이익잉여금	0
현금	0		

⑪번 거래반영 후 손익계산서

(단위: 천원)

차변		대변	
비용		수익	
영업비용	499,000	영업수익	475,000
영업외비용	0	영업외수익	0

⑫번 거래는 손익거래로서 분개하면 다음과 같다.

차) 자산(보통예금) 2억5천만원　　대) 자산(임차보증금) 2억원
영업외수익 5천만원

손익거래이므로 지금까지 해 왔던 대로 하면 자산의 증가 또는 부채의 감소액은 수익으로 기록하고, 자산의 감소 또는 부채의 증가액은 비용으로 기록해야 하나, 그 차액으로 생긴 손익이 영업외손익의 성격을 갖는다. 즉, 이러한 수익이 매년 계속·반복적으로 발생할 수 있는 성질이 아니므로 영업외손익에 해당하고, 회계에서는 영업외손익은

수익 따로 비용 따로 기록하지 않고 그 차액만 이익 또는 손실로 기록한다.

영업수익에 해당하는 매출정보는 회사의 시장점유율이 늘었는지 아니면 줄었는지 또는 매출이 성장세인지 감소세인지가 투자자에게 중요한 정보이고 아울러 매출액 대비 매출원가의 비율인 매출원가율은 경쟁의 심화 또는 완화 정도에 따라 매출원가율이 늘어났는지 줄어들었는지가 투자자에게 중요한 정보여서 손익거래 발생시 영업수익과 영업비용을 각각 기록하는 것이 투자자에게 유의미한 정보이지만, 계속·반복성이 없는 영업외손익은 수익과 비용을 총액으로 회계처리하는 것이 투자자에게 유용한 정보가 아니라고 회계학에서는 판단하여 영업외손익은 순수한 이익 또는 손실만 기재한다.

⑫번 거래반영 후 재무상태표

(단위: 천원)

차변		대변	
자산		부채	0
보통예금	564,000		
임차보증금	300,000	자본	
선급임차료	12,000	자본금	1,000,000
상품	150,000	이익잉여금	0
현금	0		

⑫번 거래반영 후 손익계산서

(단위: 천원)

차변		대변	
비용		수익	
영업비용	499,000	영업수익	475,000
영업외비용	0	영업외수익	50,000

마지막으로 1월 1일에 1년치분을 한 번에 납부하여 1월 1일 현재 납부한 선급임차료는 12월 31일까지 계속 임차해서 사용하였으므로 임대인으로부터 돌려받을 수 없다. 따라서, 동 자산금액만큼 감소시켜야 한다. 즉, 손익거래로 기록해야 한다. 아울러, 상가건물을 임차하여 판매점으로 사용하는 것은 유통업을 하면서 계속 발생하는 비용이므로 영업비용에 해당한다.

차) 비용(영업비용) 1천2백만원 대) 자산(선급임차료) 1천2백만원

선급임차료 감소반영 후 대차대조표 (단위: 천원)

차변		대변	
자산		부채	0
보통예금	564,000		
임차보증금	300,000	자본	
선급임차료	0	자본금	1,000,000
상품	150,000	이익잉여금	0
현금	0		

선급임차료 감소반영 후 손익계산서 (단위: 천원)

차변		대변	
비용		수익	
영업비용	511,000	영업수익	475,000
영업외비용	0	영업외수익	50,000

여기까지 해서 일단 재무상태표와 손익계산서가 완성되었다. 위 장부에서 보면 재무상태표 차변액+손익계산서 차변액=재무상태표 대변액+손익계산서 대변액임을 확인할 수 있다. 복식부기의 거래의

이중성에 의해서 각 장부의 차대변 합계액이 일치하게 된다. 손익계산서의 의미를 해석하면 영업수익에서 영업비용을 차감한 잔액은 3천6백만원의 손실을 보았고, 영업외수익에서 영업외비용을 차감한 잔액은 5천만원의 이익을 보아 결국 회사 전체적으로는 1천4백만원의 이익을 실현했다. 순자산 접근법으로 파악한 회사가 번 이익(이익잉여금) 1천4백만원과 일치하지만 손익계산서에서는 영업손익과 영업외손익을 명확하게 구분해 주고 영업손익은 계속·반복적 성격이라고 했으므로 올해의 경영성과를 바탕으로 했을 때, 회사가 내년에도 이익을 거둘 수 있을지는 불투명하다고 판단할 수 있다.

2.3) 손익계정 마감 후 집합손익 대체

이제 마지막으로 재무상태표와 손익계산서의 성격을 생각해 보자. 재무상태표는 특정 시점의 회사가 가지고 있는 자산, 부채, 자본의 잔액을 알려주는 재무제표라고 설명했다. 즉, 자산, 부채, 자본의 잔액은 특정 시점 이후 모두 없어지는 것이 아니고 다음 연도에 그 잔액은 계속 이어져 새로운 거래가 발생할 때마다 여기에 새로운 거래내용이 반영되면서 계속하여 자산, 부채, 자본금액이 변동하게 되고 거래가 반영된 후 새로운 자산, 부채, 자본의 잔액을 알려주게 된다. 그래서 재무상태표에 등장하는 자산, 부채, 자본계정을 잔액계정, 영구계정이라고 부른다.

이에 비해, 손익계산서는 특정 기간의 경영성과(즉, 이익)가 얼마인지 알려주는 재무제표라고 설명했다. 특정 기간의 경영성과는 특정 기간에만 존재하는 것이고 다음 연도에는 새롭게 특정 기간의 경영성과를 측정해야 한다. 예를 들면, 2011년도의 매출액을 2011년 손익계산서에 집계했다면, 2012년 매출 실적은 2011년 매출 실적에 더해서 파악하는 것이 아니라 2012년도에 매출한 금액만 2012년도 매출금액으로 집계되어야 한다는 의미이다. 따라서, 손익계산서 자체를 하나의 장부라고 가정할 때, 차기 연도의 경영성과를 측정하기 위해서는 영업수익, 영업비용계정 잔액을 모두 비워 주는 분개(또는 회계처리)를 해야 한다.

이러한 회계처리를 회계에서는 손익계정을 마감하고 당기손익을 재무상태표로 대체하는 분개를 한다고 표현한다. 손익계정을 마감하고 손익계정의 반대분개를 통해 손익계정의 차이(즉, 당기순손익)를 재무상태표상의 이익잉여금으로 대체하게 된다.

상기의 재무상태표와 손익계산서의 손익계정을 마감하고 당기손익을 재무상태표로 대체하는 분개는 다음과 같이 한다.

차)	수익 (영업수익)	475,000,000	대) 비용 (영업비용)	511,000,000
	수익 (영업외수익)	50,000,000	자본 (이익잉여금)	14,000,000

이 분개를 재무상태표와 손익계산서에 반영하면 다음과 같다.

손익계정 마감대체 후 재무상태표

(단위: 천원)

차변		대변	
자산		부채	0
보통예금	564,000		
임차보증금	300,000	자본	
선급임차료	0	자본금	1,000,000
상품	150,000	이익잉여금	14,000
현금	0		

손익계산 마감대체 후 손익계산서

(단위: 천원)

차변		대변	
비용		수익	
영업비용	0	영업수익	0
영업외비용	0	영업외수익	0

손익계산 마감대체 후 손익계산서 장부는 모두 0이 되어 다음 기의 경영성과를 집계하기 위한 준비로 바뀌었다. 결국, 회사가 투자자에게 보여주는 재무상태표는 손익계정 마감대체 후 분개를 반영한 재무상태표를 보여주는 것이고, 손익계산서는 손익계정 마감대체가 이루어지기 전의 상태의 손익계산서(장부)를 보여주는 것이라고 생각할 수 있다. 이런 의미에서 손익계산서계정은 임시계정이라고 부른다.

보고식 손익계산서는 손익계정 마감대체 분개를 하기 전의 손익계산서 장부를 다음과 같이 알기쉽게 정리하여 보고식으로 보여준다.

[보고식 손익계산서]

구분	금액
영업수익	475,000
영업비용	511,000
= 영업이익(손실)	(36,000)
영업외수익	50,000
영업외비용	0
법인세차감전순이익	14,000
법인세비용	0
당기순이익	14,000

법인세비용은 없다고 가정하고 T계정식 손익계산서를 보고식 손

익계산서로 정리한 것이다. 당기순이익을 「법인세법」상 과세대상 소득으로 전환시키는 회계를 통상 세무회계라고 하는데, 이때의 회계 개념은 장부를 작성하는 재무회계 개념은 아니다. 따라서, 이 경우에는 회계라는 표현보다는 「법인세법」상 법인소득 계산방법으로 이해하는 것이 지금까지 배운 회계 개념을 흔들리지 않게 한다.

〈손익계산서 예시〉

손익계산서

제24(당)기: 2014년 1월 1일부터 2014년 12월 31일까지

제23(전)기: 2013년 1월 1일부터 2013년 12월 31일까지

회사명: 회계원리주식회사

과목	제24(당)기		제23(전)기	
Ⅰ. 매출액		75,701		55,863
상품매출	72,399		54,209	
제품매출	3,278		1,630	
수입임대료	24		24	
Ⅱ. 매출원가		62,752		44,011
상품매출원가	59,863		42,547	
기초상품재고액	21,902		22,144	
당기상품매입액	67,240		42,761	
계	89,142		64,905	
타계정대체액	(65)		(456)	
기말상품재고액	(29,214)		(21,902)	
제품매출원가	2,889		1,464	
기초제품재고액	–		–	
당기제품제조원가(주석 13)	2,889		1,464	
계	2,889		1,464	
기말제품재고액	–		–	
Ⅲ. 매출총이익		12,949		11,852
Ⅳ. 판매비와관리비(주석 20)		5,388		4,586
급여	2,092		2,216	
잡급	3		1	

과목	제24(당)기		제23(전)기	
퇴직급여(주석 10)	510		115	
복리후생비(주석 21)	256		224	
여비교통비	73		41	
통신비	14		21	
수도광열비	18		17	
세금과공과	50		52	
임차료(주석 16)	240		273	
감가상각비	218		250	
대손상각비	199		13	
보험료	54		70	
접대비	99		95	
포장비	149		224	
차량유지비	62		55	
운반비	176		192	
지급수수료	1,069		645	
소모품비	47		42	
도서인쇄비	5		3	
광고선전비	3		4	
교육훈련비	27		–	
잡비	23		34	
V. 영업이익		7,561		7,265
VI. 영업외수익		2,661		1,241
이자수익	134		50	
외환차익	1,398		721	
외화환산이익(주석 8)	644		63	
매도가능증권처분이익	447		396	
잡이익	38		10	
VII. 영업외비용		1,898		3,240
이자비용	305		516	
매출채권처분손실	–		1	
유형자산처분손실	213		–	
기부금(주석 21)	66		66	
외환차손	951		1,285	

과목	제24(당)기		제23(전)기	
외화환산손실(주석 8)	73		499	
매도가능증권처분손실	251		372	
법인세추납액(주석 14)	–		467	
잡손실	39		34	
Ⅷ. 법인세비용차감전순이익		8,323		5,266
Ⅸ. 법인세비용(주석 14)		1,874		1,282
Ⅹ. 당기순이익		6,450		3,984

연습문제

[1~2] 다음 '가~라'의 거래를 보고 물음에 답하라.

가. 출자금 1억원을 주주로부터 보통예금으로 납입받아 주식회사를 설립하다.

나. 상품 5천만원을 구입하고, 대금은 보통예금으로 송금하다.

다. 상품 5천만원을 판매하고 대금으로 6천만원을 보통예금계좌로 이체받다.

라. 임직원 급여로 3백만원을 보통예금계좌 이체방식으로 지급하다.

1. 상기 거래 중 손익거래에 해당하는 것은?

① 가, 나　　② 나, 다

③ 다, 라　　④ 라, 가

풀이 ③

손익거래는 순자산의 변동을 야기할 수 있는 거래라고 할 수 있다. '가, 나, 다, 라'의 거래를 분개하면 다음과 같다.

〈분개〉

가. 현금　100,000,000 / 자본금　100,000,000

주주와의 거래는 자본거래라고 하며 자본거래에서는 손익이 발생하지 않는다.

나. 상품(매입)　50,000,000 / 현금　50,000,000

순자산 변동은 없다. 따라서, 이 거래 자체는 손익거래가 아니다.

다. 현금　60,000,000 / 상품(매출) 50,000,000

이익　10,000,000

회사는 1천만원의 이익을 보게 되었다. 따라서, 손익거래라고 할 수 있다.

라. 급여 3,000,000 / 현금 3,000,000

회사는 3백만원의 손실을 보게 된다. 즉, 손익거래이다.

2. **상기 거래가 순서대로 발생했다고 가정할 때, '가', '나', '다'의 거래를 반영하여 재무상태표를 작성했을 경우, 자본금액은?**

① 1억원 ② 1억1천만원

③ 1억5천만원 ④ 1억6천만원

풀이 ②

1번의 해설과 분개내용을 보면, '가'부터 '다'까지의 거래로 인하여 자본은 1억1천만원이 된다.

3. **회계연도 중 '가'부터 '라'의 거래가 전부라고 가정했을 경우, 손익계산서상에서 수익과 비용으로 적절한 것은?**

	수익	비용
①	60,000,000	50,000,000
②	60,000,000	53,000,000
③	10,000,000	3,000,000
④	7,000,000	0

풀이 ②

수익 개념은 손익거래에서 자산의 증가 또는 부채의 감소액을 말하고, 비용은 손익거래에서 자산의 감소 또는 부채의 증가액을 말한다.

4. **상기 거래가 순서대로 발생했다고 가정할 때, '가'부터 '라'의 거래까지를 반영하여 재무상태표를 작성했을 경우, 자산금액은?**

① 107,000,000 ② 108,000,000

③ 109,000,000 ④ 110,000,000

풀이 ①

5. 2015년 1월 1일 1,500원을 출자하여 개업한 프라임상사의 12월 31일 재무상태가 다음과 같을 때 순손익은?

현금및현금성자산	300	외상매출금	500
외상매입금	300	건물	800
상품	500	선급금	200
선수금	200	단기차입금	100

① 100 ② 200
③ 300 ④ 400

풀이 ②

기말자산: 300 + 500 + 800 + 500 + 200 = 2,300
기말부채: 300 + 200 + 100 = 600
기말자본: 2,300 − 600 = 1,700
순이익: 1,700 − 1,500 = 200

6. 포괄손익계산서는 일정 기간의 경영성과를 알기 위하여 작성하는 것으로, 한 회계기간 중의 비용, 수익을 한 표에 나타낸다. 비용을 (㉠)에, 수익을 (㉡)에 기입하여 대변잔액이 생기면 (㉢)에 순이익이, 차변잔액이 생기면 (㉣)에 순손실이 발생한다. 다음 중 ㉠ ~ ㉣에 들어갈 말로 올바른 것은?

	㉠	㉡	㉢	㉣
①	차변	대변	차변	대변
②	대변	차변	대변	차변
③	차변	대변	대변	차변
④	대변	차변	차변	대변

풀이 ①

포괄손익계산서는 일정 기간의 경영성과를 알기 위하여 작성하는 것으로, 한 회계기간 중의 비용, 수익을 한 표에 나타낸 것이다. 비용을 차변에, 수익을 대변에 기입하여 대변잔액이 생기면 차변에 순이익이, 차변잔액이 생기면 대변에 순손실이 발생한다.

7. 기초자산이 300,000원, 기초부채가 100,000원, 기말자산이 500,000원, 기말부채가 200,000원이었다. 기중 총수익이 400,000원인 경우 기중 총비용은 얼마인가?

① 200,000　　② 300,000
③ 400,000　　④ 500,000

풀이 ②

기초자본: 300,000 − 100,000 = 200,000
기말자본: 500,000 − 200,000 = 300,000
순 이 익: 300,000 − 200,000 = 100,000
총 비 용: 400,000 − 100,000 = 300,000

8. 다음 중 포괄손익계산서 계정과목이 아닌 것은?

① 이자비용, 법인세비용　　② 감가상각비, 광고선전비
③ 임대료, 임차료　　④ 미수임대료, 미지급이자

풀이 ④

미수임대료, 미지급이자는 재무상태표 계정이다.

9. 현금 500,000원을 출자하여 영업을 시작한 프라임(주)의 기말자본은 600,000원이다. 회계기간 동안 발생한 수익이 650,000원이라면 동일 회계기간 동안 발생한 비용은?

① 550,000　　② 600,000
③ 650,000　　④ 700,000

풀이 ①

순이익 = 기말자본 − 기초자본
= 600,000 − 500,000 = 100,000
순이익 = 수익 − 비용
∴ 비용 = 수익 − 순이익
= 650,000 − 100,000 = 550,000

10. 일반기업의 포괄손익계산서의 영업외비용 중에서 가장 대표적인 항목은 어느 것인가?

① 이자비용 ② 광고선전비

③ 법인세비용 ④ 감가상각비

풀이 ①

영업외비용: 기업의 본래 수익모형이 아닌 다른 활동을 통해 얻는 수익이나 비용으로 그 중에서 가장 대표적인 예는 이자수익과 이자비용이다.

판매비/관리비: 기업의 본래 수익모형을 실행하는 과정에서 발생하는 비용 중에서 제조활동 이외의 비용들을 말한다(예: 급여, 감가상각비, 관리비, 광고선전비, 임차료 등).

정리하기

1. 손익거래는 순자산 변동을 가져오는 거래를 말한다.

2. 회계에서 수익은 손익거래에서 자산의 증가 또는 부채의 감소액을 의미한다.

3. 회계에서 비용은 손익거래에서 자산의 감소 또는 부채의 증가액을 의미한다.

4. 손익계산서는 '수익-비용=이익'이라는 기본구조로 이익을 보고하는 재무제표이다.

5. 손익계산서상의 수익계정은 영업수익계정과 영업외수익계정으로 구분할 수 있고, 비용계정은 영업비용계정과 영업외비용계정으로 구분할 수 있다.

6. '영업수익-영업비용=영업이익'의 등식을 통해 집계한 영업수익에서 집계한 영업비용을 차감하면 영업이익을 얻을 수 있고, 이러한 영업이익은 계속·반복적으로 발생할 가능성이 높은 이익을 의미한다.

7. 기업의 경영성과는 매 회계기간별로 측정되므로 손익계산서는 매 사업연도 시작시 0에서 출발하여야 하는데, 손익계산서를 작성한 후 손익계산서계정은 수익, 비용의 반대 분개를 통해서 차기에 이월되는 금액이 없도록 하고 이 과정에서 손익계산서상의 이익이 재무상태표로 대체된다.

제 3 장

회계의 순환과정과 재무제표의 작성(3)

1. 회계의 순환과정
   1.1) 회계의 순환과정의 의의
   1.2) 거래의 발생
   1.3) 분개
   1.4) 전기
   1.5) 시산표
   1.6) 결산정리사항
   1.7) 손익계정의 마감과 손익의 이익잉여금 대체
   1.8) 재무상태표와 손익계산서의 작성
   1.9) 재무상태표 관련 원장잔액의 기초 이월

2. 회계의 순환과정을 통한 재무제표 작성 사례
   2.1) 분개장의 작성
   2.2) 전기
   2.3) 시산표 작성

학습개요

1장과 2장을 통해서 거래가 발생시 재무상태표와 손익계산서를 일종의 장부로 보고 거래발생 내역을 재무상태표와 손익계산서에 직접 기록하는 방식으로 재무상태표와 손익계산서가 작성되는 과정을 학습했다. 3장에서는 회계순환과정을 통해 거래발생에서부터 재무상태표와 손익계산서가 작성되는 과정을 학습하고, 회계장부도 아닌 시산표가 왜 수기장부 시대에 필요했는지를 이해하고, 아울러 전산화된 회계환경에서는 회계순환과정이 전산회계프로그램에 모두 내재화되어 알 수 없었던 회계순환과정을 심층적으로 이해한다.

학습목표

1. 회계순환과정을 설명할 수 있다.
2. 시산표의 필요성을 이해하고 시산표를 작성할 수 있다.
3. 결산정리분개와 손익계정의 이익잉여금 대체를 설명할 수 있다.
4. 회계순환과정을 통해 재무상태표와 손익계산서가 작성되는 전 과정을 이해함으로써 특정 거래발생이 재무상태표와 손익계산서에 미치는 영향을 직관적으로 설명할 수 있다.

주요용어

- 회계순환과정 거래의 분개 → 원장전기 → 시산표집계 → 재무제표 발췌(작성)의 연속적인 활동
- 분개장 매 거래발생시마다 거래가 자산, 부채, 자본, 수익, 비용에 미치는 효과를 복식부기의 원리에 따른 분개내용을 기록하는 장부
- 총계정원장 회사가 사용하는 모든 계정을 모아 놓은 회계장부로서 분개장의 각 계정별 증감기록을 기록한다. 계정별 원장은 각 계정 개별단위의 원장을 지칭하고(예: 외상매출금원장 등), 각 계정별 원장을 한 군데에 모아 놓은 장부를 총계정원장이라고 부른다.
- 시산표 재무제표를 작성하기 전에 총계정원장의 각 계정별 증감내용을 계정별로 모두 집계한 표를 말하는 것으로, 시산표 자체는 장부가 아니므로 시산표 작성 여부는 선택적으로 작성할 수도 있고 안할 수도 있다.
- 결산정리분개 결산일 현재의 재무상태와 경영성과(손익)를 기간별로 적정하게 보고하기 위하여 자산, 부채, 자본, 수익, 비용내용을 조정하는 분개

1. 회계의 순환과정

앞의 1장과 2장을 통해서 거래발생 내역을 복식부기의 원리에 따라 재무상태표와 손익계산서라는 장부에 기록하는 과정을 통해 재무상태표와 손익계산서가 작성되는 과정을 설명했다. 즉, 설명의 편의를 위해서 재무상태표와 손익계산서 자체를 일종의 장부[1]로 보고 설명했다. 원래, 재무상태표와 손익계산서는 거래를 집계·요약하여 그 결과만을 보여주는 일종의 보고서라고 할 수 있다. 즉, 재무상태표는 회계연도 중 무수한 거래를 기록한 결과로 특정 시점 현재에서의 자산·부채·자본의 잔액이 얼마인지 보여주는 보고서이고, 손익계산서는 특정 기간 동안의 수익(쉽게 매출)이 얼마나 이루어졌고 이러한 수익을 달성하기 위하여 비용이 얼마나 지출되었는지 집계해서 보여주는 보고서이다. 1장과 2장의 사례에서 보았던 최종 단계에서 작성된 재무상태표와 손익계산서가 회계에서 말하는 재무상태표와 손익계산서이다.

1장과 2장에서 회계의 순환과정을 거쳐서 재무상태표와 손익계산서를 작성하지 않고 곧바로 거래내역을 재무상태표와 손익계산서에 반영하여 재무상태표와 손익계산서가 작성되는 모습을 먼저 보여준 이유는 회계의 목적이 재무제표를 만드는 것이고, 특히 전산화된 환경에서는 회계의 순환과정(또는 순서)대로 장부를 작성하여 재무상태표와 손익계산서를 만드는 것이 아니라 거래내용을 분개처리(실무에서는 회계처리라고도 함)만 하면 '수기시대의 회계순환과정'이 동시에 이루어지기

1) 「상법」에서 상업장부라는 개념이 나오는데 상업장부는 회계장부와 대차대조표를 의미한다. 「상법」에서 말하는 회계장부는 분개장과 원장을 의미한다. 즉, 「상법」에서는 대차대조표는 결국 원장을 요약·정리한 것인바, 결국 장부의 연장선으로 보고 있다고 이해할 수 있다(아직 「상법」에서는 재무상태표라는 용어 대신 대차대조표라는 용어를 사용하고 있다).

때문이고, 회계의 목적은 재무상태표와 손익계산서를 만드는 것이고 시산표와 정산표는 단지 재무상태표와 손익계산서를 만들기 위해서 특별히 고안된 하나의 도구 내지 연습장이라는 것을 훨씬 쉽게 이해할 수 있기 때문이다.

이하에서는 회계의 순환과정을 설명하고 구체적으로 회계의 순환과정대로 1장과 2장에서 설명했던 사례를 가지고 재무상태표와 손익계산서를 작성하는 방법을 설명하고자 한다.

1.1) 회계의 순환과정의 의의

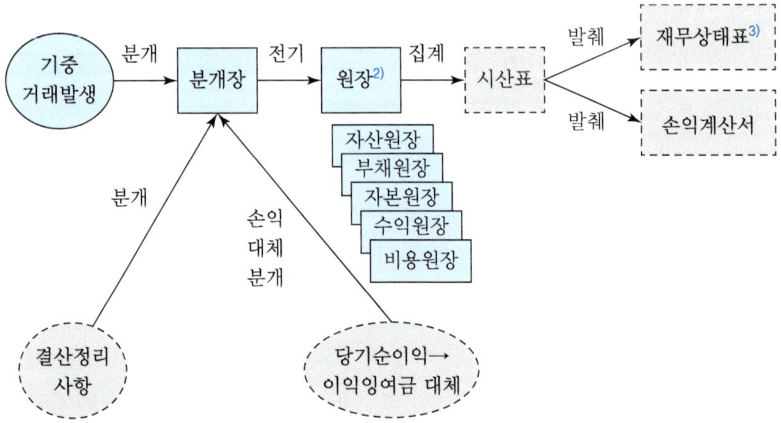

---

2) 통상 실무에서는 계정별 원장이라고도 부르고, 계정별 원장 각각을 한 권의 장부에 총 집계했다고 해서 총계정원장이라고도 부른다.

3) 재무제표의 종류에는 재무상태표, 손익계산서, 자본변동표, 현금흐름표가 있다. 이후 다음 장에서 배우겠지만 자본변동표와 현금흐름표는 거래발생시마다 원장을 작성하여 만드는 것이 아니고, 기초 재무상태표와 기말 재무상태표가 만들어진 후, 원장을 보면서 기초와 기말의 자본의 변동내용을 집계한 것이 자본변동표이고 기초와 기말의 현금변동 내용을 집계한 것이 현금흐름표이다. 1장에서 먼저 재무상태표가 만들어진 과정을 배운 후, 구체적으로 회사가 어떻게 돈을 벌었는지 보여주기 위해서 손익계산서라는 보고서가 요구되었고, 어떤 과정을 통해서 손익계산서가 작성되는지를 2장

오늘날 회계는 기간별 보고의 가정에 따라 기업이 계속되어도 1년 단위의 회계기간[4]으로 인위적으로 구분한 후, 각 회계기간마다 회계정보를 산출하고 보고하게 된다. 이를 위하여 회계에서는 매 회계기간마다 수없이 발생하는 거래들을 장부에 일일이 기록한 후 기말에 이를 몇 페이지의 재무제표로 요약하는 과정을 반복적으로 수행한다. 이와 같이 회계순환과정이란 거래를 기록하고 요약하여 재무제표를 작성하는 과정이 매 회계기간마다 순환적으로 반복된다는 뜻에서 붙여진 용어이다.[5]

위의 회계의 순환과정에 대한 그림을 설명하면, 수기로 장부를 작성하던 환경에서 실선으로 표현된 내용은 기중 거래발생시마다 이루어지는 내용이고, 점선으로 표현된 내용은 결산일[6]에만 이루어지는 활동을 말한다. 하지만, 전산화된 회계환경에서는 매일의 거래내용을 반영한 재무상태표와 손익계산서가 나올 수 있다. 다만, 이 경우에는 결산정리사항에 대하여는 분개(또는 회계)처리가 이루어지지 않았으므로 결산정리사항이 반영되지 않은 재무상태표와 손익계산서가 나올 뿐이다 (결산정리항목에 대해서는 다음 '1.6) 결산정리사항'에서 설명한다).

에서 설명했다.

4) 회사는 정관으로 회계기간(이를 사업연도라고도 한다)을 정하도록 되어 있다. 쉽게, 주주와 채권자 등 투자자들이 회사의 재무상태와 경영성과를 일정 단위로 보고받기 위해서 회계기간을 정하도록 했다고 이해해도 무방하다. 대부분 회사의 회계기간은 1월 1일부터 12월 31일로 되어 있는 경우가 많으며, 이 경우 12월 31일을 온기(연차)결산일이라고 하고 이러한 회사를 12월 결산법인이라고 부른다. 회사는 결산일 현재의 재무상태표와 회계연도 시작일로부터 결산일까지의 경영성과(손익)를 집계하여 손익계산서를 작성한다. 상장법인의 경우에는 분기결산재무제표, 반기결산재무제표, 온기결산재무제표를 작성하여 공시해야 한다.

5) 신홍철 · 정여기, IFRS 회계학원론(도서출판 청람, 2013), pp. 132~133.

6) 주 4)

1.2) 거래의 발생

회계에서의 거래란 재무상태의 변동을 가져오는 사건을 말한다.

[거래의 분류]

구분기준	분류	내용
순자산 변동 여부	교환거래	순자산 변동이 없는 거래 예) 은행에서 1억원 차입
	손익거래	순자산 변동이 있는 거래 예) 원가 1억원의 상품을 2억원에 판매
「상법」상 잉여금의 구분	자본거래[7]	자본잉여금에 영향을 미치는 거래 예) 액면 5,000원의 주식을 6,000원 유상증자 →자본잉여금은 배당불가
	손익거래[8]	이익잉여금에 영향을 미치는 거래 예) 원가 1억원의 상품을 2억원에 판매→이익잉여금은 배당가능
현금유출입 여부	현금거래	현금이라는 자산에 영향을 주는 거래 예) 원가 1억원의 상품을 현금 2억원에 판매
	대체거래	현금이라는 자산에 영향을 주지 않는 거래 예) 원가 1억원의 상품을 2억원에 외상매출

1.3) 분개(分介, journalizing)

분개는 거래내용(즉, 자산, 부채, 자본, 수익, 비용의 변동내용)을 복식

7) 주주와의 회사주식 거래(예: 유상증자, 유상감자 등)를 통하여 자본금과 자본잉여금을 발생시키는 거래를 자본거래로, 제3자와의 거래를 통하여 이익잉여금(완결된 거래의 손익)과 기타포괄손익누계액(미완결된 거래의 손익)을 발생시키는 거래를 손익거래로 분류하기도 한다[김성기, 무역경영사(K-IFRS 중급회계, 2013)].

8) 주 7)

부기 원리에 따라 차변, 대변으로 구분하여 계정과목을 기재하고 양변의 합계가 동일하도록 분개장에 기록하는 것을 말한다.

실무에서는 거래내용을 분개하여 전산에 입력하는 것을 '전표[9]처리한다' 또는 '회계처리한다'라고 표현한다.

모든 거래내용(즉, 자산, 부채, 자본, 수익, 비용의 변동내용)은 다음의 결합으로 이루어진다(모든 거래는 위의 8가지 경우의 조합으로 분해될 수 있다고 하여 이를 거래의 8요소라고 칭하기도 한다).

거래의 8요소

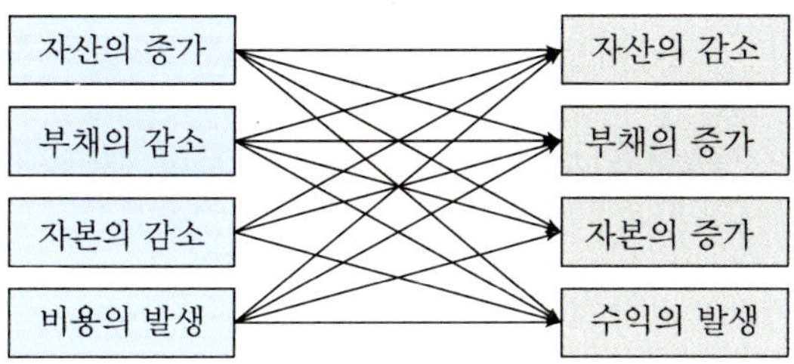

9) 전표에는 입금전표, 출금전표, 대체전표가 있다. 전표(傳票)라는 단어에서 '전'은 돈을 의미하는 것이 아니고 전달을 의미한다. 즉, 거래가 발생할 경우에 거래를 처리한 담당자가 그 거래내용을 장부에 반영하라고 장부 작성자(수기장부 시대에는 분개장 및 원장 작성자)에게 전달해 주는 표시인 것이라고 할 수 있다. 입금전표는 이름 자체에서 느끼듯이 현금이라는 자산이 들어왔다는 것을 의미하고 현금이 입금된 사유가 외상매출금 회수라면 입금전표상의 과목(계정과목)란에 대변에 와야 할 계정과목을 기재하고 금액을 적는 방식이다.

예를 들면, 입금전표상의 과목에 '외상매출금'과 금액란에 10,000,000원이 적혀 있다면 이 입금전표는 [차) 현금 10,000,000/ 대) 외상매출금 10,000,000]으로 분개한 것과 동일한 의미를 갖는다. 이런 의미에서 어떤 거래를 '전표처리했다'라는 의미는 거래를 '분개했다'라는 의미와 동일어이고, 회계의 목적이 재무제표를 만드는 것이라고 정의할 때, 분개가 재무제표 작성의 시작이라는 의미에서 '회계처리했다'라는 말도 사용하는 것이다. 대체전표는 현금 유출입이 없는 거래를 기록하는 전표로 전표상에 차변과 대변이 구분되어 있다.

분개장은 거래발생시마다 거래내용을 분개(또는 회계처리)한 내용을 기록하는 장부이다.

<u>분개장</u>

일자		적요	원면	차변	대변
1월	5일	보통예금	7	100,000,000	
		자본금	57		100,000,000
		현금을 출자하여 개업하다.			

여기서 '원면'은 총계정원장이라는 장부의 페이지를 의미하는 것으로 생각하면 된다(아래의 '전기' 과정 참조).

1.4) 전기(轉記, posting)

수기장부 시대의 총계정원장은 검은 표지에 옆면이 붉은 색으로 된 두꺼운 장부에 견출지로 각 계정과목 이름을 붙여 놓은 것을 연상하면 된다. 통상 실무의 계정(계정과목)은 계층구조를 이루고 있다. 예를 들면, 재무상태표의 자산계정의 경우 '자산－유동자산－당좌자산－현금및현금성자산－현금, 보통예금, …'의 계층구조로 이루어진다(아래 예시된 재무상태표 참조). 실제 회계처리 또는 분개는 최하위 계정과목으로 회계처리가 이루어지고 최하위보다 상위계층의 계정과목은 단지 집계를 하는 계정의 의미이다. 즉, 현금, 보통예금 등의 잔액을 합하여 현금및현금성자산이 되고, 현금및현금성자산과 단기금융상품 등의 합계액이 당좌자산을 구성하며, 당좌자산과 재고자산을 합한 금액이 유동자산을 구성하고 유동자산과 비유동자산을 합한 금액이 자산을 구성하게 된다. 이러한 계정과목 간의 계층구조체계를 계정과목집(전산화된 회계환경에서는 회계코드집)이라는 명칭으로 부른다.

재무상태표

과목	제24(당)기		제23(전)기	
자산				
Ⅰ. 유동자산		44,948		38,809
당좌자산		15,711		16,855
현금및현금성자산(주석 3, 7, 8)	785		402	
단기금융상품(주석 3, 7)	262		524	
매출채권(주석 8)	13,582		15,820	
대손충당금	(283)		(168)	
선급비용	32		37	
미수금	1,308		207	
미수수익	25		34	
재고자산		29,237		21,954
상품	29,214		21,902	
미착상품	23		52	
Ⅱ. 비유동자산		28,025		24,144
투자자산		8,314		3,599
장기금융상품(주석 3, 7)	4,908		261	

중요한 것은 회계처리 또는 분개는 회사가 사용하는 최하위 계정과목으로 회계처리가 이루어지고, 통상 이러한 계층구조는 회사가 사전에 회계과목집으로 구비하고 있고, 수기장부 시대에서는 이러한 최하위 계층 계정과목별로 원장이 작성되고 있다는 정도만 이해하면 된다. 회계를 처음 배울 때는 하위 계정과목에 집착할 필요가 없고, 단지 자산, 부채, 자본, 수익, 비용을 구분할 수 있으면 된다.

총계정원장은 다음과 같은 각 계정별 원장으로 구성된다.

구분		내용
재무상태표 관련 원장	자산원장	회사가 구분·집계하는 최소단위 자산별로 원장이 있다. 예) 현금원장, 보통예금원장, 외상매출금원장, …
	부채원장	회사가 구분·집계하는 최소단위 부채별로 원장이 있다. 예) 외상매입금원장, 미지급금원장, 단기차입금원장, …
	자본원장	회사가 구분·집계하는 최소단위 자본별로 원장이 있다. 예) 자본금원장, 자본잉여금원장, 이익잉여금원장, …
손익계산서 관련 원장	수익원장	회사가 구분·집계하는 최소단위 수익별로 원장이 있다. 예) 상품매출원장, 제품매출원장, 이자수익원장, …
	비용원장	회사가 구분·집계하는 최소단위 비용별로 원장이 있다. 예) 상품매출원가원장, 제품매출원가원장, 이자비용원장, …

전기란 각 거래를 차변과 대변으로 분개하여 분개장에 기록한 내용을 총계정원장의 각 계정별 원장에 분개장의 차변내용은 원장의 차변에, 대변내용은 대변에 옮겨 적는 것을 말한다.

전기과정을 그림으로 이해하면 다음과 같다.

일자		적요	원면	차변	대변
1월	5일	보통예금	7	100,000,000	
		자본금	57		100,000,000
		현금을 출자하여 개업하다.			

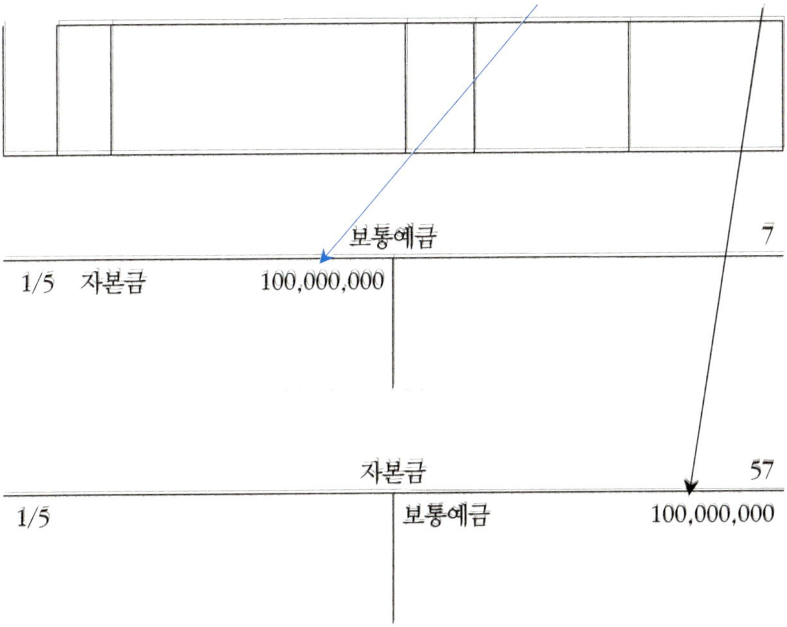

1.5) 시산표(試算表, trial balance)[10]

손익계산서를 만들기 위하여 손익계산서 관련 원장상의 각 계정과목별 · 회계기간별 집계액을 미리 작성되어 있는 손익계산서 양식의 각 계정과목에 메꿔 넣으면 손익계산서가 만들어질 수 있을 것이다. 즉, 수익계정과 비용계정상의 일정 기간별 발생한 금액을 집계하여 손익계산서라는 표의 해당 계정과목에 옮겨 적으면 손익계산서가 만들어질 수 있을 것이다. 이것은 마치 분개장의 거래내용을 각 계정별 원장에 전기하는 과정과 마찬가지일 것이다.

10) 시산표에는 합계시산표, 잔액시산표, 합계잔액시산표가 있으나 우리는 실무적으로 통상 작성되는 합계잔액시산표만 학습한다.

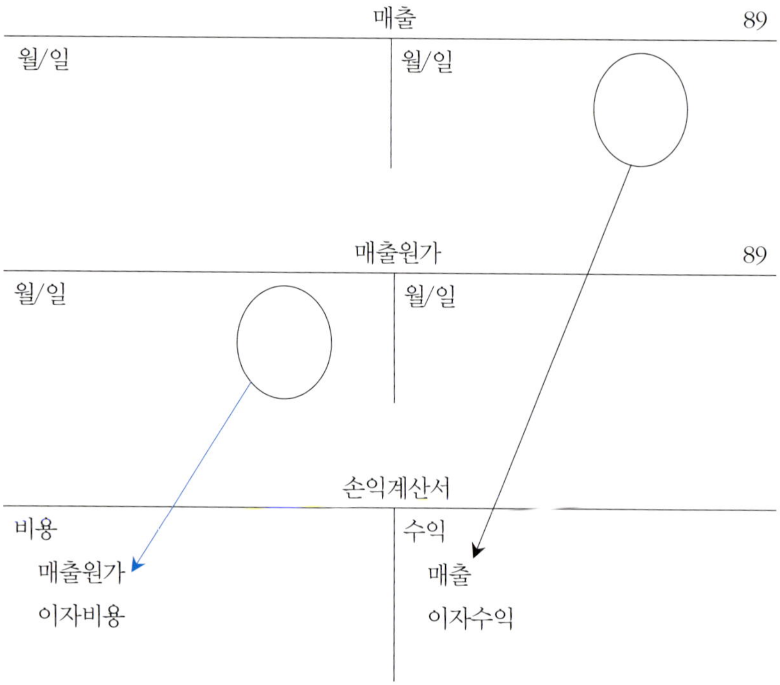

마찬가지로, 재무상태표를 만들기 위하여 재무상태표 관련 각 계정별 원장상의 잔액을 미리 만들어진 재무상태표 양식에 옮겨 적으면 재무상태표가 만들어질 수 있을 것이다.

이렇게 각 계정별 원장잔액(재무상태표의 경우) 및 집계액(손익계산서의 경우)을 재무상태표와 손익계산서에 직접 전기해도 되는데, 왜 시산표를 작성할까?

시산표란 재무상태표와 손익계산서를 만들기 위한 전단계로서, 계정별 원장상에 있는 각 계정의 차변 합계액과 대변 합계액을 각 계정별로 집계하는 표이다. 즉, 미리 만들어진 시산표상의 각 계정에 각 계정별 원장의 차변 합계액은 시산표상의 각 계정별 차변에 기록하고, 각 계정별 원장상의 대변 합계액은 시산표상의 각 계정별 대변에 기록하는 표이다.

시산표는 장부가 아니다. 시산표는 수기장부 시대에 수기로 재무상태표와 손익계산서를 만들기 위한 전단계로서, 복식부기 원리에 의하면 모든 거래에 대한 분개와 분개한 내용을 원장상에 전기한 금액이 올바른지 검증하기 위한 목적으로 작성한 도구(연습장)로 이해하면 된다. 전산화된 회계환경에서는 각 거래에 대한 분개만 회계프로그램에 입력하면 분개의 차변·대변금액이 일치하는지 프로그램에서 자동검증이 되고, 분개가 이루어지면 각 계정별 원장이 자동 작성되고 결과적으로 재무상태표와 손익계산서도 자동으로 작성된다. 따라서, 전산화된 회계처리 환경에서는 시산표를 직접 작성하고 여기에서 다시 재무상태표와 손익계산서를 발췌하는 수고스러움은 없으니 독자 여러분은 시산표의 개념, 수기장부 시대에 시산표를 작성했던 목적, 어떻게 시산표에서 재무상태표와 손익계산서가 만들어지는지 정도만 이해해도 충분하다.

합계잔액시산표

차변		원면	계정과목	대변	
잔액	합계			합계	잔액
15,200,000	21,200,000	1	현금	6,000,000	
2,500,000	2,500,000	8	소모품		
600,000	600,000	10	선급보험료		
5,000,000	5,000,000	15	비품		
		25	외상매입금	2,500,000	2,500,000
		26	미지급금	5,000,000	5,000,000
		28	선수금	1,200,000	1,200,000
		40	자본금	10,000,000	10,000,000
500,000	500,000	41	인출금		
		50	용역매출	10,000,000	10,000,000
4,000,000	4,000,000	60	급여		
900,000	900,000	62	임차료		
28,700,000	34,700,000		합계	34,700,000	28,700,000

시산표에서 발췌한 재무상태표

차변		대변	
자산		부채	
현금	15,200,000	외상매입금	2,500,000
소모품	2,500,000	미지급금	5,000,000
선급보험료	600,000	선수금	1,200,000
비품	5,000,000		
인출금	500,000	자본	
		자본금	10,000,000
		이익잉여금	5,100,000

시산표에서 발췌한 손익계산서(계정식)

차변		대변	
비용		수익	
급여	4,000,000	용역매출	10,000,000
임차료	900,000		
당기순이익	5,100,000		

손익계산서(보고식)

수익	
용역매출	10,000,000
비용	
급여	4,000,000
임차료	900,000
당기순이익	5,100,000

1.6) 결산정리사항

결산정리 개념을 이해하기 전에 먼저 다음과 같은 사례를 생각해 보자.

사례

① 결산일인 12월 31일 현재 자산 총액이 100억원인 회사가 있는데, 자산 중에는 2년 전에 외상으로 매출하고 아직 돈을 받지 못한 외상매출금이 5억원이 있다. 그런데 그 거래회사는 현재 부도나고 있는 자산이라고는 하나도 없다. 이럴 경우 이 외상매출금 5억원을 자산, 즉 향후 돈이 될수 있는 금액이 5억원이라고 표시하는게 의미 있는 숫자일까?

② 재무담당 이사가 회사의 여유자금으로 1월 1일에 S전자 주식을 10억원에 취득하였는데, 주가가 계속 올라 결산일 현재 보유 중인 S전자 주식의 가치가 15억원이 되었다고 가정하자. 그런데 12월 24일에 마케팅 담당 이사로 보직 변경이 이루어지고 마케팅담당 이사가 재무담당 이사로 왔다고 가정할 때, 주식투자를 잘한 성과를 어느 이사가 보상받아야 하는가? 아울러, 대출을 해준 은행의 입장에서 이 회사의 결산일 현재 상환능력을 평가할 때, S전자 주식의 가치를 10억원으로 평가해야 하는가? 아니면 15억원으로 평가해야 하는가?

③ 나와 친구는 각각 트럭운송업을 하기로 했다. 나는 자금 여유가 있어 트럭을 1억원에 구입하기로 하였고, 여유자금이 없는 친구는 연 1천만원의 임차료를 주고 트럭을 임차하기로 했다. 내가 구입한 트럭의 평균 사용가능 기간은 10년이고 10년 후 트럭처분 대가는 없다고 가정하자. 사업을 시작한 지 1년 경과 후 나와 친구는 각각 트럭운송으로 1억원의 수익을 올렸고, 비용은 나의 경우는 휘발유 값 2천만원이 발생하고 친구의 경우는 휘발유 값 2천만원과 트럭임차료 1천만

원이 전부라고 가정하자. 이 경우 나와 친구의 경우 누가 더 소득을 많이 올렸는가?

④ 상기 ③의 사례에서 여유자금이 있는 나는 차량보험료 2년분 190만원을 선급하고 보험기간 2년 동안 보험사고로부터 보장을 받고, 친구의 경우 1년분 보험료 100만원을 내고 1년 동안 보험사로부터 보장을 받은 경우, 1년 소득을 따질 때 190만원 전부를 지출한 연도의 비용으로 보아야 하는가?

투자자(주주, 채권자)와 경영진의 입장에서 상기 사례의 경우 결산일 현재 회사의 적정한 재무상태와 경영성과를 평가받기 위해서 어느 것이 더 타당하고 유용한 정보인지 판단하면 답은 쉽게 나올 것이다.

결산정리는 결산일 현재의 재무상태와 결산기간 동안의 경영성과(손익)를 적정하게 파악하기 위하여 자산, 부채금액을 결산일 현재의 타당한 가액으로 조정하는 것으로 정의할 수 있다.

결산일에 정리할 항목은 크게 다음과 같이 구분할 수 있다.

구분	예	조정사항(결산정리사항)
자산의 평가	매출채권의 평가, 재고자산의 평가, 주식의 평가 등	결산일 현재 장부상 외상매출금이 외상매출 당시 10억원으로 그대로 있다면, 결산일 현재 자산(매출채권)의 가치를 5억원으로 줄이는 조정을 해야 한다.
비용의 이연	선급보험료 중 회계기간에 해당하는 보험료만 보험료비용이 되어야 한다.	만약, 2년분 보험료지급 시점에 전액 [보험료비용/현금]으로 회계처리했다면, 결산일 현재 다음 연도에도 보험보장 서비스를 받을 권리가 있으므로 권리에 해

구분	예	조정사항(결산정리사항)
		당하는 금액만큼 보험료비용을 줄이고 자산(선급비용)을 늘리는 조정을 해야 한다.
수익의 이연	L디스플레이 회사는 애플로부터 향후 2년 동안 디스플레이를 2천 장 납품하기로 계약하고, 계약과 동시에 2천억원을 수령한 경우, 디스플레이 2천 장을 납품할 의무가 있으므로 현금수령한 시점에서는 현금이 늘고 동시에 부채가 늘어나는 회계처리를 하고, 납품할 때마다 부채는 줄어듦으로 줄어든 납품 부채감소로 처리하고 매출을 인식해야 한다.	만약, L디스플레이 회사가 현금수령 시점에 모두 [현금/매출]로 회계처리했다면 결산일 현재 납품해야 할 수량에 해당하는 금액만큼은 매출을 취소하고 부채를 늘려주는 조정을 해야 한다.
감가상각의 인식	상기 트럭의 경우 1억원에 취득했다가 10년 사용 후 처분가액이 0원이 되는 경우 친구의 임차료처럼 일정한 방식으로 비용으로 처리해야 한다.	만약 결산일 현재 자산(트럭)이 취득 당시의 금액인 1억원이라면 친구의 임차료와 상응하게 자산(트럭)의 가치를 줄이는 조정을 해야 한다.
수익의 발생	1년 만기 정기예금 10억원을 9월 1일에 가입, 연이자 5% 가정, 이자는 1년 후 받음.	이자는 일정 기간 돈을 빌려준 대가로 기간이 경과함에 따라 이자는 발생하지만 단지, 실제 이자지급만 1년 뒤에 주는 것임. 만약, 이러한 정기예금 통장을 다른 사람에게 양도할 수 있다면 양도자는 당연히 원금 10억원과 4개월분 이자를 합하여 받으려고 할 것임. 이와 같이 수익이 발생했으나 결산일 현재 아직 현금으로 받지

구분	예	조정사항(결산정리사항)
		못한 금액 해당분만큼에 대해서는 받을 권리가 있으므로 자산(미수수익)을 늘려주는 조정을 해야 한다.
비용의 발생	1월부터 9월분까지 전기료를 납부했으나, 10~12월분 전기료를 납부하지 못한 상황	10~12월 동안 전기를 공급받았으므로 전기료를 납부할 의무가 생겼고, 만약 이러한 의무를 결산일 현재 회계처리를 하지 않았다면, 동 해당분을 부채(미지급비용)를 늘려주는 회계처리를 해야 한다.

결산정리 또는 결산정리항목에 대한 분개(회계처리)는 매일 하는 것이 아니고, 결산일(예: 온기결산일, 반기재무제표를 작성해야 하는 경우에는 반기결산일)에만 하므로 이를 결산정리분개라고 한다.

결산정리사항을 분개·전기한 후 작성한 시산표를 수정후시산표라고 하며, 수정후시산표에서 손익계정 잔액을 손익계산서 양식에 집계하면 손익계산서가 완성된다.

1.7) 손익계정의 마감과 손익의 이익잉여금 대체

수익원장, 비용원장의 잔액을 반대분개로 모두 없애는 분개를 통해 다음 회계연도의 수익원장과 비용원장의 기초금액을 0으로 만들고, 복식부기의 원리에 따라 수익, 비용의 차이만큼, 즉 당기순이익을 이익잉여금계정으로 대체하는 회계처리를 해야 한다.

예를 들면, 수익원장상의 모든 수익의 합계액이 10억원, 비용원장상의 모든 비용의 합계액이 9억원인 경우, 다음과 같은 반대분개를 통해 회계연도 말 수익, 비용원장상의 잔액을 0이 되게 만들고, 다음 회계연도 초 금액이 0부터 시작하게 만드는 절차이다.

반대분개:

차) 수익(제좌)	10억원	대) 이익잉여금	10억원
차) 이익잉여금	9억원	대) 비용(제좌)	9억원

수익 89

월/일			월/일	
12/31	이익잉여금	10억원	1/5	2억원
			6/5	3억원
			10/1	4억원
			12/9	1억원

비용 89

월/일		월/일		
1/7	1억원	12/31	이익잉여금	9억원
6/15	4억원			
11/3	2억원			
12/15	2억원			

이익잉여금 99

월/일			월/일		
12/31	비용	9억원	12/31	수익	10억원
12/31	**차기이월**	**1억원**			
			1/1	**전기이월**	**1억원**

손익을 이익잉여금으로 대체분개, 전기한 후, 수정후시산표에서 재무상태표계정 잔액을 재무상태표 양식에 집계하면 재무상태표가 완성된다.

이익잉여금처럼 재무상태표계정은 별도로 분개를 할 필요 없이 각 계정원장상에서 차기이월과 전기이월을 반대방향으로 기재하여 기초금액이 전기 말 잔액에서부터 시작하도록 한다.

1.8) 재무상태표와 손익계산서의 작성

'1.6) 단계의 결산정리사항'까지 회계처리가 모두 완료되고 그 내용이 시산표에 반영된 후, 시산표에서 손익계산서 관련 계정을 손익계산서 양식에 집계를 하면 손익계산서가 작성된다.

'1.7) 단계의 손익계정을 이익잉여금으로 대체'하는 회계처리가 모두 완료되고 그 내용이 시산표에 반영된 후, 시산표에서 재무상태표 관련 계정을 재무상태표 양식에 집계를 하면 재무상태표가 작성된다.

1.9) 재무상태표 관련 원장잔액의 기초 이월

재무상태표는 결산일 현재의 자산, 부채, 자본의 잔액을 알려주는 보고서라고 설명했다. 각 계정별 잔액은 다음 회계기간 초로 이월되어 다음 회계기간에서 발생하는 거래내용이 반영됨에 따라 매일 자산, 부채, 자본이 변동되면서 그 결과로 다음 회계연도 결산일 현재의 재무상태표가 또 만들어지게 된다. 수기장부 시대에는 새로운 회계연도의 각 계정별 원장을 만들기 위해서 새로운 회계연도 초의 각 계정별 원장잔액 전기 말의 잔액을 그대로 옮겨 적는 과정이 필요했다. 이를 재무상태표 관련 원장의 마감이라고 표현한다. 재무상태표 관련 원장의 마감은 손익계산서계정 마감 절차와는 달리 굳이 회계처리(분개)를 하지 않아도 된다.

2. 회계의 순환과정을 통한 재무제표 작성 사례

2장에서 등장했던 사례를 가지고 회계의 순환과정대로 재무제표를 만드는 과정을 연습해 보자.

사례

장난감유통(주)는 중국에서 장난감을 수입하여 국내에 판매하는 사업을 주업으로 하는 주식회사이다. 장난감유통(주)는 1월 1일에 설립했다. 설립 이후 회사의 거래내용은 다음과 같다(특별한 언급이 없으면 자금거래는 계좌이체 방식으로 송금하는 것으로 가정한다).

① 회사는 자본금 10억원(1주당 액면가액 10,000원×발행주식 수 10만 주)을 출자하여 설립되었으며, 설립시 주금 납입대금은 전부 회사명의의 보통예금계좌로 입금되었다.

② 회사는 본사 및 판매점으로 사용할 목적으로 상가건물을 임차했다. 임차조건은 임차보증금 2억원에 매월 임차료로 1백만원을 지급하는 조건이었다. 임차료는 1/1일에 1년분을 전부 계좌이체 방식으로 지급한 것으로 가정한다(⑪번 거래를 보면 결론적으로 회사는 12개월 동안 상가건물을 사용했으므로 회사가 미리 낸 임차료 중 돌려받을 금액은 없을 것이다. 선급하여 미리 낸 임차료는 12월 31일에 회계처리하는 것으로 가정한다).

③ 회사는 중국에서 장난감을 2억원(1개당 10,000원×2만 개)어

치를 구입하고 구입대금은 전액 계좌이체로 송금했다.

④ 회사는 장난감 2만 개를 전량 2억5천만원에 매각하고 대금은 전액 현금으로 받았다. 전액 받은 현금은 곧바로 보통예금계좌에 입금했다.

⑤ 회사는 장난감 3만 개를 개당 10,000원에 수입하고 대금은 계좌이체로 전액 송금했다.

⑥ 회사는 장난감 1만 5천 개를 개당 15,000원에 판매하고 대금은 전액 보통예금계좌로 입금받았다.

⑦ 회사는 전기료로 5백만원을 납부했다.

⑧ 회사는 상가건물 관리비로 1천만원을 지급했다.

⑨ 회사는 판매사원 급여로 3천4백만원을 지급했다.

⑩ 회사는 사장 급여로 1억원을 지급했다.

⑪ 회사는 12월 31일에 사업확장을 위하여 새로운 상가건물로 이전하였으며, 임차조건은 임차보증금 3억원에 월임대료 2백만원을 지급하기로 했다.

⑫ 기존 임차 상가건물을 다른 임차인에게 인계하면서 임차보증금과 권리금을 포함하여 2억5천만원을 회수했다.

2.1) 분개장의 작성

월/일		적요	원면	차변	대변
	①	보통예금		1,000,000,000	
		자본금			1,000,000,000
		보통예금을 출자하여 설립			
	②	임차보증금		200,000,000	
		보통예금			200,000,000
		선급임차료		12,000,000	
		보통예금			12,000,000

월/일		적요	원면	차변	대변
		임차보증금, 선급임차료 지급			
	③	상품 보통예금 상품구입		200,000,000	200,000,000
	④	현금 매출 상품매출		250,000,000	250,000,000
	④	보통예금 현금 보통예금 입금		250,000,000	250,000,000
	④	상품매출원가 상품 판매한 상품원가		200,000,000	200,000,000
	⑤	상품 보통예금 상품구입		300,000,000	300,000,000
	⑥	보통예금 매출 상품매출		225,000,000	225,000,000
	⑥	상품매출원가 상품 판매한 상품원가		150,000,000	150,000,000
	⑦	전기료 보통예금 전기료 납부		5,000,000	5,000,000
	⑧	관리비 보통예금 관리비 납부		10,000,000	10,000,000
	⑨	급여 보통예금 판매사원 급여지급		34,000,000	34,000,000
	⑩	급여 보통예금		100,000,000	100,000,000

월/일		적요	원면	차변	대변
		사장 급여지급			
	⑪	임차보증금 보통예금 상가 임차보증금 지급		300,000,000	 300,000,000
	⑫	보통예금 임차보증금 권리금수익 임차보증금 양도		250,000,000	 200,000,000 50,000,000
12	31	임차료 선급임차료 결산정리분개		12,000,000	 12,000,000

2.2) 전기

현금				
월일	상대계정	차변	대변	잔액
1/1	전기이월	0		0
④	매출	250,000,000		250,000,000
④	보통예금		250,000,000	0
	전기이월	0		0

보통예금				
월일	상대계정	차변	대변	잔액
1/1	전기이월	0		0
①	자본금	1,000,000,000		1,000,000,000
②	임차보증금		200,000,000	800,000,000
②	선급임차료		12,000,000	788,000,000
③	상품		200,000,000	588,000,000

④	현금	250,000,000		838,000,000
⑤	상품		300,000,000	538,000,000
⑥	매출	225,000,000		763,000,000
⑦	전기료		5,000,000	758,000,000
⑧	관리비		10,000,000	748,000,000
⑨	급여		34,000,000	714,000,000
⑩	급여		100,000,000	614,000,000
⑪	임차보증금		300,000,000	314,000,000
⑫	임차보증금	200,000,000		514,000,000
⑫	권리금수익	50,000,000		564,000,000
	전기이월	564,000,000		564,000,000

상품				
월일	상대계정	차변	대변	잔액
1/1	전기이월	0		0
③	보통예금	200,000,000		200,000,000
④	매출원가		200,000,000	0
⑤	보통예금	300,000,000		300,000,000
⑥	매출원가		150,000,000	150,000,000
	전기이월	150,000,000		150,000,000

선급임차료				
월일	상대계정	차변	대변	잔액
1/1	전기이월	0		0
②	보통예금	12,000,000		12,000,000
12/31	임차료		12,000,000	0
	전기이월	0		0

임차보증금				
월일	상대계정	차변	대변	잔액
1/1	전기이월	0		0
②	보통예금	200,000,000		200,000,000
⑪	보통예금	300,000,000		500,000,000
⑫	보통예금		200,000,000	300,000,000
	전기이월	300,000,000		300,000,000

자본금				
월일	상대계정	차변	대변	잔액
1/1	전기이월	0		0
①	보통예금	1,000,000,000		1,000,000,000
	전기이월	1,000,000,000		1,000,000,000

이익잉여금				
월일	상대계정	차변	대변	잔액
1/1	전기이월	0		0
12/31	제좌(손익대체)		14,000,000	14,000,000
	전기이월	14,000,000		0

매출				
월일	상대계정	차변	대변	잔액
④	현금		250,000,000	250,000,000
⑥	보통예금		225,000,000	475,000,000
12/31	이익잉여금	475,000,000		0
1/1				

매출원가				
월일	상대계정	차변	대변	잔액
④	상품	200,000,000		200,000,000
⑥	상품	150,000,000		150,000,000
12/31	이익잉여금		350,000,000	0

급여				
월일	상대계정	차변	대변	잔액
⑨	보통예금	34,000,000		34,000,000
⑩	보통예금	100,000,000		134,000,000
12/31	이익잉여금		134,000,000	0

전기료				
월일	상대계정	차변	대변	잔액
⑦	보통예금	5,000,000		5,000,000
12/31	이익잉여금		5,000,000	0

관리비				
월일	상대계정	차변	대변	잔액
⑧	보통예금	10,000,000		10,000,000
12/31	이익잉여금		10,000,000	0

임차료				
월일	상대계정	차변	대변	잔액
12/31	선급임차료	12,000,000		12,000,000
12/31	이익잉여금		12,000,000	0

권리금수익				
월일	상대계정	차변	대변	잔액
⑫	보통예금		50,000,000	50,000,000
12/31	이익잉여금	50,000,000		0

2.3) 시산표 작성

2.3.1) 손익계정 마감 전 이익잉여금계정 대체 전 시산표

차변		원면	계정과목	대변	
잔액	합계			합계	잔액
0	250,000,000		현금	250,000,000	
564,000,000	1,725,000,000		보통예금	1,161,000,000	
150,000,000	500,000,000		상품	350,000,000	
0	12,000,000		선급임차료	12,000,000	
300,000,000	500,000,000		임차보증금	200,000,000	
	0		자본금	1,000,000,000	1,000,000,000
			이익잉여금		
			매출	475,000,000	475,000,000
			권리금수익	50,000,000	50,000,000
350,000,000	350,000,000		매출원가		
134,000,000	134,000,000		급여		

5,000,000	5,000,000		전기료		
10,000,000	10,000,000		관리비		
12,000,000	12,000,000		임차료		
1,525,000,000	3,498,000,000		합계	3,498,000,000	1,525,000,000

손익계정 마감 전 시산표에서 손익계산서 관련 항목을 발췌하여 손익계산서가 작성된다.

미리 만들어진 빈 양식	
구분	금액
매출	
매출원가	
매출총이익	
판매비와관리비	
급여	
전기료	
관리비	
임차료	
영업이익	
영업외수익	
권리금수익	
영업외비용	
세전이익	
법인세비용	
당기순이익	

시산표에서 집계한 후	
구분	금액
매출	475,000,000
매출원가	350,000,000
매출총이익	125,000,000
판매비와관리비	161,000,000
급여	134,000,000
전기료	5,000,000
관리비	10,000,000
임차료	12,000,000
영업이익	(36,000,000)
영업외수익	50,000,000
권리금수익	50,000,000
영업외비용	0
세전이익	14,000,000
법인세비용	0
당기순이익	14,000,000

2.3.2) 손익계정 마감 후 이익잉여금계정 대체 후 시산표

차변		원면	계정과목	대변	
잔액	합계			합계	잔액
0	250,000,000		현금	250,000,000	
564,000,000	1,725,000,000		보통예금	1,161,000,000	
150,000,000	500,000,000		상품	350,000,000	
0	12,000,000		선급임차료	12,000,000	
300,000,000	500,000,000		임차보증금	200,000,000	
	0		자본금	1,000,000,000	1,000,000,000
			이익잉여금	14,000,000	14,000,000
	475,000,000		매출	475,000,000	
	50,000,000		권리금수익	50,000,000	
	350,000,000		매출원가	350,000,000	
	134,000,000		급여	134,000,000	
	5,000,000		전기료	5,000,000	
	10,000,000		관리비	10,000,000	
	12,000,000		임차료	12,000,000	
1,014,000,000	4,023,000,000		합계	4,023,000,000	1,014,000,000

손익계정 마감 후 이익잉여금 대체 후 시산표에서 재무상태표 관련 항목을 발췌하여 재무상태표가 작성된다.

시산표에서 발췌한 재무상태표

차변		대변	
자산		부채	0
현금	0		
보통예금	564,000,000		
선급보험료	0		

상품	150,000,000	자본	
임차보증금	300,000,000	자본금	1,000,000,000
		이익잉여금	14,000,000
합계	1,014,000,000	합계	1,014,000,000

연습문제

1. 다음 중 재무상태표계정(또는 요소)이 아닌 것은?

① 자산　　② 부채
③ 자본　　④ 수익

풀이　④

재무상태표 요소: 자산, 부채, 자본
포괄손익계산서 요소: 수익, 비용, 기타포괄이익, 기타포괄손실

2. 다음은 회계의 순환과정에 대한 설명으로 다음 괄호에 들어갈 과정으로 적절한 것은?

거래발생 → (a) 작성 → (b) 전기 → (c) 작성 → (d) 작성

	a	b	c	d
①	분개장	시산표	원장	재무제표
②	분개장	시산표	재무제표	원장
③	분개장	원장	시산표	재무제표
④	원장	분개장	시산표	재무제표

풀이　③

거래발생 → 분개 → 분개장 작성 → 원장 전기 → 시산표에 집계 → 시산표에서 발췌하여 재무제표 작성의 과정을 회계의 순환과정이라고 한다.

3. 복식부기의 기본원리인 거래의 이중성에 의할 경우, 다음 중 나올 수 없는 분개는?

① 차) 자산의 증가　　　　　　대) 부채의 증가
② 차) 부채의 감소　　　　　　대) 수익의 발생
③ 차) 자산의 증가　　　　　　대) 자본의 증가
④ 차) 부채의 증가　　　　　　대) 비용의 발생

풀이 ④

자산의 증가는 차변에, 자산의 감소는 대변에,
부채의 증가는 대변에, 부채의 감소는 차변에,
자본의 증가는 대변에, 자본의 감소는 차변에 기록해야 한다.
수익은 손익거래에서 자산의 증가 또는 부채의 감소이므로 복식부기의 원리에 따라 수익의 발생은 대변(오른쪽)에 적어야 한다.
비용은 손익거래에서 자산의 감소 또는 부채의 증가이므로 복식부기의 원리에 따라 비용의 발생은 차변(왼쪽)에 적어야 한다.

4. 회계기간이 1월 1일부터 12월 31일까지인 어느 회사의 2013년 수익과 비용을 모두 집계하였더니 다음과 같다고 가정할 때 손익계산서상의 수익과 비용을 재무상태표로 대체하는 회계처리로 적절한 것은?

수익		비용	
매출	1,000,000	매출원가	600,000
이자수익	10,000	급여	100,000
		전기료	5,000
계	1,010,000	계	705,000

	차변	금액	대변	금액
①	차) 수익	1,010,000	대) 비용	705,000
			이익잉여금	305,000
②	차) 비용	705,000	대) 수익	1,010,000
	이익잉여금	305,000		
③	차) 매출	1,000,000	대) 매출원가	600,000
	이자수익	10,000	급여	100,000
			전기료	5,000
			이익잉여금	305,000

④ 차) 매출원가 600,000 대) 매출 1,000,000
급여 100,000 이자수익 10,000
전기료 5,000
이익잉여금 305,000

풀이 ③

수익은 오른쪽(대변)에 발생하고, 비용은 왼쪽(차변)에 발생한다.
손익계정상의 당기순이익을 재무상태표상의 자본(이익잉여금)으로 대체하기 위하여 모든 수익계정은 왼쪽(차변)에 기록하고 모든 비용계정은 오른쪽(대변)에 기록한 후 양변의 차이 금액이 일치하도록 이익잉여금계정을 사용하여 분개하는 것을 손익계산서상의 당기순이익을 재무상태표에 대체하는 분개라고 한다.
이러한 손익계정을 재무상태표에 이익잉여금으로 대체분개를 하고 난 후, 합계잔액시산표를 작성하면 모든 수익계정과 비용계정의 잔액은 0이 된다.

5. 결산은 모든 거래를 마감하고 재무제표를 만드는 과정이라고 할 수 있다. 결산정리사항은 적절한 경영성과를 측정하기 위하여 자산과 부채를 적절한 가액으로 조정하는 것이라고 할 때, 다음 각 거래에 대한 결산정리분개로 올바르지 않은 것은(회사의 회계기간은 1월 1일부터 12월 31일이라고 가정한다)?

가. 7월 1일에 거래처에 1,000,000원을 1년간, 연이자 10% 조건으로 대여하면서 이자와 원금은 1년 뒤에 받기로 했다. 동 거래발생시 다음과 같이 회계처리했다.

차) 단기대여금 1,000,000 대) 보통예금 1,000,000

나. 7월 1일에 거래처에 1,000,000원을 1년간, 연이자 10% 조건으로 대여하면서 1년 이자 100,000원을 선불로 받고 원금은 1년 뒤에 받기로 했다. 동 거래발생시 다음과 같이 회계처리했다.

차) 단기대여금 1,000,000 대) 보통예금 1,000,000
현금 100,000 이자수익 100,000

다. 7월 1일에 거래처로부터 1,000,000원을 1년간, 연이자 10% 조건으로 차입하면서 이자와 원금은 1년 뒤에 갚기로 했다. 동 거래발생시 다음과 같이 회계처리했다.

차) 보통예금	1,000,000	대) 단기차입금	1,000,000

라. 7월 1일에 거래처로부터 1,000,000원을 1년간, 연이자 10% 조건으로 차입하면서 이자 100,000원을 선지급하고 원금은 1년 뒤에 갚기로 했다. 동 거래발생시 다음과 같이 회계처리했다.

차) 보통예금	1,000,000	대) 단기차입금	1,000,000
이자비용	100,000	현금	100,000

① '가' 거래의 경우 적절한 경영성과를 측정하기 위하여 7월 1일부터 12월 31일까지의 이자수익을 인식해야 하며, 회계처리는 다음과 같다.

차) 자산(미수이자)	5,000	대) 이자수익	5,000

② '나' 거래의 경우 적절한 경영성과를 측정하기 위하여 7월 1일부터 12월 31일까지의 이자수익만을 인식해야 하며, 회계처리는 다음과 같다.

차) 이자수익	5,000	대) 부채(선수이자)	5,000

③ '다' 거래의 경우 적절한 경영성과를 측정하기 위하여 7월 1일부터 12월 31일까지의 이자비용을 인식해야 하며, 회계처리는 다음과 같다.

차) 부채(미지급이자)	50,000	대) 이자비용	50,000

④ '라' 거래의 경우 적절한 경영성과를 측정하기 위하여 7월 1일부터 12월 31일까지의 이자비용만을 인식해야 하며, 회계처리는 다음과 같다.

차) 자산(선급이자)	50,000	대) 이자비용	50,000

풀이 ③

③의 경우 차변에 6개월의 이자비용을 처리하고 지급한 상태가 아니기 때문에 대변에 미지급이자로 부채가 증가된 것으로 회계처리해야 한다.

6. 다음 중 회계상의 거래가 아닌 것은?

① 거래처와 상품매입계약을 체결하다.

② 화재로 인하여 공장건물이 소실되다.

③ 거래처의 파산으로 외상매출금 2백만원이 회수불능되다.

④ 수재민돕기 성금 5백만원을 기탁하다.

풀이 ①

거래처와 매입 또는 매출계약을 체결한 것만으로는 거래가 성립되지 않는다. 계약금을 지급하거나 받은 경우 또는 상품을 인도하거나 인수한 경우에 거래가 성립된다.

7. 다음 중 거래로 성립될 수 없는 경우는?

① 자산의 증가와 부채의 증가　② 부채의 증가와 비용의 발생

③ 수익의 발생과 자산의 증가　④ 자본의 감소와 부채의 감소

풀이 ④

거래는 차변요소와 대변요소의 결합으로 성립될 수 있다. 자본의 감소와 부채의 감소는 모두 차변요소이기 때문에 거래로 성립되지 않는다.

8. 회계기간이 종료됨에 따라 회계기간의 경영성과를 확정하고, 기말의 재무상태를 명백히 함과 동시에 장부의 형식을 당기와 차기로 명료하게 구분하기 위하여 이루어지는 제반 절차를 무엇이라 하는가?

① 결산　② 전기

③ 마감　④ 분개

풀이 ①

회계기간의 종료에 따라 그 기간의 경영성과를 확정하고, 또 기말의 재무상태를 명백히 함과 동시에 장부의 형식을 당기와 차기로 명료하게 구분하기 위하여 이루어지는 제반 절차를 결산(closing)이라 한다.

9. 시산표에서 대차평형의 원리를 이용하여 오류를 적발할 수 있는 경우는?

① 특정 거래 전체를 이중으로 기입한 경우

② 분개할 때 잘못된 계정과목을 사용한 경우

③ 특정 거래 전체를 누락시킨 경우

④ 분개할 때 대변 계정과목의 금액을 잘못 기입한 경우

풀이 ④

대변금액을 잘못 기록하면 차변 합계금액과 대변 합계금액이 불일치하는 원인으로 시산표에서 발견이 가능한 오류이다.

10. 다음 중 시산표에서 발견할 수 있는 오류는?

① 어느 거래의 분개를 이중으로 전기한 경우

② 어떤 계정의 차변에 전기할 것을 대변에 전기한 경우

③ 어떤 거래 전체를 이중으로 기입한 경우

④ 차변과 대변에 모두 똑같이 틀린 금액으로 전기된 경우

풀이 ②

시산표에서 발견될 수 없는 오류

- 거래 한 개를 차변과 대변에 모두 누락한 경우
- 거래 한 개를 차변과 대변에 모두 중복 전기한 경우
- 어떤 거래를 대차 반대로 전기한 경우
- 계정과목을 잘못 설정하거나 타 계정에 전기한 경우
- 동일한 금액의 대차가 우연히 상계되는 경우 등

정리하기

1. 회계순환과정은 거래발생 → 분개 → 원장전기 → 시산표 → 재무제표 작성과정을 의미한다.

2. 실무에서 분개는 전표를 이용해서 이루어지고 전표의 종류는 입금전표, 출금전표, 대체전표로 구분된다.

3. 결산정리사항이란 재무제표 작성일 현재의 적정한 재무상태와 일정기간의 경영성과를 올바르게 나타내기 위하여 결산일에 자산, 부채의 금액을 적정한 금액으로 조정하는 것을 말하고, 결산정리사항을 분개(회계)처리하는 것을 결산정리분개라고 한다.

4. 수기장부 시대 손익계산서계정 원장마감이란 결산정리분개 후 손익계정을 반대분개를 통하여 수익원장과 비용원장의 잔액을 0으로 만들고 수익과 비용의 차이는 이익잉여금계정으로 대체하는 것을 말한다.

5. 손익계정의 이익잉여금 대체란 결산정리사항까지 분개(회계)처리가 이루어진 후, 손익계산서상의 당기순이익(손실)을 재무상태표의 이익잉여금계정에 반영하는 것을 말한다.

6. 수기장부 시대 재무상태표계정 원장마감이란 회계연도 종료일 현재의 자산, 부채, 자본을 확정하고, 자산, 부채, 자본의 잔액을 다음 회계연도의 총계정원장의 기초잔액으로 이기하는 절차를 말하는 것으로 전기 말 잔액을 새로운 회계연도의 장부에 이기하는 과정은 별도의 분개 없이 이기하면 된다.

제 4 장

회계기준과 재무회계 개념체계

1. 회계기준
   - 1.1) 회계기준의 필요성
   - 1.2) 기업회계기준의 체계

2. 회계의 개념체계
   - 2.1) 개념체계의 의의와 목적
   - 2.2) 재무보고의 목적
   - 2.3) 유용한 재무정보의 질적 특성
   - 2.4) 재무제표 작성의 기본가정: 계속기업
   - 2.5) 재무제표의 요소
   - 2.6) 재무제표 요소의 인식
   - 2.7) 재무제표 요소의 측정
   - 2.8) 자본 및 자본유지 개념

3. 재무제표 표시
   - 3.1) 재무제표의 의의와 목적
   - 3.2) 전체 재무제표
   - 3.3) 재무제표 작성의 일반원칙
   - 3.4) 재무상태표의 표시원칙
   - 3.5) 수익과 비용항목의 표시
   - 3.6) 자본변동표
   - 3.7) 현금흐름표
   - 3.8) 주석

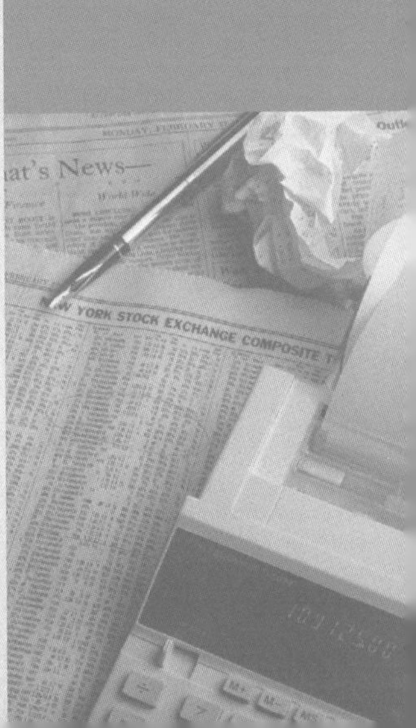

학습개요

회계기준의 의의와 현재 우리나라 기업회계기준의 체제를 학습한다. 재무회계 개념체계를 통해서 회계의 기본용어 정리와 개념체계 속에 담긴 회계의 기본적 이론을 공부한다. 재무제표의 표시를 통해서 재무상태표와 손익계산서의 표시(작성)원칙을 학습한다.

학습목표

1. 회계기준의 의의와 필요성을 설명할 수 있다.
2. 정보의 질적 특성을 회계정보 이용자, 회계기준 제정자, 회계기준 생산자 입장에서 설명할 수 있다.
3. 재무제표 요소의 인식의 의미와 인식기준을 설명할 수 있다.
4. 측정의 개념과 측정기준의 종류를 설명할 수 있다.

주요용어

- 회계기준 회계정보 제공자가 재무제표 작성시에 준수해야 하는 지침
- 개념체계 외부 회계정보 이용자를 위한 재무제표의 작성과 표시에 있어 기초가 되는 기본개념을 정립한 것
- 회계정보의 질적 특성 재무제표를 통해 제공되는 정보가 이용자에게 유용하기 위하여 갖추어야 할 속성
- 인식기준 인식이란 특정 거래 또는 회계사건의 경제적 영향에 대해 측정된 화폐금액을 장부에 기록하고 재무제표에 표시(보고)하는 것을 말하고 인식기준은 특정 거래 또는 회계사건이 자산, 부채에 미치는 효과를 재무제표 또는 원장에 언제 기록되어야 하는지 시점을 결정하는 기준을 말한다.
- 측정기준 측정이란 재무제표 요소의 화폐적 금액을 결정하는 것을 말하고 측정기준에는 역사적 원가, 현행원가, 실현가능가치, 현재가치, 공정가치 기준이 있다.
- 기타포괄손익 아직 실현되지 않은 손익을 의미하며 포괄손익계산서는 당기순손익에 기타포괄손익을 합산하여 표시한다.

1. 회계기준

재무회계 분야에서 산출된 회계정보는 다수의 외부 회계정보 이용자들이 이용한다. 만약 이러한 회계정보가 신뢰성과 일관성이 없다면 많은 혼란이 있을 것이다. 따라서, 세계 각국에서는 자국의 회계실무를 규제하고 기업이 믿을 수 있는 회계정보를 산출할 수 있도록 하기 위하여, 일반적이고 보편타당하며 합리적인 다수의 합의된 회계기준을 만들어 적용하고 있다. 이를 '일반적으로 인정된 회계원칙(Generally Accepted Accounting Principles: GAAP)'이라고 부른다.

1.1) 회계기준의 필요성

회계정보 제공자(생산자)가 특정한 기준 없이 임의적인 방법으로 회계정보를 작성해서 전달한다면 동일한 사건에 대하여 다른 결과를 산출하여 많은 혼란을 줄 수 있다.

따라서, 일반적으로 인정된 회계원칙은 회계정보를 산출하는 데 지침을 제공한다. 일반적으로 인정된 회계원칙에 의해 제공된 회계정보(재무제표)는 동일한 회계용어, 형식 등을 사용하여 작성되기 때문에 이해하기 쉽고(이해가능성), 서로 비교할 수 있으며(비교가능성), 보다 더 믿을 수(신뢰성) 있기 때문이다.

1.2) 기업회계기준의 체계

우리나라의 회계원칙(회계기준)은 '기업회계기준'이라 하며 한국채택국제회계기준, 일반기업회계기준, 특수분야회계기준으로 구분된다. 우리나라

의 회계기준은 「주식회사의 외부감사에 관한 법률」(이하 '외감법')에 따라 공적 규제기관인 금융위원회가 증권선물위원회의 심의를 거쳐 제정·공표할 권한을 가지고 있으며, 금융위원회는 「외감법」의 규정에 따라 회계기준의 제정권한을 민간기구인 한국회계기준원에 위탁하고 있다. 한국회계기준원은 회계기준 제정업무를 한국회계기준위원회(Korea Accounting Standards Board: KASB)의 심의·의결절차를 거쳐 수행하고 있다. 한국회계기준위원회에서 심의·의결한 회계기준을 금융위원회가 최종적으로 승인·공표하면, 대한민국의 회계기준으로서 효력을 갖게 된다. 대한민국의 회계기준 내용은 한국회계기준원(www.kasb.or.kr)에서 열람·다운받을 수 있다.

- 대한민국의 회계기준
  - 한국채택국제회계기준 (K-IFRS)
    - 기업회계기준서
      기업회계기준해석서
  - 일반기업회계기준
    - 기업회계기준서
      기업회계기준해석서
  - 특수분야회계기준
    - 기업회계기준서
      기업회계기준해석서

구분	기업회계기준서		기업회계기준해석서	
국제회계기준	IAS	IFRS	SIC	IFRIC
한국채택국제회계기준	제1001호~제1099호	제1101호~제1999호	제2001호~제2099호	제2101호~제2999호
일반기업회계기준	제3001호~제3999호		제4001호~제4999호	
특수분야회계기준	제5001호~제5999호		제6001호~제6999호	

1.2.1) 한국채택국제회계기준(이하 'K-IFRS')

IFRS(International Financial Reporting Standards)란 국제회계기준위원회(International Accounting Standards Committee: IASC)가 기업의 회계처리와 재무제표에 대한 국제적 통일성을 높이기 위해 마련해 공표하는 회계기준으로 IASC가 마련한 국제회계기준(International Accounting Standards: IAS)을 2003년부터 확대한 것으로 세계 증권시장과 투자자들이 일반적으로 사용하는 회계기준이 되었다.

K-IFRS는 국제회계기준에 맞춰 우리나라에서 2007년 말 제정된 새로운 회계기준으로 2011년부터 「외감법」의 적용대상 기업 중 「자본시장과 금융투자업에 관한 법률」에 따른 주권상장기업의 회계처리에 적용한다. 그리고 비상장기업이 재무제표의 작성과 표시를 위해 K-IFRS를 선택한 경우에도 적용한다.

① 기업회계기준서

기준서는 목적, 적용범위, 회계처리방법, 공시, 시행일, 결론도출근거[1] 등으로 구성된다. 현재까지 40개의 기준서가 제정·공표되었다.

② 기업회계기준해석서

기업회계기준서에 명시적으로 언급되지 않은 새롭게 인식된 재무보고 문제에 대하여 지침을 제공하며 구체적인 지침이 없다면 잘못 적용될 수 있는 내용에 대한 권위 있는 지침을 제공한다. 기업회계기준해석서는 참조, 배경, 적용범위, 회계논제, 결론, 시행일과 경과규정 등으로 구성된다. 그리고 서문, 결론도출근거, 적용사례, 실무적용지침은 해석서의 일부를 구성하지는 않으나 해석서를 적용하는 데 편의를 제공하기 위해 실무지침으로 제시된다. 기업회계기준해석서는 현재까지 24개의 해석서가 제정·공표되었다.

1) 기준서에 첨부되지만 기준서의 일부를 구성하는 것은 아니다.

1.2.2) 일반기업회계기준

「외감법」의 적용대상 기업 중 한국채택회계기준에 의해 회계처리하지 않는 기업에 적용해야 하는 회계처리기준으로서, 일반기업회계기준을 구성하는 기준서와 해석서에 사용할 수 있도록 제3001호~제3999호까지의 일련번호와 제4001호~제4999호까지의 일련번호를 남겨 두었으나, 현재 일반기업회계기준에는 별도의 일련번호를 부여하지 않고, 주제별로 별도의 장으로 구분되고, 각 장은 본문(적용보충기준 포함)과 부록[2](결론도출근거, 실무지침 및 적용사례 등)으로 구성된다. 일반기업회계기준의 적용 및 해석의 일관성을 위하여 필요한 경우에는 일반기업회계기준해석 등을 제정할 수 있으나, 현재까지 별도의 일반기업회계기준해석서가 발표되지 않고 질의회신 등을 통해 해석서를 대신하고 있다.

1.2.3) 특수분야회계기준

관계 법령 등의 요구사항이나 한국에 고유한 거래나 기업환경 등의 차이를 반영하기 위하여 회계기준위원회가 제정하는 회계기준으로서 기준서와 해석서로 구성된다. 특수분야회계기준을 구성하는 기준서의 일련번호는 제5001호~제5999호까지를 사용하며, 해석서는 제6001호~제6999호까지 부여할 수 있다. 현재 4개의 기준서[3]가 제정·공표되었다. 현재까지 별도의 특수분야회계기준해석서가 발표되지 않고 질의회신 등을 통해 해석서를 대신하고 있다.

---

2) 부록의 내용은 기준을 적용하는 데 편의를 제공하기 위하여 제시되고 있으나, 이 자체가 기준을 구성하는 것은 아니다.

3) 제5001호 결합재무제표, 제5002호 기업구조조정투자회사, 제5003호 집합투자기구, 제5004호 신탁업자의 신탁계정이 공표되었으며, 종전의 기업회계기준 등에 관한 해석 [57-6] '기업집단결합재무제표준칙 사례'는 한시적으로 특수분야회계기준의 범주에 포함시키고 있다.

2. 회계의 개념체계

2.1) 개념체계의 의의와 목적

2.1.1) 개념체계의 의의

전 세계의 많은 기업들은 외부 정보이용자를 위하여 재무제표를 작성하고 표시한다. 비록 그러한 재무제표가 국가마다 비슷해 보이더라도 사회적·경제적·법률적 환경의 다양성과 각국이 자국의 규정을 정할 때 각기 다른 재무제표 이용자의 요구를 염두에 둠에 따라 발생한 차이가 있다. 이러한 다른 환경 때문에 재무제표 요소(예: 자산, 부채, 자본, 수익 및 비용)에 다양한 정의가 사용되었다. 또한 재무제표 내 항목 인식에 대한 서로 다른 기준의 사용과 서로 다른 측정기준에 대한 선호를 초래하게 되었으며 재무제표의 범위와 재무제표에 포함되는 공시도 영향을 받게 되었다.

개념체계는 재무제표의 작성과 표시에 있어서 나타날 수 있는 이러한 차이를 좁히기 위하여 외부 이용자를 위한 재무제표의 작성과 표시에 있어 기초가 되는 기본개념을 정립한 것이라 할 수 있다. 일반기업회계기준에도 개념체계가 있으나, 큰 틀의 차이는 없으므로 K-IFRS의 개념체계를 중심으로 설명한다.

2.1.2) 개념체계의 목적

K-IFRS '재무보고를 위한 개념체계'에서는 개념체계의 목적(필요성)을 다음과 같이 설명한다.

- 한국회계기준위원회(이하 '회계기준위원회'라 한다)가 향후 새로운

한국채택국제회계기준을 제정하고 기존의 한국채택국제회계기준의 개정을 검토할 때에 도움을 준다(회계기준 제정기관).

- 한국채택국제회계기준에서 허용하고 있는 대체적인 회계처리방법의 수를 축소하기 위한 근거를 제공하여 회계기준위원회가 재무제표의 표시와 관련되는 법규, 회계기준 및 절차의 조화를 촉진시킬 수 있도록 도움을 준다(회계기준 제정기관).
- 재무제표의 작성자가 한국채택국제회계기준을 적용하고 한국채택국제회계기준이 미비한 주제에 대한 회계처리를 하는 데 도움을 준다(재무제표 작성자).
- 재무제표가 한국채택국제회계기준을 따르고 있는지에 대해 감사인이 의견을 형성하는 데 도움을 준다(감사인).
- 한국채택국제회계기준에 따라 작성된 재무제표에 포함된 정보를 재무제표의 이용자가 해석하는 데 도움을 준다(재무제표 이용자).
- 회계기준위원회의 업무활동에 관심 있는 이해관계자에게 한국채택국제회계기준을 제정하는 데 사용한 접근방법에 대한 정보를 제공한다(기타 이해관계자).

이 '개념체계'는 한국채택국제회계기준이 아니므로 특정한 측정과 공시 문제에 관한 기준을 정하지 아니한다. 따라서, 이 '개념체계'는 어떤 경우에도 특정 한국채택국제회계기준에 우선하지 아니한다.

2.1.3) 개념체계의 구성

이 개념체계는 다음의 사항으로 이루어져 있다.

① 재무보고의 목적

② 유용한 재무정보의 질적 특성

③ 재무제표를 구성하는 요소의 정의, 인식 및 측정

④ 자본 및 자본유지의 개념

2.2) 재무보고의 목적

일반목적재무보고의 목적은 현재 및 잠재적 투자자,[4] 대여자 및 기타 채권자가 기업에 자원을 제공하는 것에 대한 의사결정을 할 때 유용한 보고기업 재무정보를 제공하는 것이다.

일반목적재무보고서[5]는 보고기업의 재무상태에 관한 정보, 즉 기업의 경제적 자원(자산)과 보고기업에 대한 청구권에 관한 정보(부채, 자본)를 제공하고, 경제적 자원과 청구권을 변동시키는 거래와 그 밖의 사건의 영향(손익계산서, 현금흐름표, 자본변동표)에 대한 정보도 제공한다.

2.3) 유용한 재무정보의 질적 특성

질적 특성이란 재무제표를 통해 제공되는 정보가 이용자에게 유용

---

4) 여기서 투자자는 주식투자자를 의미하고 있는데, 투자자의 개념을 기업에 자본을 조달하는 자로 정의할 때, 현재 투자자는 주식을 보유한 주주, 기업에 현재 대출을 하고 있는 대여자를 예로 들 수 있고, 잠재적 투자자는 어느 회사 주식을 살까 고민하는 주주, 새로운 대출을 모색하고 있는 자금대여자(은행 등)를 예로 들 수 있다.

5) 일반목적이라는 수식어가 붙은 이유는 회계정보 이용자는 다양할 것이고, 각 정보이용자가 관심 갖는 정보내용은 다를 수 있는바, 이러한 요구조건들을 개별적으로 충족시킬 수 있는 재무보고서를 만든다는 것은 기업에 너무 큰 부담이므로, 회계기준 제정기관이 회계학자들의 학문적 연구성과를 바탕으로 다양한 정보이용자의 요구조건 중에서 공통적으로 중요한 사항을 충족시켜 주는 형태로 만든 재무보고서라는 의미에서 일반목적재무보고서라고 한다. 이러한 기초 위에서 일반목적재무보고서의 형태로 재무제표라는 것이 탄생하게 된 것이다.

하기 위하여 갖추어야 할 속성으로, 주요한 질적 특성에는 이해가능성, 목적적합성, 신뢰성 및 비교가능성이다.

이러한 질적 특성은 회계정보 이용자(재무제표 이용자), 회계기준 제정기관, 회계정보 생산자 모두에게 적용되는 것임을 유념해야 한다. 즉, 회계정보 이용자는 질적 속성을 충족한 회계정보가 제공되기를 원할 것이므로 정보의 질적 특성은 회계정보 이용자의 입장에서는 제공되는 정보에 대한 요구조건이라고 할 수 있으며, 회계기준 제정기관의 입장에서는 정보이용자의 요구조건을 충족시킬 수 있도록 회계기준을 제정하는 기준이 될 것이며, 회계정보 생산자의 입장에서는 회계정보 이용자의 정보에 대한 요구조건을 충족시키기 위한 회계처리의 지침이 된다는 의미이다.

개념체계에서는 질적 특성을 근본적 질적 특성과 보강적 질적 특성으로 구분하고 있다.

2.3.1) 근본적 질적 특성

유용한 재무정보의 근본적 질적 특성은 목적적합성과 충실한 표현이다.

① 목적적합성

목적적합한 재무정보는 정보이용자의 의사결정에 차이가 나도록 할 수 있다. 재무정보에 예측가치, 확인가치 또는 이 둘 모두가 있다면 의사결정에 차이가 나도록 할 수 있다.

② 충실한 표현

재무정보가 유용하기 위해서는 나타내고자 하는 현상을 충실하게 표현해야 한다. 완벽하게 충실한 표현을 하기 위해서 서술은 완전하고, 중립적이며, 오류가 없어야 할 것이다.

2.3.2) 보강적 질적 특성

비교가능성, 검증가능성, 적시성 및 이해가능성은 목적적합하고 충실하게 표현된 정보의 유용성을 보강시키는 질적 특성이다.

① 비교가능성

정보이용자가 항목 간의 유사점과 차이점을 식별하고 이해할 수 있게 하는 질적 특성이다.

② 검증가능성

합리적인 판단력이 있고 독립적인 서로 다른 관찰자가 어떤 서술이 충실한 표현이라는 데 대체로 의견이 일치할 수 있다는 것을 의미한다.

③ 적시성

의사결정에 영향을 미칠 수 있도록 의사결정자가 정보를 제때에 이용가능하게 하는 것을 의미한다.

④ 이해가능성

정보를 명확하고 간결하게 분류하고, 특징 있게 표시하면 이해가 능하게 된다.

2.4) 재무제표 작성의 기본가정: 계속기업

재무제표는 일반적으로 기업이 계속기업이며 예상가능한 기간 동안 영업을 계속할 것이라는 가정하에 작성된다. 따라서, 기업은 그 경영활동을 청산하거나 중요하게 축소할 의도나 필요성을 갖고 있지 않다는 가정을 적용하며, 만약 기업이 그 경영활동을 청산하거나 중요하게 축소할 의도나 필요성을 갖고 있다면 재무제표는 계속기업을 가정한 기준과는 다른 기준을 적용하는 것이 타당할 수 있으며 이때 적용한 기준은 별도로 공시해야 한다.

2.5) 재무제표의 요소

재무상태의 측정과 직접 관련된 요소는 자산, 부채 및 자본이며, 성과의 측정과 직접 관련된 요소는 수익과 비용이다.

① 자산

자산은 과거 사건의 결과로 기업이 통제하고 있고 미래경제적 효익이 유입될 것으로 기대되는 자원이다. 자산이 갖는 미래경제적 효익이란 직접으로 또는 간접으로 특정 기업의 미래 현금및현금성자산의 유입에 기여하게 될 잠재력을 말한다.

② 부채

부채는 과거사건에 의하여 발생하였으며 경제적 효익을 갖는 자원이 기업으로부터 유출됨으로써 이행될 것으로 기대되는 현재의무이다. 현재의무와 미래의 약속은 구별되어야 한다. 미래에 특정 자산을 취득하겠다는 경영자의 의사결정 그 자체만으로는 현재의무가 발생하지 아니한다.

③ 자본

자본은 기업의 자산에서 모든 부채를 차감한 후의 잔여지분이다. 자본총액은 그 기업이 발행한 주식의 시가총액 또는 순자산을 나누어서 처분하거나 기업 전체로 처분할 때 받을 수 있는 대가와 일치하지 않는 것이 일반적이다.

④ 수익

수익은 자산의 유입이나 증가 또는 부채의 감소에 따라 자본의 증가를 초래하는 특정 회계기간 동안에 발생한 경제적 효익의 증가로서, 지분참여자에 의한 출연과 관련된 것은 제외한다.

⑤ 비용

비용은 자산의 유출이나 소멸 또는 부채의 증가에 따라 자본의 감소를 초래하는 특정 회계기간 동안에 발생한 경제적 효익의 감소로서, 지분참여자에 대한 분배와 관련된 것은 제외한다.

2.6) 재무제표 요소의 인식

인식이란 특정 거래 또는 회계사건의 경제적 영향에 대해 측정된 화폐금액을 장부에 기록하고 재무제표에 표시(보고)하는 것을 말한다.[6] 따라서, 재무제표 요소의 정의에 부합하는 항목이 다음 기준을 모두 충족한다면 재무제표에 인식(기록)되어야 한다. 즉, 인식기준은 특정 거래 또는 회계사건이 자산, 부채에 미치는 효과를 재무제표 또는 원장에 언제 기록되어야 하는지 시점을 결정하는 기준이 된다.

- 그 항목과 관련된 미래경제적 효익이 기업에 유입되거나 기업으로부터 유출될 가능성이 높고
- 그 항목의 원가 또는 가치를 신뢰성 있게 측정할 수 있을 때

6) 김성기, K-IFRS 중급회계(무역경영사, 2013), p. 37.

즉, 위의 두 가지 요건이 모두 충족되었을 때(시점에), 거래내용을 회계처리하라는 의미이다.

2.7) 재무제표 요소의 측정

측정은 재무상태표와 포괄손익계산서에 인식되고 평가되어야 할 재무제표 요소의 화폐금액을 결정하는 과정이다. 측정기준의 예는 다음과 같다.

① 역사적 원가(취득원가)

과거에 거래가 발생한 당시의 거래가격으로 자산, 부채를 평가하는 것으로, 자산은 취득 당시에 지급한 현금및현금성자산 또는 지급한 다른 대가의 공정가치로 측정하고, 부채는 부담하는 의무의 대가로 수취한 금액으로 측정(평가)하는 것을 말한다. 역사적 원가는 자산의 취득시점 또는 자산의 취득과 관련된 거래가 일어난 시점에서의 해당자산의 공정가치를 가장 잘 나타낸다. 자산을 역사적 원가로 측정하면 회계정보에 오류가 발생할 가능성이 낮아 표현의 충실성을 높일 수 있다.

② 현행원가

현재시점에 자산(부채)을 취득(상환)할 경우의 가격으로 자산, 부채를 측정하는 것으로, 자산의 경우 현재 보유하고 있는 자산과 동일하거나 동등한 자산을 현재시점에서 취득할 경우 지급해야 할 현금및현금성자산의 금액 또는 지급한 다른 대가의 공정가치로 측정하고, 부채의 경우 현재의 부채를 상환할 경우 부담해야 할 현금및현금성자산의 금액 또는 지급한 다른 대가의 공정가치로 측정하는 것을 말한다.

③ 실현가능가치

현재시점에 자산을 처분하거나 부채를 결제할 경우의 가격으로 자산, 부채를 측정하는 것으로, 자산은 정상적인 영업활동 과정에서 자산을 처분할 경우 예상되는 현금및현금성자산의 유입액으로 평가하는 것을 말하고, 부채의 경우 그 부채를 상환할 것으로 예상되는 현금및현금성자산의 금액으로 평가하는 것을 말한다.

④ 현재가치

미래시점의 순현금흐름을 적절한 할인율로 할인한 가치로 자산, 부채를 측정하는 것으로, 자산의 경우 정상적인 영업활동 과정에서 그 자산이 창출할 것으로 예상되는 미래 순현금유입액의 현재할인가치를 말하고, 부채의 경우 상환스케줄대로 부채를 상환할 때 필요한 현금유출액을 현재가치로 할인하여 평가하는 것을 말한다.

⑤ 공정가치

합리적인 판단력과 자유로운 거래의사가 있는 독립적인 당사자가 활성화된 시장에서 자산을 취득하거나 부채를 상환하는 데 소요되는 화폐금액을 말한다. 활성시장이 없는 경우에는 상기 현재가치를 공정가치로 사용한다.

2.8) 자본 및 자본유지 개념

자본유지 개념은 재무상태표 접근법에 의한 이익파악 방법을 달리 표현한 것으로 이해하면 된다. 즉, '이익＝기말자본(기말순자산)－기초자본(기초순자산)－기중 주주 납입자본' 등식에 의하여 이익을 파악하는 것으로 이러한 내용은 1장에서 배운 바 있다.

자본유지 개념은 여기서 한 발 더 나아가, 자본 개념을 화폐액으로 측정할 것인지, 실물적 기준으로 측정할 것인지 확대한 개념으로 이해하면 된다. 즉, 더 부자가 되었는지, 아니면 더 가난해졌는지를 판단하는 기준으로 자본 개념을 화폐액으로 측정할 것인지, 아니면 실물 기준으로 측정할 것인지 확대한 것으로 이해하면 된다. 이처럼 자본 개념의 확대는 우리가 일상생활에서 겪는 예에서 자주 목격할 수 있다. 예를 들면, 3년 전에 2억원에 취득한 아파트의 시세가 5억원이 되었다면 금액적으로 3억원의 재산이 늘어나서 3억원 더 부자가 되었지만, 내 아파트만이 아니라 다른 아파트도 비슷하게 올라서 지금 아파트를 팔고 새로운 아파트를 1채 정도 구입할 수 없다고 가정한다면 실물로 보유하는 아파트 개수가 더 늘어나지 않았으므로 실물기준(즉, 아파트 개수 기준)으로는 더 부자가 되었다고 할 수 없다는 사실 정도만 상기하면 된다.[7)]

자본은 재무적 개념에서는 기업의 순자산이나 지분과 동의어로 사용되며, 실물적 개념에서는 예를 들어 1일 생산수량과 같은 기업의 생산능력으로 간주된다.

상기 자본유지 개념은 다음과 같이 도출된다.

① 재무자본유지

기말 순자산의 재무적 측정금액(화폐금액)이 기초 순자산의 재무적 측정금액(화폐금액)을 초과하는 경우에만 발생

---

7) 더 부자가 되었는지, 아닌지를 판단하는 기준으로, 주택 수가 아니라 S전자 주식을 몇 주 살 수 있느냐로 기준을 정했다면 가격상승률은 자산별로 다를 것이므로 실물기준 자본은 실물자본을 무엇으로 정하느냐에 따라 달라질 수 있다.

② 실물자본유지

기말 실물생산능력이나 조업능력(또는 그러한 생산능력을 갖추기 위해 필요한 자원이나 기금)이 기초 실물생산능력을 초과하는 경우에만 발생

3. 재무제표 표시

3.1) 재무제표의 의의와 목적

재무제표는 기업의 재무상태와 재무성과를 체계적으로 표현한 것이다.

재무제표의 목적은 광범위한 정보이용자의 경제적 의사결정에 유용한 기업의 재무상태, 재무성과와 재무상태 변동에 관한 정보를 제공하는 것이다. 또한 재무제표는 위탁받은 자원에 대한 경영진의 수탁책임 결과도 보여준다.

이러한 목적을 충족하기 위하여 재무제표는 자산, 부채, 자본, 차익과 차손을 포함한 광의의 수익과 비용, 소유주로서의 자격을 행사하는 소유주에 의한 출자와 소유주에 대한 배분, 현금흐름에 관한 정보를 제공한다. 이러한 정보는 주석에서 제공되는 정보와 함께 재무제표 이용자가 기업의 미래현금흐름, 특히 그 시기와 확실성을 예측하는 데 도움을 준다.

3.2) 전체 재무제표(재무제표의 종류)

전체 재무제표는 다음을 모두 포함해야 한다.

① 기말 재무상태표

② 기간 포괄손익계산서

③ 기간 자본변동표

④ 기간 현금흐름표

⑤ 주석(유의적인 회계정책의 요약 및 그 밖의 설명으로 구성)

⑥ 회계정책을 소급하여 적용하거나, 재무제표의 항목을 소급하여 재작성 또는 재분류하는 경우 가장 이른 비교기간의 기초 재무상태표

각각의 재무제표는 전체 재무제표에서 동등한 비중으로 표시한다.

3.3) 재무제표 작성의 일반원칙

3.3.1) 공정한 표시와 한국채택국제회계기준의 준수

재무제표는 기업의 재무상태, 재무성과 및 현금흐름을 공정하게 표시해야 한다. 공정한 표시를 위해서는 '개념체계'에서 정한 자산, 부채, 수익 및 비용에 대한 정의와 인식요건에 따라 거래, 그 밖의 사건과 상황의 효과를 충실하게 표현해야 한다. 한국채택국제회계기준에 따라 작성된 재무제표(필요에 따라 추가 공시한 경우 포함)는 공정하게 표시된 재무제표로 본다.

한국채택국제회계기준을 준수하여 재무제표를 작성하는 기업은 그러한 준수 사실을 주석에 명시적이고 제한 없이 기재한다. 재무제표가 한국채택국제회계기준의 요구사항을 모두 충족한 경우가 아니라면 한국채택국제회계기준을 준수하여 작성되었다고 기재해서는 안 된다.

한국채택국제회계기준을 준수하여 작성된 재무제표는 국제회계기준을 준수하여 작성된 재무제표임을 주석으로 공시할 수 있다.

3.3.2) 계속기업 가정하에서 작성

경영진은 재무제표를 작성할 때 계속기업으로서의 존속가능성을 평가해야 한다. 경영진이 기업을 청산하거나 경영활동을 중단할 의도를 가지고 있지 않거나, 청산 또는 경영활동의 중단 외에 다른 현실적 대안이 없는 경우가 아니면 계속기업을 전제로 재무제표를 작성한다.

계속기업으로서의 존속능력에 유의적인 의문이 제기될 수 있는 사건이나 상황과 관련된 중요한 불확실성을 알게 된 경우, 경영진은 그러한 불확실성을 공시해야 한다.

재무제표가 계속기업의 기준하에 작성되지 않는 경우에는 그 사실과 함께 재무제표가 작성된 기준 및 그 기업을 계속기업으로 보지 않는 이유를 공시해야 한다.

3.3.3) 발생기준을 적용하여 작성

기업은 현금흐름 정보를 제외하고는 발생기준 회계를 사용하여 재무제표를 작성한다.

발생기준 회계를 사용하는 경우, 각 항목이 '개념체계'의 정의와 인식요건을 충족할 때 자산, 부채, 자본, 광의의 수익 및 비용(재무제표의 요소)으로 인식한다.

발생기준이란 현금의 수입과 지출이 다른 회계기간에 이루어지더라도 그 영향이 발생한 기간에 회계처리를 하는 것을 말한다. 예를 들면, 12월 결산법인이 2013년 12월에 원가가 1억원인 상품을 인도하고 2014년 1월에 매출대금 1억5천만원을 받기로 했다면 인식요건이 충족된 시점인 2013년 12월에 거래에 대한 회계처리를 하라는 것이다. 즉, 2013년 12월에 상품을 인도했으므로 상품이라는 자산이 1억원 줄고, 외상매출금이라는 자산이 늘었으며 그 금액도 1억5천만원으로 측정가능하므로 이러한 자산, 부채의 변동내용을 2013년 12월에 처리하라는 것이다. 이러한 거래를 구체적으로 회계처리(분개)하면 다음과 같다.

2013년 12월 분개

차) 외상매출금(자산) 150,000,000 대) 매출(수익) 150,000,000
매출원가(비용) 100,000,000 상품(자산) 100,000,000

이와는 반대로 현금주의는 현금의 수입, 지출이 있을 경우 회계처리를 하는 기준을 말한다. 만약 위의 예에서 상품 1억원을 6월 중에 현금 1억원을 주고 구입했다고 가정하면 현금주의하에서의 회계처리는 다음과 같을 것이다.

2013년 6월 현금 1억원 지출시

차) 매출원가(비용) 100,000,000 대) 현금(자산) 100,000,000

2014년 1월 현금 1억5천만원 회수시

차) 현금(자산) 150,000,000 대) 매출(수익) 150,000,000

2013년도와 2014년도의 거래가 상기 내용만 있다고 단순하게 가정하고, 현금주의를 적용하면 2013년 경영성과는 1억원 손실, 2014년 경영성과는 1억5천만원 이익으로 보고하게 되어 회계기간별 경영성과를 왜곡하게 된다. 따라서, 경영성과를 측정함에 있어서는 발생주의를 적용하도록 하고 있다.

3.3.4) 중요성과 통합표시

유사한 항목은 중요성 분류에 따라 재무제표에 구분하여 표시한다. 상이한 성격이나 기능을 가진 항목은 구분하여 표시한다. 다만, 중요하지 않은 항목은 성격이나 기능이 유사한 항목과 통합하여 표시할 수 있다.

3.3.5) 상계

한국채택국제회계기준에서 요구하거나 허용하지 않는 한 자산과 부채 그리고 수익과 비용은 상계하지 아니한다.

자산과 부채, 그리고 수익과 비용은 구분하여 표시한다. 상계표시로 거래나 그 밖의 사건의 실질이 반영되는 경우를 제외하고는, 포괄손익계산서, 재무상태표, 별개의 손익계산서에서의 상계표시는 발생한 거래, 그 밖의 사건과 상황을 이해하고 기업의 미래현금흐름을 분석할 수 있는 재무제표 이용자의 능력을 저해한다. 재고자산에 대한 재고자산평가충당금과 매출채권에 대한 대손충당금과 같은 평가충당금을 차감하여 관련 자산을 순액으로 측정하는 것은 상계표시에 해당하지 아니한다.

기업은 정상적인 영업활동 과정에서, 수익을 창출하지는 않지만 주요 수익창출활동에 부수적인 그 밖의 거래를 할 수 있다. 동일 거래에서 발생하는 수익과 관련 비용의 상계표시가 거래나 그 밖의 사건의 실질을 반영한다면 그러한 거래의 결과는 상계하여 표시한다. 예를 들면 다음과 같다.

① 투자자산 및 영업용자산을 포함한 비유동자산의 처분손익은 처분대금에서 그 자산의 장부금액과 관련 처분비용을 차감하여 표시한다.

② 기업회계기준서 제1037호 '충당부채, 우발부채 및 우발자산'에 따라 인식한 충당부채와 관련된 지출을 제3자와의 계약관계(예: 공급자의 보증약정)에 따라 보전받는 경우, 당해 지출과 보전받는 금액을 상계하여 표시할 수 있다.

③ 외환손익 또는 단기매매 금융상품에서 발생하는 손익과 같이 유사한 거래의 집합에서 발생하는 차익과 차손은 순액으로 표시한다. 그러나 그러한 차익과 차손이 중요한 경우에는 구분하여 표시한다.

3.3.6) 보고빈도

전체 재무제표(비교정보를 포함)는 적어도 1년마다 작성한다.[8] 보고기간 종료일을 변경하여 재무제표의 보고기간이 1년을 초과하거나 미달하는 경우 재무제표 해당 기간뿐만 아니라 다음 사항을 추가로 공시한다.

① 보고기간이 1년을 초과하거나 미달하게 된 이유

② 재무제표에 표시된 금액이 완전하게 비교가능하지는 않다는 사실

3.3.7) 비교정보

한국채택국제회계기준이 달리 허용하거나 요구하는 경우를 제외하고는 당기 재무제표에 보고되는 모든 금액에 대해 전기 비교정보를 공시한다. 당기 재무제표를 이해하는 데 목적적합하다면 서술형 정보의 경우에도 비교정보를 포함한다.

3.3.8) 표시의 계속성

재무제표 항목의 표시와 분류는 다음의 경우를 제외하고는 매기 동일해야 한다.

① 사업내용의 유의적인 변화나 재무제표를 검토한 결과 다른 표시나 분류방법이 더 적절한 것이 명백한 경우. 이 경우 기업회계기준서 제1008호에서 정하는 회계정책의 선택 및 적용요건을 고려한다.

---

8) 상장기업의 경우, 중간보고서로서 중간재무제표(1분기재무제표, 반기재무제표, 3분기재무제표)를 작성해서 공시해야 한다. 중간재무제표를 작성하는 방법을 정하는 K-IFRS 기준서는 '제1034호 중간재무보고'이다.

② 한국채택국제회계기준에서 표시방법의 변경을 요구하는 경우

3.3.9) 재무제표의 식별

재무제표는 동일한 문서에 포함되어 함께 공표되는 그 밖의 정보와 명확하게 구분되고 식별되어야 한다(정보의 질적 특성 중 이해가능성을 상기하라).

각 재무제표와 주석은 명확하게 식별되어야 한다. 또한 다음 정보가 분명하게 드러나야 하며, 정보의 이해를 위해서 필요할 때에는 반복 표시해야 한다.

① 보고기업의 명칭 또는 그 밖의 식별 수단과 전기 보고기간 말 이후 그러한 정보의 변경내용

② 재무제표가 개별 기업에 대한 것인지 연결실체에 대한 것인지의 여부

③ 재무제표나 주석의 작성대상이 되는 보고기간 종료일 또는 보고기간

④ 기업회계기준서 제1021호에 정의된 표시통화

⑤ 재무제표의 금액표시를 위하여 사용한 금액단위

3.4) 재무상태표의 표시원칙

3.4.1) 재무상태표에 표시되는 정보

재무상태표에는 적어도 다음에 해당하는 금액을 나타내는 항목을 표시한다.

① 유형자산

② 투자부동산

③ 무형자산

④ 금융자산(단, ⑤, ⑧ 및 ⑨를 제외)

⑤ 지분법에 따라 회계처리하는 투자자산

⑥ 생물자산

⑦ 재고자산

⑧ 매출채권및기타채권

⑨ 현금및현금성자산

⑩ 기업회계기준서 제1105호 '매각예정비유동자산과 중단영업'에 따라 매각예정으로 분류된 자산과 매각예정으로 분류된 처분자산집단에 포함된 자산의 총계

⑪ 매입채무및기타채무

⑫ 충당부채

⑬ 금융부채(단, ⑪과 ⑫를 제외)

⑭ 기업회계기준서 제1012호 '법인세'에서 정의된 당기 법인세와 관련한 부채와 자산

⑮ 기업회계기준서 제1012호에서 정의된 이연법인세부채 및 이연법인세자산

⑯ 기업회계기준서 제1105호에 따라 매각예정으로 분류된 처분자산집단에 포함된 부채

⑰ 자본에 표시된 비지배지분[9)]

---

9) K-IFRS에서는 자회사가 있는 경우 재무제표는 연결재무제표를 기본재무제표로 하고 있으므로, 자회사가 있는 경우 재무상태표는 연결재무상태표를 의미한다. 연결재무상태표를 개념적으로 단순하게 설명하면 지배회사와 자회사의 재무상태표를 합친 후, 연결재무상태표에서 자회사의 순자산 중 비지배주주의 지분(몫)을 일종의 부채로 보아 구분하여 표시하라는 것이다. 예를 들면, 지배회사 A와 지분 70%를 투자하고 있는 자회사 B의 순자산이 100억원이라 하면 연결재무상태표를 만들 때, A와 B의 재무상태표를

⑱ 지배기업의 소유주에게 귀속되는 납입자본과 적립금

K－IFRS에서는 재무상태표의 양식을 구체적으로 제시하고 있지 않으나[10] 상기 내용을 반영하여 재무상태표를 예시하면 다음과 같다.

재무상태표

회사명: (주)회계원리　　20×1년 12월 31일 현재

과목	금액		과목	금액	
유동자산		×××	유동부채		×××
현금및현금성자산	×××		매입채무및기타채무	×××	
매출채권및기타채권	×××		단기차입금	×××	
재고자산	×××		유동성장기부채	×××	
기타의 유동자산	×××		당기법인세부채	×××	
비유동자산		×××	비유동부채		×××
투자금융자산	×××		장기차입금	×××	
관계기업투자주식	×××		이연법인세부채	×××	
투자부동산	×××		퇴직급여부채	×××	
유형자산	×××		충당부채	×××	
생물자산	×××		부채총계		×××
영업권	×××		납입자본	×××	
기타의 무형자산	×××		이익잉여금	×××	
기타의 비유동자산	×××		기타자본구성요소	×××	
			자본총계		×××
자산총계		×××	부채 및 자본총계		×××

합친 후, 자회사의 순자산 중 30억원(＝100억원×비지배주주지분율 30%)은 지배회사의 몫이 아닌 비지배주주의 몫을 구분하여 표시하라는 것이다. 연결재무제표를 작성하는 과정은 통상 고급회계라는 교과목에서 다룬다.

10) 일반기업회계기준에서는 재무상태표의 양식을 구체적으로 예시하고 있다. 작성 예시는 '1장'을 참조하기 바란다.

3.4.2) 유동과 비유동의 구분

유동성 순서에 따른 표시방법이 신뢰성 있고 더욱 목적적합한 정보를 제공하는 경우를 제외하고는 유동자산과 비유동자산, 유동부채와 비유동부채로 재무상태표에 구분하여 표시한다. 유동성 순서에 따른 표시방법을 적용할 경우 모든 자산과 부채는 유동성의 순서에 따라 표시한다.

① 유동자산

자산은 다음의 경우에 유동자산으로 분류한다.

- 기업의 정상영업주기 내에 실현될 것으로 예상하거나, 정상영업주기 내에 판매하거나 소비할 의도가 있다(영업주기는 영업활동을 위한 자산의 취득시점부터 그 자산이 현금이나 현금성자산으로 실현되는 시점까지 소요되는 기간이다. 정상영업주기를 명확히 식별할 수 없는 경우에는 그 기간이 12개월인 것으로 가정한다).
- 주로 단기매매 목적으로 보유하고 있다.
- 보고기간 후 12개월 이내에 실현될 것으로 예상한다.
- 현금이나 현금성자산(기업회계기준서 제1007호의 정의 참조)으로서, 교환이나 부채상환 목적으로의 사용에 대한 제한 기간이 보고기간 후 12개월 이상이 아니다.

그 밖의 모든 자산은 비유동자산으로 분류한다.

② 유동부채

부채는 다음의 경우에 유동부채로 분류한다.

- 정상영업주기 내에 결제될 것으로 예상하고 있다.
- 주로 단기매매 목적으로 보유하고 있다.
- 보고기간 후 12개월 이내에 결제하기로 되어 있다.
- 보고기간 후 12개월 이상 부채의 결제를 연기할 수 있는 무조건의 권리를 가지고 있지 않다. 계약 상대방의 선택에 따라, 지분상품의 발행으로 결제할 수 있는 부채의 조건은 그 분류에 영향을 미치지 아니한다.

그 밖의 모든 부채는 비유동부채로 분류한다.

3.5) 수익과 비용항목의 표시

3.5.1) 포괄손익계산서[11]의 표시방법

포괄손익이란 당기에 실현된 손익과 당기에 미실현된 손익을 모두 포함하는 개념이다. 예를 들면, 제조기업이 여유자금으로 상장주식을 1억원에 취득하고, 보고기간 종료일 현재 당해 주식의 종가기준으로 평가시 1억2천만원이라고 가정할 때, 늘어난 2천만원만큼은 비록 아직 실현되지 않은 이익이지만 결국 나중에 실현될 것이므로 기간별 경영성과를 적정하게 측정하기 위하여 미실현이익의 당기 변동분을 당기 포괄손익계산서에 보고하라는 의미이다.

결국, K-IFRS에서는 포괄손익계산서상의 실현이익인 당기순이익은 재무상태표의 이익잉여금에 누계되고 미실현이익의 누계액은 재무상태표의 기타포괄손익누계액으로 누적 관리된다.

해당 기간에 인식한 모든 수익과 비용항목은 다음 중 한 가지 방법으로 표시한다.

---

11) 일반기업회계기준에서 손익계산서는 실현된 이익만 표시하도록 하고 있다.

① 단일 포괄손익계산서

(+)수익
(−)비용
= 당기순이익
∓ 기타포괄손익
= 총포괄손익

② 두 개의 보고서

당기손익 부분을 표시하는 별개의 손익계산서와 포괄손익을 표시하는 보고서(이 보고서는 당기순손익으로부터 시작)

(+)수익	(+)당기순손익
(−)비용	∓ 기타포괄손익
= 당기순손익	= 총포괄손익

3.5.2) 포괄손익계산서에 표시되는 정보

① 당기손익 부분
② 기타포괄손익 부분
③ 당기순손익
④ 총기타포괄손익
⑤ 당기손익과 기타포괄손익을 합한 당기포괄손익

포괄손익은 일정 기간 동안 주주와의 자본거래를 제외한 모든 거래나 사건에서 인식한 자본의 변동으로서, 당기순손익과 기타포괄손익으로 구성된다.

기타포괄손익은 포괄손익 중 당기순손익을 제외한 부분으로서 미실현보유손익으로 구성된다(예: 유형 및 무형자산의 재평가잉여금의 변동, 매도가능금융자산의 평가손익 등).

3.5.3) 포괄손익계산서의 당기손익 부분이나 별개의 손익계산서에 표시되는 정보

포괄손익계산서의 당기손익 부분이나 손익계산서에는 다른 K-IFRS가 요구하는 항목에 추가하여 당해 기간의 다음 금액을 표시하는 항목을 포함한다.

① 수익

② 영업이익

③ 금융원가

④ 지분법 적용대상인 관계기업과 조인트벤처의 당기순손익에 대한 지분

⑤ 법인세비용

⑥ 중단영업의 합계를 표시하는 단일 금액

포괄손익계산서

당기: 20×1. 1. 1.~20×1. 12. 31.

전기: 20×0. 1. 1.~20×0. 12. 31.

	당 기	전 기
수익		
매출원가		
매출총이익		
판매비와관리비		
영업이익		
영업외수익과 차익		

영업외비용과 차손		
법인세비용차감전순이익	________	________
법인세비용		
계속영업이익	________	________
중단영업손익		
당기순이익	________	________
기타포괄손익		
총포괄이익	________	________

3.5.4) 비용의 분류

기업은 비용의 성격별 또는 기능별 분류방법 중에서 신뢰성 있고 더욱 목적적합한 정보를 제공할 수 있는 방법을 적용하여 당기손익으로 인식한 비용의 분석내용을 표시한다.

① 비용의 성격별 분류(nature of expense method)[12)]

당기손익에 포함된 비용은 그 성격(예: 감가상각비, 원재료의 구입, 운송비, 종업원 급여와 광고비)별로 통합하며, 기능별로 재배분하지 않는다. 비용을 기능별 분류로 배분할 필요가 없기 때문에 적용이 간단할 수 있다. 비용의 성격별 분류의 예는 다음과 같다.

수익	×
기타수익	×
제품과 재공품의 변동	×

12) 영어의 nature를 번역함에 있어서, K-IFRS에서는 성격으로 번역했지만, nature는 발생한 상태로서의 그대로의 의미를 뜻하는 것으로 발생한 비용을 가공하지 않고 그대로 보고하라는 의미이다. 기능별 분류는 function이라는 단어에서 느끼듯이 발생한 비용을 가공하고(조정하여) 다른 형태로 변형시켜 표시하라는 의미이다.

원재료와 소모품의 사용액	×
종업원 급여비용	×
감가상각비와 기타상각비	×
기타비용	×
총비용	(×)
법인세비용차감전순이익	×

② 비용의 기능별 분류(매출원가법, function of expense method)

기능별 분류법 또는 '매출원가법'은 비용을 매출원가, 물류원가, 관리활동원가 등과 같이 기능별로 분류한다. 이 방법에서는 적어도 매출원가를 다른 비용과 분리하여 공시한다. 이 방법은 성격별 분류보다 재무제표 이용자에게 더욱 목적적합한 정보를 제공할 수 있지만 비용을 기능별로 배분하는 데 자의적인 배분과 상당한 정도의 판단이 개입될 수 있다. 비용의 기능별 분류의 예는 다음과 같다.

수익	×
매출원가	(×)
매출총이익	×
기타수익	×
물류원가	(×)
관리비	(×)
기타비용	(×)
법인세비용차감전순이익	×

비용을 기능별로 분류하는 기업은 감가상각비, 기타상각비와 종업원 급여비용을 포함하여 비용의 성격에 대한 추가 정보를 공시한다.

3.6) 자본변동표

자본변동표는 일정 기간 동안의 자본변동에 관한 정보를 제공하는 재무제표로서 자본을 구성하고 있는 자본금, 자본잉여금, 자본조정, 기타포괄손익누계액 및 이익잉여금의 변동내용을 알려주는 보고서이다. 자본변동표에는 다음 항목을 표시한다.

① 지배기업의 소유주와 비지배지분에 각각 귀속되는 금액으로 구분하여 표시한 해당 기간의 총포괄손익

② 자본의 각 구성요소별로 기업회계기준서 제1008호에 따라 인식된 소급적용이나 소급재작성의 영향

③ 자본의 각 구성요소별로 다음의 각 항목에 따른 변동액을 구분하여 표시한 기초시점과 기말시점의 장부금액 조정내역

- 당기순손익
- 기타포괄손익
- 소유주로서의 자격을 행사하는 소유주와의 거래(소유주에 의한 출자와 소유주에 대한 배분, 그리고 지배력을 상실하지 않은 종속기업에 대한 소유지분의 변동을 구분하여 표시)

자본의 내용과 자본변동표의 작성방법은 14장 '자본'에서 학습한다.

3.7) 현금흐름표

현금흐름정보는 기업의 현금및현금성자산 창출능력과 기업의 현금흐름 사용 필요성에 대한 평가의 기초를 재무제표 이용자에게 제공

할 목적으로 기업의 활동을 영업활동, 투자활동, 재무활동으로 구분하여 각 활동별 일정 기간 현금흐름 변동내용을 알려준다. 기업회계기준서 제1007호는 현금흐름정보의 표시와 공시에 대해 규정하고 있다. 현금흐름표 작성원리와 현금흐름표의 구체적 양식은 15장 '현금흐름표'에서 학습한다.

3.8) 주석

주석은 재무제표 본문[13]에 표시되는 요소(자산, 부채, 자본, 수익, 비용)의 설명이나 금액의 세부내역 및 재무제표에 표시되지 않는 추가적인 정보를 재무제표 본문에 첨부된 별지에 기술한 것을 말한다. 주석은 다음의 정보를 제공한다.

① 재무제표 작성 근거와 구체적인 회계정책에 대한 정보

② 한국채택국제회계기준에서 요구하는 정보이지만 재무제표 어느 곳에도 표시되지 않는 정보

③ 재무제표 어느 곳에도 표시되지 않지만 재무제표를 이해하는 데 목적적합한 정보

13) 재무제표는 재무상태표, 포괄손익계산서, 자본변동표, 현금흐름표, 주석을 말하며 재무제표 본문이라는 표현은 주석을 제외한 재무상태표, 포괄손익계산서, 자본변동표, 현금흐름표를 말한다.

연습문제

1. 다음 서술 중 올바르지 않은 것은?

① 우리나라 회계기준은 한국채택국제회계기준(K-IFRS)과 일반기업회계기준으로 크게 양별되어 있다.

② 상장기업들은 한국채택국제회계기준을 적용하여 재무제표를 작성해야 한다.

③ 비상장기업들은 원칙적으로 일반기업회계기준을 적용하여 작성해야 한다.

④ 외부감사 대상인 주식회사는 원칙적으로 일반기업회계기준을 적용하여 작성해야 하나, 상장기업의 경우 회사가 원할 경우 K-IFRS를 적용할 수도 있다.

풀이 ④

우리나라 회계기준은 K-IFRS와 일반기업회계기준으로 대별할 수 있으며, 상장기업은 K-IFRS에 따라서 회계처리를 해야 하고, 비상장기업은 일반기업회계기준에 따라서 회계처리를 해야 한다. 비상장기업이 K-IFRS를 적용하여 회계처리를 하는 것은 가능하다.

2. 다음 서술 중 올바르지 않은 것은?

① 회계기준은 기준서와 해석서로 이루어져 있다.

② 개념체계는 그 자체로는 회계기준은 아니지만 회계기준과 기준서가 상충될 때에는 개념체계를 우선 적용해야 한다.

③ 개념체계는 재무보고의 목적, 유용한 정보의 질적 특성, 재무제표를 구성하는 요소의 정의 및 인식, 측정 등으로 이루어져 있다.

④ 개념체계에서는 일반목적재무보고의 목적은 현재 및 잠재적 투자자, 대여자 및 기타 채권자가 기업에 자원을 제공하는 것에 대한 의사결정을 할 때 유용한 보고기업 재무정보를 제공하는 것이라고 말한다.

풀이 ②

개념체계는 재무보고(재무제표)의 목적, 유용한 정보의 질적 특성(재무제표가 정보로서 유용하기 위한 요건), 재무제표를 구성하는 요소의 정의 등 및 회계이론을 체계화한 것으로 모든 기준서에 공통되는 사항을 담고 있는 기본이라고 생각할 수 있다. 이를 마치 법체계와 견주어 보면, 개념체계는 기본법의 역할을 하고 각 기준서는 특별법의 역할을 한다고 할 수 있다. 기본법과 특별법이 상충될 때 특별법 우선의 원칙에 따라 특별법이 우선 적용되는 것처럼 개념체계의 내용과 기준서의 내용이 상충될 때는 기준서를 우선 적용해야 한다. 다만, 기준서에 특정 회계사건에 관련된 명확한 규정이 없는 경우 개념체계를 적용하여 해석한다.

3. 정보의 질적 특성에 대한 설명으로 올바르지 않은 것은?

① 정보의 질적 특성은 정보가 유용하기 위해서 갖추어야 할 특성 내지 요소를 개념화한 것으로 회계정보뿐만 아니라 일반 정보에도 요구되는 정보의 특성이라고 할 수 있다.

② 회계정보의 이해관계자를 회계정보 이용자, 회계기준 제정자, 회계정보 생산자로 대별했을 때, 정보의 질적 특성은 회계정보 이용자에게만 해당되는 사항이다.

③ 일반목적재무보고의 대표적인 보고수단을 재무제표라 할 때, 회계정보 생산자의 입장에서 재무제표라는 정보를 작성(생성)할 경우, 재무제표는 근본적으로 재무제표를 작성하는 목적에 부합되도록 작성해야 하며, 정보 자체는 신뢰성 등 표현의 충실성을 갖추어야 한다.

④ 재무제표가 갖추어야 할 근본적 질적 특성은 목적적합성과 표현의 충실성이라고 할 수 있다.

풀이 ②

회계와 관련된 자를 회계정보 이용자(투자자), 회계기준 제정자(금감원, 회계기준원), 회계정보 생산자(기업)로 구분했을 때 개념체계는 3당사자 모두에게 적용되는 것이다. 예를 들면, 회계정보 이용자 중 채권자의 경우 기업이 유동성 위기 없이 원금상환을 할 수 있는지 판단하기 위하여 재무상태표 작성시 유동자산과 비유동자산, 유동부채와 비유동부채를 구분해서 표시해 달라고 요구했고, 이를 받아들여 회계기준 제정자는 재무상태표를 만들 때 유동과 비유동을 구분하도록 회계기준을 제정했으며, 회계정보 생산자인 기업은 재무상태표를 만들 때 유동, 비유동을 구분하여 만들어야만 회계기준을 준수하게 되는 것이다. 또 다른 예로, 회계정보 이용자는 기업의 재무제표를 만들 때 전기와 비교하는 식으로 만들면 전기와 비교하여 기업이 어떤 방향으로 가는지 판단하기가 용이하므로 비교식 재무제표를 만들어 달라고 요구했고, 회계기준 제정자는 이를 받아들여 재무제표 작성시 전기와 비교식으로 회계기준을 제정했다. 따라서, 회계정보 생산자인 기업은 비교형식으로 재무제표를 만들어야 회계기준을 준수하게 되는 것이다.

4. 정보의 질적 특성과 관련된 사례가 적절하지 않은 것은?

① 목적적합성: 주식을 투자하려고 하는 투자자가 향후 경영성과 및 재무상태가 양호할 것으로 기대되는 회사를 선정하기 위하여 기업의 과거 재무제표를 살펴보는 것은 재무제표가 미래의 경영성과 및 재무상태를 예측하려는 목적에 유용한 정보를 제공할 것으로 믿기 때문이다.

② 표현의 충실성: 회계정보 생산자가 재무제표상의 금액이나 주석사항을 작성할 때 회계기준에서 정한 사항을 누락하지 않고(완전성), 정보이용자를 오도할 목적으로 기술하지 않고(중립성), 아울러 금액의 계산에 있어서 오류가 없어야 한다.

③ 표현의 충실성: 회계기준 생산자가 회계기준을 작성할 때 특정 정보이용자에게만 더 유용하도록 회계기준을 제정해서는 안 된다.

④ 표현의 충실성: 회계정보 이용자는 재무제표 작성과정에 중요한 오류 및 편의성이 없이 작성되는 것을 요구하고 아울러 자기의

의사결정 목적에는 더욱 충실히 부합되도록 재무제표 작성방법을 요구하면 회계정보 생산자는 이를 수용해야 한다.

풀이 ④

회계정보 생산자는 특정 정보이용자에게 유리하도록 재무제표(주석 포함)를 작성하면 안 되고, 아울러 회계기준 제정자도 특정 정보이용자에게 유리하도록 회계기준을 제정하지 않도록 항상 중립성을 유지해야 한다. 중립성을 유지하지 못하면 이는 개념체계에서 말하는 표현의 충실성을 해치게 되는 것이다.

5. 재무제표의 작성원칙으로 적절하지 않은 것은?

① 재무제표는 회계기준을 준수하여 작성해야 한다.

② 재무제표는 계속기업의 가정하에서 작성해야 하며, 계속기업 가정이 적절하지 않은 경우에는 계속기업 기준이 아닌 다른 기준(예: 청산가치 기준)에 의해 작성되어야 하고, 이러한 사실을 공시해야 한다.

③ 회사의 재무성과는 결국 현금의 보유로 나타나므로 모든 재무제표는 발생기준이 아닌 현금기준으로 작성되어야 한다.

④ 재무제표를 작성함에 있어서 계정과목을 통합하여 표시하더라도 정보이용자의 의사결정에 중요한 영향을 미치지 아니하면 통합하여 표시할 수 있다.

풀이 ③

현금흐름표를 제외한 재무제표는 발생주의 원칙에 입각하여 재무제표를 작성해야 한다. 발생주의는 현금주의에 비해서 경영성과를 더욱 적절히 나타낸다고 학자들의 연구에 의해서 밝혀졌다고 이해하면 된다. 발생주의를 보완하기 위해서 현금주의로 작성되는 현금흐름표라는 재무제표가 하나 더 보태어졌다고 이해하면 된다.

6. 재무제표의 작성원칙으로 적절하지 않은 것은?

① 재무제표는 비교재무제표 형식으로 작성해야 한다.

② 재무상태표는 유동, 비유동을 구분하여 작성해야 한다.

③ K-IFRS와 일반기업회계기준 모두 포괄손익계산서를 작성해야 한다.

④ K-IFRS상의 포괄손익계산서에서 영업비용은 성격별 분류에 따라 표시해야 하고, 기능별 분류(매출원가법)에 따라 영업비용을 표시한 성격별 분류에 따른 영업비용 내용을 주석으로 공시해야 한다.

풀이 ③

K-IFRS에서는 포괄손익계산서를 작성하도록 하여 당기 실현손익뿐만 아니라 미실현손익도 포괄손익계산서에 보고하도록 하지만, 일반기업회계기준에서는 당기실현손익만 손익계산서에 보고하도록 하고 있다. 아울러, K-IFRS는 영업비용을 성격별 분류방식에 의하여 포괄손익계산서에 표시하는 것을 원칙으로 하고, 만약 영업비용을 기능별 분류로 표시했다면 주석사항으로 성격별 분류 영업비용 내용을 공시하도록 하고 있다. 일반기업회계기준에서는 기능별 분류(매출원가법)에 따라 영업비용을 분류하여 손익계산서를 나타내도록 하고 있다.

7. 다음은 거래의 인식을 위한 기본요건을 설명한 것이다. 틀린 것은?

① 재무제표 요소의 개념정의에 부합된다.

② 이중성의 원칙에 따라 교환이 성립되어야 한다.

③ 현금의 수입 또는 지출이 반드시 있어야 한다.

④ 거래의 금액을 신뢰성 있게 측정할 수 있어야 한다.

풀이 ③

거래를 장부에 기록하기 위해서는 식별가능(재무제표 요소, 이중성의 원칙)하고 측정가능해야 한다. 모든 거래가 현금의 수입 또는 지출이 수반되는 것은 아니다.

8. 재무제표는 일반적으로 기업이 계속기업이며 예상가능한 기간 동안 영업을 계속할 것이라는 가정하에 작성한다는 회계의 기본 가정은?

① 기업실체의 가정 ② 계속기업의 가정
③ 회계기간의 가정 ④ 화폐평가의 가정

풀이 ②

9. 현재시점에서 자산을 처분하거나 부채를 결제할 경우의 가격으로 자산, 부채를 평가하는 측정기준은?

① 실현가능가치 ② 역사적 원가
③ 현행원가 ④ 공정가치

풀이 ①

정리하기

1. 회계기준은 회계정보 제공자(생산자)가 회계처리시 지켜야 할 기준을 의미한다.

2. 현행 우리나라 회계기준은 K-IFRS, 일반기업회계기준, 특수분야회계기준으로 상장 여부, 업종에 따라 적용해야 하는 회계기준을 달리하고 있다.

3. 회계정보의 질적 특성은 회계정보가 유용하기 위하여 갖추어야 할 속성으로서 근본적 질적 특성인 목적적합성, 표현의 충실성과 이해가능성 등 보강적 질적 특성으로 이루어진다.

4. 인식은 재무제표 요소를 장부에 기록하는 것을 말하며, 재무제표 요소에 변동이 생기고 변동금액을 합리적으로 측정가능할 때 재무제표 요소를 장부에 인식한다.

5. 측정은 재무제표 요소의 화폐적 금액을 결정하는 것을 말하며, 측정기준에는 역사적 원가, 현행원가, 실현가능가치, 현재가치, 공정가치 기준이 있다.

6. 총포괄손익이란 당기순손익에 기타포괄손익을 합산하여 계산하고, 당기순손익은 실현된 손익을 의미하여 기타포괄손익은 미실현된 손익을 의미한다. K-IFRS는 포괄손익계산서를 작성하도록 하고 있으며, 일반기업회계기준은 당기순손익만을 포함한 손익계산서를 작성하도록 하고 있다.

7. 주석은 재무제표 본문에 표시되는 요소(자산, 부채, 자본, 수익, 비용)의 설명이나 금액의 세부내역 및 재무제표에 표시되지 않는 추가적인 정보를 재무제표 본문에 첨부된 별지에 기술한 것을 말한다.

제 5 장

수익과 비용의 인식

학습개요

이번 장을 통해 매출과 기타수익의 차이와 매출과 기타수익을 구분하는 이유 및 포괄손익계산서에 표시하는 방법을 학습한다. 수익의 측정기준을 학습하고 수익인식기준으로서 판매기준, 진행기준, 현금회수기준을 학습하고 재화의 판매, 용역의 제공, 자산 사용에 따른 수익에 이러한 기준들이 구체적으로 어떻게 적용되는지를 학습한다.
다음으로 비용의 인식기준인 수익비용 대응의 원칙을 이해하고 구체적인 직접대응, 기간대응, 배분의 내용을 학습한다.

학습목표

1. 발생주의와 실현주의의 차이를 설명할 수 있다.
2. 수익인식의 가득요건과 실현요건을 설명할 수 있다.
3. K-IFRS상의 수익인식요건을 설명할 수 있다.
4. 수익인식요건을 구체적인 사례에 적용하여 회계처리를 할 수 있다.

주요용어

- 수익획득 과정 수익을 창출하기 위하여 기업이 수행하는 일련의 행위를 말하는 것으로, 제조기업은 생산요소(원재료 · 인건비 · 기타제조경비)를 구입하여 제품을 제조한 후 판매하고 현금을 회수함으로써 수익획득 과정이 완료된다.
- 가득요건 거래와 관련된 경제적 의무를 모두 이행하여 수익을 얻을 만한 자격이 있어야 수익을 인식할 수 있다는 요건
- 실현요건 경제적 효익의 유입가능성이 높고 수익금액을 신뢰성 있게 측정할 수 있을 때 수익을 인식할 수 있다는 것이다.
- 판매기준 재화의 판매시점에 가득요건과 실현요건이 충족되는 것으로 보아 수익을 인식하는 기준
- 진행기준 대가가 사전에 약정되는 용역의 경우 용역의 진행 정도에 따라 수익을 인식하는 기준
- 수익비용 대응의 원칙 경영성과를 올바르게 측정하기 위하여 수익이 인식되는 시점에 비용도 같이 인식하는 원칙
- 기간대응 수익과 비용 간 직접적인 관련성이 없는 비용은 비용이 발생한 기간에 비용을 인식하는 것

1. 수　익

1.1) 수익의 정의

1~3장을 통해 손익거래[1]에서 자산의 증가 또는 부채의 감소를 수익으로 정의하고, 손익거래에서 자산의 감소 또는 부채의 증가를 비용으로 정의했다.

위와 같은 내용을 K-IFRS 기준서(제1018호 수익)에서는 수익을 자본참여자의 출자 관련 증가분을 제외한 자본(순자산)의 증가를 수반[2]하는 것으로서 회계기간의 정상적인 활동에서 발생하는 경제적 효익의 총유입으로 정의하고 있다.

거래처로부터 제품 1,000개를 인도해 달라는 주문접수와 동시에 보통예금 1억원을 수령했다. 제품 1,000개의 제조원가는 8천만원으로 가정한다.

차) 자산(보통예금)	100,000천원	대) 부채(선수금)	100,000천원

보통예금이라는 자산이 증가했고, 제품을 1,000개 인도해야 할 의무가 생겼으므로 동액만큼 부채를 계산한 것이다(선수금은 재화나 용역이 제공되기 전에 미리 받은 금액을 집계하는 계정과목이다. 이와 같이 구체적인 계정과목에 대한 명칭은 나올 때마다 익히면 된다. 다시 강조하지만 계정과목 이름은 신경 쓰지 말고 자산, 부채, 자본, 수익, 비용만 구분하는 데 집중하길 바란다). 아직, 제품을 넘겨주지 않았으므로 제품이라는 자산은

1) 손익거래란 자본(순자산)의 증감을 가져오는 거래를 말한다. 단, 주주의 납입으로 인한 자본의 증가는 제외한다.

2) 자본참여자의 출자 관련 증가분을 제외한 자본(순자산)의 증가를 다르게 표현하면 '손익거래'를 의미한다.

감소하지 않았으므로 이 부분을 회계처리해서는 안 된다.

일주일 뒤에 제품 1,000개를 거래처에 인도했다.

차) 부채(선수금)	100,000천원	대) 수익(제품매출)	100,000천원
비용(매출원가)	80,000천원	자산(제품)	80,000천원

제품을 납품함으로써 제품을 납품해 줘야 할 의무(부채)가 없어지고, 대신 제품이라는 자산이 감소하였고 순자산 변동이 생겼으므로 부채가 감소한 총액은 수익으로 인식하고 자산이 감소한 총액은 비용으로 인식하는 회계처리를 한 것이다. 정상적인 영업활동 과정에서 계속·반복적으로 발생하는 수익이므로 매출계정을 사용한 것이고 구체적으로 제품매출계정을 사용한 것이다. 매출원가는 '매출된 원가'의 줄임말이고, 원가는 자산구입에 들어간 지출액을 의미한다고 말했다.

만약, 선수금을 지급한 상대방이 계약을 취소하면 선수금 전액을 돌려받을 수 없도록 계약이 되어 있고, 이러한 계약내용은 법적으로 하자가 없는 것이라고 가정하면 선수금을 받았을 때의 회계처리는 위와 동일하다. 다만, 계약취소를 통보받았을 때, 더 이상 제품을 공급해야 할 의무가 없어졌으므로 부채를 감소시키고 이러한 부채의 감소로 순자산(자본)은 증가하게 되므로 수익을 인식해야 한다. 이러한 수익은 정상적인 영업활동이 아니므로 영업외수익으로 회계처리하면 된다.

일주일 뒤에 계약을 취소한다는 연락을 받았다.

차) 부채(선수금)	100,000천원	대) 영업외수익	100,000천원

수익의 정의에서 경제적 효익은 자산의 증가 또는 부채의 감소를

의미하는 것으로 보면 된다. 수익은 기업이 받았거나 받을 경제적 효익의 총유입만을 포함한다. 따라서, 부가가치세[3]와 같이 대신하여 받는 금액은, 기업에 유입되어 자본의 증가를 수반하는 경제적 효익이 아니므로 수익에서 제외한다.

예를 들면, 라면제조회사가 라면 100박스를 슈퍼마켓에 100,000원(부가가치세 10,000원 별도)을 받고 현금판매했다면 이 경우의 회계처리는 다음과 같다.

차)	자산(현금)	110,000	대) 수익(매출)	100,000
			부채(부가세예수금)[4]	10,000

위 거래는 다음과 같은 두 거래가 결합된 것으로 볼 수 있다.

라면 100박스를 슈퍼마켓에 100,000원을 받고 팔았다+라면에 대한 소비세인 부가가치세(물건 판매대금의 10%)를 과세관청을 대신해 소비자로부터 10,000원 징수했다. 이 내용을 각각 거래하면 다음과 같다.

차)	자산(현금)	100,000	대) 수익(매출)	100,000
	자산(현금)	10,000	부채(부가세예수금)	10,000

라면제조회사의 입장에서는 부가가치세를 소비자로부터 징수하여 자산이 10,000원 증가하였지만, 대신 동 금액을 과세관청에 납부해야 하므로 부채(부가세예수금)도 10,000원 늘어난 것이다. 결국, 자산(현금)도 10,000원 늘어나고, 부채(부가세예수금)도 10,000원 늘어나서 자본

3) 부가가치세는 소비세로서 소비하는 주체 또는 구입자가 부담을 하는 세금이지만, 재화나 용역을 제공하는 사업자(판매자인 사업자)가 재화나 용역을 구입하는 자로부터 징수하여 대신 납부하도록 하고 있다.

4) 예수금은 일시적으로 맡아 놓은 돈으로, 곧 없어져야 할 부채를 표시하기 위해 쓰는 계정이다. 부가세예수금은 회사가 물품구매자에게 물품을 판매하면서 물품에 대한 부가가치세를 과세관청을 대신하여 징수한 금액으로 동 금액은 회사가 다시 국세청에 납부해야 하므로 부채인 것이다.

(순자산)에는 영향이 없다.

1.2) 수익의 구분

수익은 매출과 기타수익으로 구분한다.[5] 매출은 회사의 주된 영업활동과 관련하여 계속·반복적으로 발생하는 수익을 의미한다. 기타수익은 영업활동 이외의 보조적 또는 부수적 활동에서 발생하는 수익을 지칭하는 것으로 제조업을 가정할 경우 제조업의 주된 영업활동이라 할 수 없는 이자수익, 배당수익, 유형자산처분이익, 주식매매차익 등이 기타수익을 구성한다.

수익 = 매출 + 기타수익

매출: 주된 영업활동과 관련하여 계속·반복적으로 발생하는 수익

기타수익: 영업활동 이외의 보조적 또는 부수적 활동에서 발생하는 수익

이러한 수익의 구분은 정보이용자가 주된 사업과 관련하여 계속·반복적으로 발생하는 수익 및 사업과 부수적 내지 일시 우발적으로 발생하는 수익을 구분하는 것이 미래수익을 예측하는 데 더욱 적합(목적적합성)할 것이라는 정보요구를 반영한 결과라고 볼 수 있다.

■ 매출과 기타수익을 구분하는 이유

계속·반복적 수익이 미래 수익예측에 목적적합하기 때문이다.

주의할 것은 매출과 기타수익은 회사의 사업목적에 따라 상대적인

5) K-IFRS에서는 광의의 수익=협의의 수익+차익으로 구분하고 있지만, 개념상 수익=매출+기타수익으로 이해해도 충분하다. 이와는 달리, 일반기업회계기준에서는 수익을 영업수익과 영업외수익으로 구분하고 있다.

개념이라는 것이다. 즉, 유통판매업을 하는 회사의 주된 영업은 상품을 싸게 사서 비싸게 파는 것이 주된 영업이다. 유통판매업을 하는 회사가 판매점을 이동하면서 보유하던 상가건물(취득원가 1억원으로 가정)을 현금 5억원에 팔고 4억원의 이익을 보았다면 이 4억원의 이익은 유통판매업을 회사의 입장에서는 일시 우발적인 이익으로 볼 수 있으므로 기타수익[6]을 구성하게 된다. 하지만 부동산매매업을 주업으로 하는 회사가 판매목적으로 보유하던 상가건물을 매매하는 것은 주된 영업이므로 영업수익으로 분류된다.

■ 매출과 기타수익은 상대적 개념

회사가 영위하는 사업목적에 따라 매출도 될 수 있고, 기타수익도 될 수 있다.

구분	매출내용
은행[7]	이자수익
제조업	제품판매액(＝제품매출)
도소매업	상품판매액(＝상품매출)
건설업	공사수익
부동산임대업	임대료
회계법인	감사수수료
법무법인	변호수임료

6) K－IFRS 포괄손익계산서에서는 '영업이익＝수익(매출)－매출원가－판매비－관리비'로 계산하도록 하고 영업이익 이하에는 영업수익과 영업비용이 아닌 기타수익, 기타비용항목을 기재하도록 하고 있다. 이에 따라 영업이익을 구성하지 않은 수익, 비용항목을 저자는 비영업수익, 비영업비용으로 지칭한다. 일반기업회계기준에서는 이를 영업외수익, 영업외비용으로 구분하도록 하고 있다. 이하에서는 비영업손익과 영업외손익을 혼용해서 사용하기로 한다.

7) 은행의 주된 업무는 자금을 조달하여 대출하는 것과 은행시스템을 이용하

회계에서 통상 영업외수익(영업외비용)은 관련 비용을 차감한 순수한 차익(차손)만 기재하고 영업수익은 관련 비용과 별도로 총액으로 기재한다. 상기 예에서 유통회사가 상가건물을 판 회계처리는 다음과 같이 총액방식과 순액방식의 두 가지로 표현할 수 있는데, 이 중 순액방식으로 회계처리를 표현한다는 의미이다.

〈총액방식〉

차)	자산(현금)	5억원	대)	수익(영업외수익)	5억원
	비용(영업외비용)	1억원		자산(상가건물)	1억원

〈순액방식〉

차)	자산(현금)	5억원	대)	자산(상가건물)	1억원
				영업외수익	4억원
				(건물처분이익)	

■ 매출과 기타수익의 회계처리 차이

매출은 경제적 효익의 총유입액으로 회계처리하고, 기타수익은 경제적 효익의 순유입액(즉, 순자산의 증감)으로 회계처리한다.

상품매매업을 하는 회사의 경우, 매출과 매출원가를 구분하여 기록하면 전년 대비 매출규모 및 매출의 추세를 파악하는 등 정보의 유용성이 증가하지만, 일시 우발적 성격이 강한 영업 외 부수적인 활동에서 생긴 영업외수익[8]에 대해서는 이익에 대한 정보만으로 충분하고

여 송금수수료 등의 수수료수입을 올리는 업무이다. 은행 등 금융업종에서는 매출 대신 영업수익이라는 계정과목을 사용하며 재고자산이 없으므로 재고자산 매출원가계정도 사용하지 않는다.

8) 일반기업회계기준에서 제시하고 있는 영업외수익 항목에는 이자수익, 유형

이를 굳이 수익과 비용으로 나누는 것이 정보의 유용성 측면에서 크지 않기 때문에 이렇게 순액으로 표시한다. 또 다른 예로, 회사가 자금 여유가 있어 상장된 S전자 주식을 5만원에 사서 현금 7만원에 팔았다면 다음과 같이 회계처리하면 된다.

차) 자산(현금)	70,000	대) 자산(주식)	50,000
		수익(처분이익)	20,000

■ 매출을 총유입으로 회계처리하는 이유

매출을 총액으로 기재함으로써 회사의 주 수익원인 매출이 증가하는 추세인지, 시장점유율은 증가하고 있는지 판단할 수 있는 정보를 얻을 수 있기 때문이다. 매출에 따른 이익만을 보고한다면 매출규모와 매출의 추세는 알 수 없기 때문이다.

1.3) 매출의 원천

일상용어에서 수익 또는 수입은 가장 먼저 떠 올리는 것이 매출이지만, 회계에서는 일반적인 수익의 원천을 재화의 판매, 용역의 제공, 기업자산을 타인에게 사용하게 하는 것으로 구분할 수 있다.

자산처분이익, 매도가능증권처분이익 등이 있다. 집계하는 상위 계정이 수익이면 하위 계정들도 모두 ~수익으로 나와야 하지만, ~수익, ~이익의 용어가 혼재되어 있어 용어정리에 혼란을 줄 수 있다. 회계를 처음 배우는 입장에서는 ~수익으로 이름 붙여진 것은 ~이익으로 이해해도 무방하다. 이러한 용어의 혼란은 당기순이익에도 그대로 적용된다. 순자산이라고 할 때는 자산에서 부채를 뺀 것이고, 이처럼 무엇에서 무엇을 뺀 개념을 지칭할 때는 '순~'라고 이름을 붙인다.

① 재화의 판매로 발생하는 수익[9)]

재화란 판매를 위해 취득한 상품과 판매목적으로 생산한 제품 등으로 상품매출, 제품매출이라는 계정을 사용한다.

② 용역의 제공으로 발생하는 수익

용역이란 계약상 합의된 과업을 합의한 기간에 수행하는 것을 말하는 것으로, 예를 들면, 회계법인의 감사서비스 제공, 법무법인의 변호서비스 제공, 의료법인의 의료용역 제공, 건설업의 공사용역 제공, 부동산임대업의 임대용역 등을 들 수 있다. 용역수익이라는 계정을 사용하기도 하고 용역매출이라는 계정을 사용하기도 한다.

③ 자산을 타인에게 사용하게 함으로써 발생하는 수익

일반적인 제조업의 경우 동 수익은 영업외수익을 구성하지만, 동 수익을 얻는 것 자체가 회사의 주 영업이면 이러한 수익은 영업수익을 구성하게 된다.

이자수익	현금이나 현금성자산 또는 수취할 금액의 사용대가
로열티수익	특허권, 상표권, 저작권 및 컴퓨터 소프트웨어와 같은 장기성 자산의 사용대가
배당수익	지분상품의 보유자가 특정 종류의 자본의 보유비율에 비례하여 받는 이익의 분배금

9) 일반 제조업체의 경우 여유자금으로 주식투자를 하고 주식투자에서 발생하는 손익은 비영업수익을 구성하지만, 증권회사의 경우 주식매매 및 주식중개행위가 증권회사의 주된 영업이므로 증권회사의 경우 주식매매로 인한 수익과 비용은 각각 영업수익과 영업비용을 구성한다.

1.4) 수익의 측정

회계에서 측정이란 화폐적 금액을 결정하는 것을 말한다. 따라서, 수익의 측정이라는 말은 수익의 금액을 결정하는 행위를 말한다.

수익은 기업이 받았거나 받을 대가의 공정가치로 측정한다. 여기서 공정가치란 측정일에 시장참여자 사이의 정상거래에서 자산을 매도하면서 수취하거나 부채를 이전하면서 지급하게 될 가격을 의미한다. 따라서, 대가를 현금으로 수령한 경우에는 받은 현금액이 수익금액이 되고, 대가를 현금 이외의 자산으로 받는 경우에는 취득한 자산의 공정가치로 수익금액이 결정된다.

대가를 현금으로 수령시	받은 현금액
대가를 현금 이외의 자산으로 수령시	받은 자산의 공정가치

예제 1

제조원가가 5,000,000원인 기계장치를 판매하고 만기 2년의 액면가액 10,000,000원인 무이자부어음을 수령했다. 내재이자율은 25%라고 가정한다.

차) 받을어음	10,000,000	대) 매출	6,400,000*
매출원가	5,000,000	현재가치할인차금	3,600,000
		제품	5,000,000

*어음의 현재가치 $= 10,000,000/(1+25\%)^2 = 6,400,000$

제조원가가 5,000,000원인 기계장치를 판매하고 대가로 공정가치가 6,400,000원인 토지를 받았다.

차) 토지	6,400,000	대) 매출	6,400,000

매출원가	5,000,000	제품(기계장치)	5,000,000

수익금액은 일반적으로 판매자와 구매자 또는 자산의 사용자 간의 합의에 따라 결정되며, 판매자에 의해 제공된 매매할인 및 수량할인(수량리베이트)을 고려하여 받았거나 받을 대가의 공정가치로 측정한다. 즉, 판매단계에서 정상판매가격에서 빼 주는 금액을 고려한 후 실제 받게 되는 금액만 매출로 인식한다. 이를 식으로 표현하면 다음과 같다. 매매할인은 특정 부류의 고객에 대하여 상품의 표시가격에서 일정액을 할인해 주는 것을 말하고, 수량할인은 구매물품이 일정 수준을 초과하는 경우에 구매자에게 판매가격을 할인해 주는 것을 말한다.[10)]

수익(매출) = 정상판매가격 – 매매할인 – 수량리베이트

1개당 10,000원씩 판매하던 제품을 고객 A의 금번 회차 주문수량(1,000개)으로 연간 누적판매량이 10,000개를 초과하여 연초에 맺었던 계약조건에 따라 1개당 9,900원으로 판매했다.

차) 현금	9,900,000	대) 매출	9,900,000

대부분의 경우 판매대가는 현금이나 현금성자산의 형태가 된다. 따라서, 수익금액은 받았거나 받을 현금이나 현금성자산의 금액이 된다. 그러나 장기할부매출의 경우와 같이 현금이나 현금성자산의 유입이 이연되는 경우, 대가의 공정가치는 받았거나 받을 현금의 명목금액

10) 재화판매 후 재화의 경미한 결함 등으로 가격을 할인해 주는 매출에누리와 재화의 중대한 하자 등으로 반품되는 매출환입금액도 매출에서 차감한 순액을 포괄손익계산서상의 매출로 표시한다.

보다 작을 수 있다. 이러한 거래는 일상생활에서 신용카드로 물건을 구입할 경우 할부조건이 길면 할부이자를 추가로 더 지급해야 하는 상황에서도 나타난다. 이럴 경우에는 공정가치만을 수익으로 보고 명목금액과 공정가치의 차이는 이자수익으로 인식한다.

예제 2

(주)엘리베이터는 2013년 1월 1일에 A백화점에 제조원가가 55,000천원인 엘리베이터를 설치해 주고, 설치완료 시점에 현금 60,000천원을 받고 잔금은 매년도 말에 20,000천원씩 2년간 받기로 했다. 만약, 할부조건이 아니고 설치시점에 모두 받았다면 88,800천원을 받았을 것이다.

이 거래는 다음과 같이 해석하면 쉽다.
즉, 먼저 (주)엘리베이터는 2013년 1월 1일에 A백화점에 엘리베이터를 설치해 주고 88,800천원을 받았다. 그런 다음에 곧바로 28,800천원을 A백화점에 빌려주면서 원금과 이자 포함하여 매년 말에 20,000천원씩 받기로 한 거래와 동일하다. 이 경우 대출거래에 내재된 이자율[11]은 25%로 계산된다.

1차년도 이자: 28,800×25%=7,200
1차년도 원금회수액: 20,000−7,200=12,800
1차년도 말 원금잔액: 28,800−12,800=16,000
2차년도 이자: 16,000×25%=4,000
2차년도 원금회수액: 20,000−4,000=16,000

11) 내재이자율을 다른 말로는 유효이자율이라고도 한다. 상기 예제처럼 28,800천원을 대여하고 20,000천원씩 2번에 걸쳐서 받을 경우, 받은 금액의 합계액(이를 달리 명목가액이라고도 한다) 40,000천원에서 대여한 원금 28,800천원을 뺀 11,200천원이 이 거래에서의 이자(요소)가 된다.

2차년도 말 원금잔액: 16,000 − 16,000 = 0

2013년 1월 1일

차) 자산(현금)	88,800	대) 수익(매출)	88,800
자산(대여금)	28,800	자산(현금)	28,800

2013년 12월 31일

차) 자산(현금)	12,800	대) 자산(대여금)	12,800
자산(현금)	7,200	수익(이자수익)	7,200

2014년 12월 31일

차) 자산(현금)	16,000	대) 자산(대여금)	16,000
자산(현금)	4,000	수익(이자수익)	4,000

처음 회계를 시작할 때는 상기 회계처리처럼 개념적으로 이해하고, 실제 회계처리는 상기 '대여금' 자리에 장기외상매출금(또는 장기매출채권)계정을 사용하여 회계처리를 한다. 다시 한 번 강조하지만, 회계원리 단계에서는 계정과목 이름에 너무 신경쓰지 말길 바란다. 중급회계 단계에서 회계처리를 예시하면 다음과 같다.

2013년 1월 1일

차) 자산(현금)	60,000	대) 수익(매출)	88,800
자산(장기매출채권)	28,800		

차변, 대변의 양쪽에 있는 현금 28,800천원을 정리하여 표현한 것이다.

상기처럼 표시하면 앞으로 받아야 할 장기매출채권 명목금액 40,000천원의 정보가 나타나지 않으므로, 회계에서는 '현재가치할인차금'이라는 계정을 만들어 원금과 이자요소를 같이 나타내는 방법을 고안하게 된다. 즉, 다음과 같이 회계처리한다.

2013년 1월 1일 회계처리

차)	자산(현금)	60,000	대) 수익(매출)	88,800
	자산(장기매출채권)	40,000	현재가치할인차금	11,200

또는 다음과 같이 이해해도 된다.

2013년 1월 1일 회계처리

차)	자산(현금)	60,000	대) 수익(매출)	88,800
	자산(장기매출채권)	40,000		
	현재가치할인차금	(−)11,200		

즉, 매출을 하고 받을 돈이 명목상 40,000천원이 있는데, 이 안에는 이자부분이 11,200천원이 포함되어 있다는 정보를 주기 위해서 이렇게 처리한 것이다. 현재가치할인차금이라는 계정은 이자요소라고 이해하면 된다. 따라서, 장기매출채권 40,000천원에서 현재가치할인차금 11,200천원을 차감한 잔액 28,800천원은 매출을 하고 즉시 현금으로 받았다고 가정할 경우의 매출채권잔액을 의미하는 것으로 이해하면 된다.

현재가치할인차금은 자산의 차감계정으로 재무상태표에서는 다음과 같이 표시한다.

재무상태표

(단위: 천원)

차변(자산)		대변(부채 및 자본)
장기성매출채권	40,000	
현재가치할인차금	(11,200)	

*차감계정은 차감하려는 계정의 바로 밑에 (−)로 표시한다.

2013년 12월 31일 회계처리

차)			대)		
차)	자산(현금)	20,000	대)	자산(장기성매출채권)	20,000
	현재가치할인차금	7,200		수익(이자수익)	7,200

2014년 12월 31일 회계처리

차)			대)		
차)	자산(현금)	20,000	대)	자산(장기성매출채권)	20,000
	현재가치할인차금	4,000		수익(이자수익)	4,000

1.5) 수익의 인식

수익의 인식이란 수익을 장부에 기록하는 것으로, 수익의 인식에서 가장 중요한 문제는 수익을 '언제' 인식할 것인가, 즉 회계기간별로 손익계산서를 작성할 때 어느 회계기간의 수익으로 장부에 기록할 것인지 결정하는 것이다. 다음과 같은 사례를 먼저 고려해 보자.

사례

12월 31일에 홈쇼핑에서 (주)신성제화에서 만든 구두 한 켤레를 5만원에 구입하고 신용카드 결제를 했다. 1월 3일에 배송된 후 막상 받아보니 디자인과 색상이 맘에 안 들어 취소를 했다. 이러한 홈쇼핑 구입사례에서 (주)신성제화는 구두판매시 언제 수익을 인식하여야 할까? 고객이 홈쇼핑에 주문한 시점(?), 신용카드를 결제한 시점(?), 배송하여 창고에서 물건이 떠난 시점(?), 고객이 물건을 수령했다고 알려주는 시점(?), 정상적인 반송기간이 지난시점(?) 등등. 수익을 인식할 수 있는 시점을 여러 가지로 생각해 볼 수 있을 것이다.

손익계산서는 회계기간별 경영성과를 보고하는 보고서이므로 수익을 '언제' 인식하느냐 하는 것은 어느 회계기간의 수익으로 볼 것인가를 결정하는 것과 같다.

4장 회계의 개념체계에서 살펴보았듯이 재무제표(현금흐름표 제외)는 발생주의 원칙(발생기준)으로 작성해야 한다. 따라서, 자산, 부채, 자본, 수익, 비용은 모두 발생시점에 장부에 인식하고 재무제표에 표시해야 한다.

전통적으로 수익과 비용을 인식하는 방법에는 현금기준과 발생기준이 있는데, 발생기준이 현금기준보다 기간별 경영성과를 더욱 적절하게 측정하므로 발생기준에 따라 수익과 비용을 인식한다.

발생기준이란 거래와 회계사건의 재무적 영향을 현금의 유입 또는 유출이 있는 기간이 아니라 그 거래와 회계사건이 발생한 기간에 수익을 인식하는 방법으로 거래 또는 사건이 발생한 기간에 거래를 인식하여 장부에 기록하고 재무제표에 표시하는 것을 말한다.

기업의 수익획득 과정은 수익을 창출하기 위하여 기업이 수행하는 일련의 행위를 말하는 것으로, 제조기업은 생산요소(원재료·인건비·기타제조경비)를 구입하여 제품을 제조한 후 판매하여 현금을 회수함으로써 수익획득 과정이 완료되며, 상기업은 상품을 매입하고 판매한 후 현금을 회수함으로써 수익획득 과정이 완료된다.

제품, 상품의 경제적 가치는 수익획득 과정의 각 단계를 거치면서 점차적으로 증가하는데, 여기에 발생주의를 적용하여 각 단계를 거칠 때마다 수익을 인식하는 것은 그 계산이 복잡해질 뿐만 아니라 가치의 증가를 객관적으로 측정하기도 어려워 회계에서는 수익을

인식하는 시점을 결정하기 위한 원칙이 존재하며 이 원칙이 만족되는 시점에서 수익을 인식한다.

즉, 발생기준 회계를 엄격하게 적용하면 수익이 창출(발생)되는 각 단계(수익획득 과정)에서 수익을 인식해야 하나, 수익획득 과정 각 단계별로 창출(발생)된 수익을 순차적으로 인식하는 것은 실무상 그 계산이 복잡해질 뿐만 아니라 창출된 수익을 객관적으로 측정하기도 어려워 수익의 인식에 있어서 발생기준을 후퇴시키고 일정한 요건을 충족한 시점에 수익이 발생한다고 보아 수익을 인식하게 되는데, 이를 실현기준이라고 한다. 실현기준에 의하면 가득요건과 실현요건이 충족된 시점에 수익을 인식한다.

가득요건이란 거래와 관련된 경제적 의무를 모두 이행하여 수익을 얻을 만한 자격이 있어야 수익을 인식할 수 있다는 것이다.

실현요건이란 경제적 효익의 유입가능성이 높고 수익금액을 신뢰성 있게 측정할 수 있을 때 수익을 인식할 수 있다는 것이다.

상품·제품의 일반적인 판매거래에 있어서는 판매시점에 재화를 인도함으로써 가득요건이 충족되고 통상 판매시점에 판매금액이 확정되어 실현요건이 충족되므로 판매시점에 수익을 인식한다.

용역의 제공에 있어서는 일반적으로 계약에 의하여 용역대가가 확정되어 있어 실현요건이 충족되고 용역의 진행 자체가 수익가득 과정의 연속이므로 진행기준을 적용하여 수익을 인식한다.

재화의 제공이든 용역의 제공이든 가득요건이 충족되었다고 할지라도 현금회수가 불확실한 경우에는 자산의 유입 또는 부채의 감소라는 수익의 정의를 충족하지 못하므로 현금회수시점에 수익을 인식한다.

1.6) K-IFRS상의 수익인식요건

① 재화의 소유에 따른 위험과 보상의 대부분이 구매자에게 이전된다

재화의 소유에 따른 위험이란 경제여건의 변화에 따른 가격의 하락, 기술적 진부화로 인한 손실 등을 의미하고, 재화의 소유에 따른 보상이란 재화의 사용, 소비에 따른 이익, 경제여건의 변화에 따른 가격의 상승 등을 의미하는 것으로 일반적으로 재화를 구매하고 나면 이러한 위험과 보상은 모두 구매자에게 귀속하게 된다. 따라서, 재화의 소유에 따른 위험과 보상이 구매자에게 이전되지 않는 경우에는 재화를 인도했다고 매출을 인식해서는 안 된다는 것이다. 예를 들면, 출판사가 반품권을 부여하고 서점에 책을 판매한 후, 서점이 팔지 못하는 책을 고스란히 반품을 받아주는 조건이라면 출판사는 책을 서점에 인도한 시점에 매출을 인식해서는 안 되고, 서점이 팔린 책과 반품하는 책을 정산하여 보고하는 시점에 매출을 인식해야 한다. 또 다른 예로는 자동차 할부판매를 들 수 있다. 자동차 할부구입의 경우 비록 법적 소유권은 할부판매자에게 있을지라도 자동차를 할부구입한 자는 실질적으로 내 차처럼 마음대로 사용할 수 있으므로 이 경우에는 재화의 소유에 따른 위험과 보상이 모두 구매자에게 있으므로 할부판매자는 할부판매시점에 매출을 인식할 수 있다.

② 판매자는 판매된 재화의 소유권과 결부된 통상적 수준의 지속적인 관리상 관여를 하지 않을 뿐만 아니라 효과적인 통제를 하지도 아니한다

이는 판매자가 거래 후에도 구매자의 재판매가격을 통제하거나, 제3자에 대한 재판매를 금지하는 등 지속적인 관리상 관여를 한다면 실질적으로 판매한 것이 아니므로 수익을 인식해서는 안 된다는 것이다. 좀더 쉽게 말하면, 판매자가 판매를 한 후에도 마치 자기 재화처럼 행동할 수 있는 상황에서는 매출을 인식해서는 안 된다는 것이다. 이러한 대표적인 예로는, 대리점에 대한 위탁판매의 형태를 예로 들 수 있는데, 위탁판매는 자기의 상품판매를 타인에게 위탁하고 수수료를 지급하고 판매하는 형태를 말한다. 이러한 경우 수탁자에게 상품을 인도했다는 사실만으로 매출을 인식해서는 안 되고 수탁자가 판매할 때 매출을 인식해야 한다. 실무적으로는 수탁자가 물건을 팔 때마다 보고하지는 않고 특정한 기간을 정해서 판매실적과 판매금을 송금하는 것이 일반적이다.

③ 거래와 관련된 수익금액을 신뢰성 있게 측정할 수 있다

이는 수익을 순자산(자본)증가를 초래하는 거래에서 자산의 총유입 또는 부채의 총감소를 의미한다고 했을 때, 수익이 인식되려면 자산의 유입 또는 부채의 감소가 전제되어야 하고, 자산의 유입으로 인정되어 자산을 장부에 기록하려면 자산의 정의를 충족해야 한다는 당연한 조건이다. 아울러, 자산의 증가 또는 부채의 감소를 장부에 기록하려면 그 금액적 크기가 결정되어야 한다는 것이다. 따라서, 그 금액을 확정할 수 없는 경우에는 매출을 인식해서는 안 되고 매출원가도 인식해서는 안 된다는 것이다.

④ 거래와 관련된 경제적 효익의 유입가능성이 높다

일반적인 재화판매의 경우 현금판매를 하든 외상판매를 하든 재화를 판매하는 시점에서 판매대가가 확정되고 판매대금 수령에 제한이 없기 때문에 일반적인 판매에서는 이러한 조건들이 모두 충족되지만, 만약 재화를 수출하였는데 수입국에서 자국산업 보호를 명분으로 수출대금 송금허가 여부가 불투명한 경우에는 경제적 효익의 유입가능성이 불확실하므로 선적시점에 매출을 인식해서는 곤란하고, 수출대금 송금이 확정된 시점에 매출을 인식해야 한다는 것이다. 수출대금 송금이 불허가 되었다면, 회사는 수출한 재화를 돌려받아야 할 것이고 매출을 인식해서는 안 될 것이다.

⑤ 거래와 관련하여 발생했거나 발생할 원가를 신뢰성 있게 측정할 수 있다

회계기간별 이익(경영성과)의 발생내용을 수익과 그에 대한 비용으로 구분하여 보고받고자 하는 주주, 채권자 등 정보이용자의 요구에 따라서 손익계산서라는 재무제표를 필요로 하게 되었다고 1~3장에서 언급했다. 재화에 대한 매출인식요건에 이러한 조건이 추가된 것은 수익을 얻기 위한 비용금액이 확정되지 않은 경우에는 발생비용이 합리적으로 측정되기 전까지는 설령 판매대가를 모두 회수했다고 할지라도 매출을 인식하지 말고 부채로 인식하고, 수익에 대응한 비용금액이 모두 확정될 때 수익을 인식하라는 것이다. 예를 들면, 어느 회사가 지금까지 생산해 본 적이 없는 기계를 생산하였고 이 기계로부터 발생할 수 있는 고장 및 결함을 무상으로 수리해 주는 조건으로 판매하였는데, 수리비가 얼마나 나올지 예상할 수 없는 경우 이 기계판매와 관련된 비용을 합리적으로 예상할 수 없다면 관련 비용을 합리적으로 예상할 수 있을 때까지 매출을 인식해서는 안 된다는 것이다.

2. 재화의 판매

2.1) 위탁판매

위탁판매란 타인에게 상품판매를 위탁하는 것으로 상품의 소유자인 위탁자가 수탁자에게 상품판매를 위탁하여 상품을 적송하고, 수탁자는 적송품을 위탁자를 위하여 판매하는 것을 말한다. 위탁자가 수탁자에게 발송하는 상품을 적송품이라고 한다.

위탁판매의 경우 위탁자의 수익은 수탁자가 적송품을 제3자에게 판매한 시점에 인식한다.

2.1.1) 위탁자의 회계처리

예제 3

(주)위탁의 기초상품재고액은 1,000,000원(1,000개×1,000원)

5월 7일　(주)위탁은 상품 5,000개를 단위당 1,000원에 매입

8월 5일　(주)위탁은 위탁판매하기 위해 매입원가 5,000,000원(5,000개×1,000원)의 상품을 (주)수탁에 적송함.

9월 5일　(주)수탁은 판매명세서와 정산금액을 (주)위탁에 송부함.

매출:	2,000개×1,300 = 2,600,000
운송비	100,000
판매수수료: 2,600,000×10% =	260,000
정산금액	2,240,000

12월 31일　(주)수탁은 판매명세서와 정산금액을 (주)위탁에 송부함.

매출:	2,000개×1,400=2,800,000
운송비	100,000
판매수수료: 2,800,000×10%=	280,000
정산금액	2,420,000

12월 31일 현재 (주)위탁이 자체 보관하고 있는 재고: 1,000개

① 적송시

적송한 상품은 위탁자의 소유이기 때문에 아무런 회계처리를 하지 않고 비망기록만 한다(적송품 또는 위탁품으로 회계처리를 하는 경우도 있으나, 적송품은 임시계정으로서 재무제표상에는 상품으로 통합되어 재고자산으로 표시되므로 굳이 회계처리를 하지 않아도 된다).

② 적송품을 수탁자가 판매시

수탁자가 적송품을 판매한 시점에 수익을 인식한다(실무적으로는 일정한 단위로 판매명세서를 수령하는 시점에 매출을 인식하고, 결산시점에서는 판매명세서를 수령하여 결산일 현재까지의 위탁판매실적을 반영하는 회계처리를 한다). 한편, 수탁자가 부담한 적송품에 대한 보관료, 기타 잡비, 수탁자에게 지급되는 위탁판매수수료는 비용(판관비)으로 처리한다.

9/5	차) 보통예금	2,240,000	대) 매출	2,600,000
	운송비	100,000		
	지급수수료	260,000		

결산일까지의 판매명세서를 수령하여 판매분에 대한 매출 회계처리와 관련 비용 회계처리를 수행한다. 재고자산에 대해서는 '기초재고

+당기매입－기말재고＝매출원가'에 의해 원가를 산정한다. 기말재고에는 수탁자가 보관하고 있는 적송품도 포함시켜서 계산한다.

12/31	차) 보통예금	2,420,000	대) 매출	2,800,000
	운송비	100,000		
	지급수수료	280,000		
	차) 매출원가	1,000,000	대) 상품	1,000,000
	매출원가	5,000,000	매입	5,000,000
	상품	1,000,000	매출원가	1,000,000
	상품	1,000,000	매출원가	1,000,000

2.1.2) 수탁자의 회계처리

수탁자가 위탁매출한 금액은 수탁자의 매출이 아니고 위탁자 귀속이므로 수탁자의 매출로 계상해서는 안 되고, 동 매출금액은 위탁자에게 송금해야 할 부채이므로 부채(수탁판매)로 계상하고, 위탁자를 위하여 본인이 계상한 운송비 등 비용이 있다면 이러한 비용 또한 수탁인의 비용이 아니므로 운송비를 대변에 기재하여 운송비를 없애고, 수탁자가 부담한 운송비와 수탁수수료수익은 정산하여 송금할 금액에서 차감해야 할 금액이므로 수탁판매계정의 차변에 기록한다.

• **수탁품 수령시:** 회계처리 없음(단지, 비망기록만 함)

－9/5 수탁품 판매 및 정산금액 송금시

9/5	차) 보통예금	2,600,000	대) 수탁판매	2,600,000
	수탁판매	360,000	운송비	100,000

		수수료수익	260,000
수탁판매	2,240,000	보통예금	2,240,000

－12/31 수탁품 판매 및 정산금액 송금시

12/31	차) 보통예금	2,800,000	대)	수탁판매	2,800,000
	수탁판매	380,000		운송비	100,000
				수수료수익	280,000
	수탁판매	2,420,000		보통예금	2,420,000

2.2) 시용판매

시용판매란 상품 등을 고객에게 인도하여 고객이 그 상품을 사용해 보고 매입하겠다는 의사표시를 할 때 판매가 성립되는 계약형태이다.

시용판매의 경우 수익인식은 고객이 매입의사를 표시한 시점에 인식한다. 왜냐하면 상품의 소유에 따른 위험과 보상이 매입자에게 이전되지 않았기 때문이다.

매입의사표시를 한 시점에서의 회계처리

차) 매출채권	×××	대) 매출	×××

예제 4

9/7 원가 500,000원(판매가 600,000원)인 상품을 시용판매하기 위하여 A고객에게 시송했다.

9/15 A고객으로부터 상품을 매입하겠다는 의사를 통지받았다.

〈분개〉

9/7	회계처리 없음			
9/15	차) 외상매출금	600,000	대) 상품매출	600,000

2.3) 할부판매

할부판매란 상품의 매출대금을 여러 차례에 걸쳐 분할하여 지급한다는 조건으로 이루어지는 판매형태이다.

할부판매는 할부계약과 동시에 상품을 사는 사람에게 인도하지만, 그 소유권은 할부금의 납입이 완료된 때에 이전한다. 만약, 할부금이 계약대로 회수되지 않을 때에는 판매된 상품을 회수할 권리를 파는 사람이 갖는다. 할부판매는 대개의 경우 할부금의 납입이 제대로 이루어져 정상적인 회계처리가 이루어지나, 보통의 상품판매와는 달리 할부대금을 회수 못할 위험이 있어 이를 고려한 회계처리가 필요하다. 할부판매는 원칙적으로 판매시점에서 수익을 인식하지만, 판매대가의 현금회수가능성을 예측할 수 없거나 판매 이후에 중요한 비용이 발생할 가능성이 있는 등 예외적인 경우에 한해서 현금회수기준(할부법 또는 원가회수법)을 사용하여 수익을 인식한다.

단기할부판매의 경우에는 일반적인 판매기준에 따라서 판매시점에 매출을 인식하고, 장기할부판매의 경우에는 판매시점에 할부금액을 내재이자율로 할인한 현재가치금액으로 인식하고 할부금의 명목가액과 현재가치의 차이는 이자수익으로 인식한다.

예제 5

〈단기할부판매〉

7/5 S전자에 원가 300,000원, 현금판매가격 330,000원, 월부가격 360,000원인 상품을 10개월 월부로 판매했다.

8/4 제1회 월부금 36,000원이 현금으로 입금되었다.

〈분개〉

7/5	차) 외상매출금	360,000	대) 상품매출	360,000
8/4	차) 현금	36,000	대) 외상매출금	36,000

예제 6

〈장기할부판매〉

2011. 1. 1일 K전자는 매년 말 1,000,000원씩 2회에 걸쳐 회수하는 조건으로 스마트폰을 장기할부판매했다(할부판매한 시점에 적용할 유효이자율은 연 25%로 가정하라).

$$할부금의\ 현재가치 = 1{,}000{,}000/(1+25\%) + 1{,}000{,}000/(1+25\%)^2$$
$$= 1{,}440{,}000$$

연도	기초장부가액	유효이자	현금회수액	기말장부가액
	①	②	③	④=①−(③−②)
2011. 12. 31.	1,440,000	360,000	1,000,000	800,000
2012. 12. 31.	800,000	200,000	1,000,000	0
합계		560,000	2,000,000	

2011. 1. 1.

차) 매출채권	2,000,000	대) 매출	1,440,000
현재가치할인차금	(−)560,000		

2011. 12. 31.

차) 현금	1,000,000	대) 매출채권	1,000,000
		현재가치할인차금	(−)360,000
		현재가치할인차금상각*	360,000

2012. 12. 31.

차) 현금	1,000,000	대) 매출채권	1,000,000
		현재가치할인차금	(−)200,000
		현재가치할인차금상각*	200,000

*현재가치할인차금상각 대신 이자수익을 사용해도 무방함.

2.4) 반품조건부 판매

① 반품금액을 합리적으로 추정할 수 있는 경우

재화 등의 인도시점에 수익을 인식하고 반품예상액은 수익에서 차감한다. 즉, 현금유입가능성이 높은 금액만 수익으로 인식한다.

② 반품금액을 합리적으로 추정할 수 없는 경우

구매자가 재화의 인수를 공식적으로 수락한 시점 또는 재화가 인도된 후 반품기간이 종료된 시점에 수익을 인식한다(예: 스마트폰 개통철회일 14일 이내).

예제 7

1/1 외상매출 1,000,000원(매출원가율 70%, 반품예상률 20% 가정), 반품기한: 3개월

3/1 1/1일에 판매한 외상매출의 16%가 반품됨(이후 3월 말까지 반품은 없음).

〈반품예상률을 추정할 수 있는 경우〉

1/1	차)	매출채권	1,000,000	대)	매출	1,000,000
		매출원가	700,000		재고자산	700,000
		매출	200,000		매출원가	140,000
					반품충당부채*	60,000

*반품충당부채는 임시계정으로 결과일 현재 남아 있는 반품충당부채는 반품이 예상되는 재화에 대한 매출총이익이며 부채이지만 실은 지급할 의무가 있는 것은 아니므로 매출채권의 차감계정으로 표시한다.

3/1	차)	재고자산	112,000	대)	매출채권	160,000
		반품충당부채	48,000			
3/31	차)	매출원가	28,000	대)	매출	40,000
		반품충당부채	12,000			

〈반품예상률을 추정할 수 없는 경우〉

1/1 회계처리 없음

3/1 회계처리 없음

3/31	차)	매출채권	840,000	대)	매출	840,000
		매출원가	588,000		재고자산	588,000

2.5) 상품권판매

상품권 판매시점에서는 아직 재화와 용역이 제공되지 않았으므로 상품권 판매액을 선수금으로 회계처리하고 상품권의 행사로 재화나 용역이 고객에게 인도되거나 제공되는 시점에 수익을 인식한다.

예제 8

12/25 (주)신성구두는 구두 상품권 100장을 현금 10,000,000을 받고 판매했다.

12/31일까지 회수된 상품권은 30장이었다.

〈분개〉

12/25	차) 현금	10,000,000	대) 선수금	10,000,000
12/31	차) 선수금	3,000,000	대) 매출	3,000,000

3. 용역의 제공

기술용역이나 운송용역, 법률 및 회계, 의료, 광고대행 등의 용역은 용역을 생산함과 동시에 거래처에 제공되며, 그 대금은 사전약정에 따라 계산되므로 용역의 제공과 동시에 청구권이 발생한다. 이와 같은 용역제공거래에서는 용역의 생산과 제공으로 가득요건이 충족되므로 사전약정에 의하여 수익의 객관적인 측정이 가능하다면 실현요건도 충족되므로 용역제공의 진행 정도에 따라 수익을 인식하는 것이 합리적이다.

3.1) 광고용역

광고제작사의 광고제작용역은 진행기준에 따라 수익을 인식하며, 방송사 등의 광고수익은 광고를 대중에게 전달하는 시점에 수익을 인식한다.

예제 9

(주)광고주는 광고제작사인 K기획 및 KBC방송사와 광고계약을 체결했다. 모든 회사의 결산일은 12월 31일이며, 관련 자료는 다음과 같다. K기획과 KBC방송사의 연도별 수익을 계산하라.

(1) K기획은 2012년 11월에 (주)광고주로부터 TV광고물을 제작하는 계약을 체결했다. 총계약금액은 1,000,000원이며, 계약금 200,000원은 계약체결시에, 중도금 500,000원은 2012년 12월에 그리고 잔금은 광고물을 KBC방송사에 전달하기로 한 2013년 2월에 받기로 했다.
(2) K기획은 이 광고물 제작에 총 500,000원의 원가를 예상하였고 2012년에 350,000원의 원가가 발생하였으며, 2013년에는 150,000원의 제작원가를 들여 광고물을 완성하여 KBC방송사에 납품했다.
(3) KBC방송사는 (주)광고주와 K기획이 제작한 광고영상을 총 20회 방영하고, 방영 1회당 100,000원을 받기로 계약했다. 2013년에 총 15회 광고가 방영되었고 2014년에는 5회가 방영되었다.

K기획

2012년: 1,000,000×70%(350,000/500,000)=700,000

2013년: 1,000,000−700,000=300,000

KBC방송사

2013년: 100,000×15회=1,500,000

2014년: 100,000× 5회= 500,000

3.2) 복합거래

재화를 판매하고 설치용역을 제공하기로 한 경우에는 당해 설치용역의 성격에 따라 다음과 같이 수익을 인식한다.

① 설치용역이 재화판매에 부수적으로 제공되는 경우

당해 거래 전체를 재화판매거래로 인식하고, 설치용역은 별도로 수익을 인식하지 않는다.

② 설치용역이 복잡하고 난해해서 재화판매와 별도로 제공되는 경우

당해 거래를 재화판매거래와 용역제공거래로 구분하여 재화판매는 판매기준에 따라 인식하고 설치용역수익은 진행기준으로 인식한다.

예제 10

K무역은 독일에서 수입한 기계장치를 국내에 판매하는 회사이며, 결산일은 12월 31일이다. K무역은 2013년 12월 중 J제조에 수입기계장치 1대를 100,000,000원에 판매했다. 기계장치 설치 후 시운전까지 해 주는 조건이었다.

(1) 설치 및 시운전 과정이 간단하여 설치용역은 별도로 용역수수료를 청구하기는 민망한 경우 2013년 수익인식액은?

(2) 설치 및 시운전 과정은 설치전문가가 참여해야 할 정도로 중요한 작업이고, K무역이 아닌 다른 설치업자에게 동 용역을 맡길 경우 설치용역수수료를 별도로 제공하여야 하는 상황이라고 가정한다. K무역의 판매대금 1억원에는 기계판매대가 79,000,000원, 설치용역대가 21,000,000원이 포함된 것이고 K무역은 2013년 12월 중에 기계설치용역을 10일 제공하고, 2014년 1월 중에 기계설치용역을 5일 제공한 것으로 가정할 때 2013년과 2014년 수익인식액은?

	2013년	2014년
(1) 상품판매수익	100,000,000	0
용역제공수익	0	0
(2) 상품판매수익	79,000,000	0
용역제공수익	14,000,000*	7,000,000

*21,000,000×(10일/15일)=14,000,000

3.3) 건설형 공사계약

3.3.1) 건설형 공사계약

단일자산의 건설공사는 물론이고 설계나 기술, 기능 또는 그 최종적 목적이나 용도에 있어서 밀접하게 상호 연관되어 있는 복수자산의 건설공사를 위해 합의된 법적으로 구속력 있는 계약을 말한다.

건설형 공사는 일반적으로 여러 회계기간에 걸쳐 진행되기 때문에 건설계약의 정의를 충족하는 경우에 공사수익과 공사원가를 공사가 수행되는 회계기간에 걸쳐서 진행기준에 따라 인식한다.

3.3.2) 진행기준

진행기준하에서는 매 회계기간마다 누적적으로 공사수익과 공사원가를 추정한다. 따라서, 당기에 포괄손익계산서상 인식되는 공사수익은 다음과 같이 산정한다.

당기공사수익 = 공사계약금액×공사진행률 − 전기까지 인식한 공사수익 누적액

① 공사수익

공사수익은 최초에 합의된 계약금액과 건설공사내용의 변경이나 보상금 또는 장려금의 지급에 따라 추가될 수익 중 발생가능성이 매우 높고 신뢰성 있는 측정이 가능한 금액으로 구성된다.

② 공사원가

공사원가는 계약체결일로부터 계약의 최종적 완료일까지의 기간 동안에 당해 공사에 귀속될 수 있는 원가를 포함한다.

③ 공사진행률

공사진행률은 총공사예정원가 대비 현재까지 발생한 실제공사비의 누적액의 비율 등으로 측정할 수 있다. 이 경우 진행기준하에서는 매 회계기간마다 누적적으로 공사수익과 공사원가를 추정하므로 공사진행률도 당기까지 수행된 누적공사진행률을 산정해야 한다. 공사진행률은 다음과 같이 산정한다.

공사진행률 = 당기 말까지 실제로 발생한 공사원가 누적액/당기 말 현재 총공사예정원가

3.3.3) 완성기준

용역제공을 완료하거나, 도급공사를 끝마친 시점에 수익을 인식하는 방법이다.

공사진행률이나 공사기간 중 발생한 원가와 완료시까지 추가로 발생할 원가를 신뢰성 있게 측정할 수 없다면 공사진행기준을 적용하지 않고 완성기준을 적용하여 수익을 인식해야 한다.

예제 11

K건설은 2011년 7월 14일부터 2년간 아파트건설 공사계약을 체결하고 공사를 진행하고 있다. 총계약금액은 1,000,000원, 총공사예정원가는 700,000원으로 추정된다. 공사원가는 2011년 210,000원, 2012년 350,000원, 2013년 140,000원이 지출되었다. 진행기준과 완성기준에 의한 수익과 비용 그리고 공사수익을 계산하라.

	진행기준			완성기준		
	공사수익	공사원가	공사이익	공사수익	공사원가	공사이익
2011년	300,000*	210,000	90,000			
2012년	500,000**	350,000	150,000			
2013년	200,000***	140,000	60,000	1,000,000	700,000	300,000
합계	1,000,000	700,000	300,000	1,000,000	700,000	300,000

*1,000,000×(210,000/700,000)−0 =300,000
**1,000,000×(560,000/700,000)−300,000=500,000
***1,000,000×(700,000/700,000)−800,000=200,000

4. 이자수익, 배당금수익, 로열티수익

자산을 타인에게 사용하게 함으로써 발생하는 이자, 배당금, 로열티 등의 수익은 다음 조건을 모두 충족하는 경우에 인식한다.

① 수익금액을 신뢰성 있게 측정할 수 있다.
② 경제적 효익의 유입가능성이 매우 높다.

이자수익, 배당금수익, 로열티수익의 구체적 인식방법은 다음과 같다.

① 이자수익은 원칙적으로 유효이자율을 적용하여 발생기준에 따라 인식한다.

채무증권의 이자수익은 최초 장부금액과 만기금액 간의 할인, 할증 또는 기타 차이에 대한 상각액을 포함한다. 채무증권을 이자지급일 사이에 취득한 경우, 취득 후 최초로 받은 이자에 대해서는 취득 이후 기간에 해당하는 이자만을 수익으로 인식한다.

이에 대한 구체적 내용은 7장 '금융자산(2)'에서 학습하기로 한다.

② 배당금수익은 배당금을 받을 권리와 금액이 확정되는 시점에 인식한다. 통상 이익배당의 결정은 정기주주총회일에 이루어지므로 정기주총일에 배당금수익을 인식하면 될 것이다.

③ 로열티수익과 라이선스수수료는 상표권·특허권·소프트웨어·음악저작권·녹화권·영화필름 등의 자산을 사용하는 대가로 받는 금액으로, 관련된 계약의 경제적 실질을 반영하여 발생기준에 따라 인식한다. 그러나 계약의 경제적 실질에 비추어 계약에서 정한 방식보다 합리적인 기준을 적용하여 수익을 인식하는 것이 더 적절하면 이에 따라 수익을 인식한다. 예를 들면, 라이선스 사용자가 특정 기간 동안 특정 기술을 사용할 권리를 갖는 경우에 약정기간 동안 정액법으로 수익을 인식할 수 있다.

예제 12

12월 31일 결산법인인 (주)배당은 3월 21일 정기 주주총회에서 1주당 200원의 현금배당을 실시하기로 결정했다(배당받을 수 있는 발행주식 총수는 100,000주라고 가정한다). (주)투자는 (주)배당의 주식을 10,000주 가지고 있고, 배당기준일 현재 주식을 보유하고 있어 배당을 받을 자격이 있다. 3월 21일에 (주)배당과 (주)투자가 해야 할 회계처리는?

(주)배당의 회계처리

차) 미처분이익잉여금 20,000,000　　대) 미지급배당금　20,000,000

(주)투자의 회계처리

차) 미수배당금수익　　2,000,000　　대) 배당금수익　　　2,000,000

예제 13

(주)레드애플은 자신의 등록상표인 '레드애플'을 2013년 7월 1일에 (주)과수원에 2년간 사용조건으로 대여하면서 계약금 5,000,000원과 과수원 연간매출액의 3%를 로열티로 받기로 했다. (주)과수원의 매출이 다음과 같을 때 (주)레드애플이 2013년도에 인식할 로열티수익은 얼마인가?

	(주)과수원 매출
2013. 1. 1.~2013. 6. 30.	100,000,000
2013. 7. 1.~2013. 12. 31.	70,000,000

로열티수익＝5,000,000×6/24＋70,000,000×3%＝3,350,000

계약금은 계약기간 동안 정액법으로 인식하는 것이 타당하다.

5. 비 용

5.1) 비용의 의의

비용은 제품의 판매나 생산, 용역제공 및 회사의 영업활동을 구성하는 활동으로부터 일정 기간 동안 발생한 자산의 유출이나 사용 또는 부채의 발생액을 말한다.

5.2) 비용의 배분

제조회사나 용역제공회사의 경우 제품제조와 용역제공과 관련된 비용은 제품원가 또는 용역원가에 포함시키고, 제품제조와 용역제공과는 직접적인 관련 없는 관리부분의 비용과 판매부분 등의 비용은 판매비와 관리비로 분류한다.

실무적으로 제조회사의 경우 공장에서 발생한 비용 등은 제품제조원가로 배분한다. 제품제조원가 계산을 다루는 원가회계에서는 제품제조시에 들어가는 비용을 통상 직접원재료비, 직접인건비, 기타제조경비(간접재료비, 간접인건비, 전기료 등 기타 제조와 관련된 경비)로 구분 집계한 후 직접원재료비와 직접인건비는 관련 제품에 직접 집계하고 기타제조경비는 회사의 원가배분원칙에 따라 여러 제품에 배분한다.

5.3) 비용의 인식기준

비용의 인식이란 비용을 장부에 기록하는 것으로, 비용의 인식에서 가장 중요한 문제는 비용을 '언제' 인식할 것인가, 즉 회계기간별로 손익계산서를 작성할 때 어느 회계기간의 비용으로 장부에 기록할 것인지 결정하는 것이다.

비용도 수익과 마찬가지로 회사의 경영활동 전 과정을 통해서 발생되므로 자산을 사용하거나 자산이 감소될 때마다 이를 인식해야 한다. 그러나 현실적으로 이를 엄격히 적용하는 것은 어렵기 때문에 수익이 인식된 시점에서 수익과 관련하여 비용을 인식하는데, 이를 수익비용 대응의 원칙이라고 한다. 구체적인 수익비용 대응방식은 다음과 같다.

① 직접대응

수익의 발생에 따라서 그에 대응하는 비용이 직접적으로 발생하는 것을 말한다. 즉, 수익이 발생하면 비용도 발생하고 수익이 발생하지 않으면 비용도 발생하지 않는 비용을 말한다. 상품매출의 경우 상품매출원가(매출된 상품원가)는 상품매출을 인식하는 기간에 인식하고, 제품매출의 경우 제품매출원가(매출된 제품원가)는 제품매출을 인식한 기간에 인식한다.

② 기간대응

급여 등 고정비 성격의 비용은 수익발생 여부와 관련 없이 발생하고, 연구개발비, 광고선전비, 교육훈련비 등과 같이 매출에 미치는 영향을 직접적으로 추적하기 곤란하고 그 미래경제적 효익의 유입가능성이 불확실한 경우에는 관련 비용을 발생 즉시 비용으로 인식할 수밖에 없다. 이러한 경우에는 비용이 발생한 기간에 전액 인식한다. 이러한 비용을 기간비용이라고 한다.

③ 배분

유형자산, 무형자산 등 장기성 자산의 취득원가는 사용기간에 걸쳐 체계적이고 합리적인 배분절차에 따라 배분하여 비용으로 인식한다.

5.4) 영업활동비용의 분류

5.4.1) 영업활동비용의 성격별 분류

영업활동비용을 발생원천에 그 상태대로 포괄손익계산서에 나타내는 방식을 말한다.

영업활동비용의 발생원천을 예시하면, 급여, 퇴직급여, 복리후생비, 임차료, 접대비, 광고선전비, 기부금, 세금과공과, 연구비와 경상개발비, 여비교통비, 통신비, 수도광열비, 수선비, 보험료, 견본비 등을 들 수 있다.

① 복리후생비

급여는 근로제공에 대한 직접적인 대가이지만, 복리후생비는 근로제공과 무관하게 근로환경의 개선 및 근로의욕의 향상 등을 위하여 지출되는 비용으로서 대표적으로는 국민연금부담금 등이 있다.

② 접대비

업무와 관련하여 거래처 또는 업무와 관련 있는 자에게 접대, 교제 등 명목으로 지출하는 비용

③ 광고선전비

상품 또는 제품의 판매촉진을 위한 목적으로 불특정다수인을 상대로 하여 상품, 제품에 대한 선전효과를 얻고자 지출하는 비용

④ 기부금

업무와 관련 없이 사회단체 등에 무상으로 증여하는 금전 및 기타 자산의 가액

5.4.2) 영업활동비용의 기능별 분류(매출원가법)

영업활동비용을 기업의 기능별(통상 부서별로 회사의 고유한 기능이 있으므로 기능은 각 부서가 하는 기능 정도로 이해하면 된다)로 집계하는 것이다. 달리 말하면, 비용의 성격별 분류는 발생한 비용을 발생한 그대로 보여주는 방식이라면, 기능별 분류는 발생한 비용을 기능별로 집계해서 보여주는 방식을 말한다. 예를 들면, 급여는 각 부서에 직원이 있으므로 각 부서에서 급여가 발생될 것인바, 회사 전체로 집계된 비용을 기능별(부서별)로 집계하여 관리부의 급여는 관리비로, 마케팅부의 급여는 물류관리비로, 연구개발부의 급여는 연구개발활동비 등으로 집계하여 표시하는 방식을 말한다.

	관리부	마케팅부	품질관리부	연구개발부	…	성격별 비용 합계
종업원급여비용						
복리후생비						
감가상각비						
통신비						
소모품비						
…						
기능별 비용 합계	관리활동비	물류활동비	품질관리활동비	연구개발활동비		

5.5) 재무활동비용과 기타비용

영업활동과 관련 없는 재무활동비용과 기타비용으로서, 포괄손익계산서상에서는 영업외비용을 구성하는 항목을 말한다. 구체적인 비용은 다음과 같다.

[재무활동비용과 기타비용]

기타의 대손상각비	매출채권 이외의 채권에 대한 대손상각비
재고자산감모손실	재고자산에 대한 비정상손실 감모(수량)손실
외화차손	외화자산이나 외화부채 상환시에 발생하는 손실
외화환산손실	외화자산이나 외화부채 기말평가시에 발생하는 손실
유형자산처분손실	토지, 건물, 기계장치 등 유형자산을 처분하면서 발생한 손실
사채상환손실	사채를 상환함에 따라 발생하는 손실
법인세비용	법령에 따라 부담할 법인세 등+이연법인세자산부채 변동

연습문제

1. 수익의 인식기준으로 적절하지 않은 것은?

① 재무제표를 작성함에 있어서 발생기준을 적용하여야 하고, 엄밀하게 발생주의를 적용하면 수익이 증가될 때마다 수익을 인식해야 하나, 이는 기술적으로 너무 어려우므로 회계이론상 수익은 가득요건과 실현요건 중 하나가 충족되는 시점에 인식한다.

② 가득요건이란 거래와 관련된 경제적 의무를 모두 이행하여 수익을 얻을 만한 자격이 있어야 수익을 인식할 수 있다는 것이다.

③ 실현요건이란 경제적 효익의 유입가능성이 높고 수익금액을 신뢰성 있게 측정할 수 있을 때 수익을 인식할 수 있다는 것으로, 거래상대방이 거래금액을 인정하고 줄 능력이 있을 때 이러한 요건이 충족된다고 볼 수 있다.

④ 일반적으로 상품이나 제품판매의 경우 인도시점에 재화를 모두 인도해 주었으므로 경제적 의무를 다하였고(가득요건 충족), 일반적으로 인도하기 전에 거래상대방과 가격을 합의하고 신용상태를 사전에 조사하여 거래하므로(실현요건 충족) 재화의 경우 인도시점이 수익의 인식시점이 된다.

풀이 ①

현금흐름표를 제외한 재무제표는 발생주의에 입각해서 만들어야 하는데, 수익인식기준으로 발생주의를 엄격하게 적용하면 들어가는 비용 대비 얻는 효익이 적으므로, 회계이론에서는 발생주의를 후퇴시켜 가득요건(의무의 수행)과 실현요건(상대방으로부터 대가를 받을 권리를 확인)이 충족되는 시점에 수익을 인식하면 발생주의를 지키는 것으로 보고 있다. 따라서, 가득요건과 실현요건 중 하나라도 충족 못하면 수익을 인식해서는 안 된다.

2. 수익의 인식기준으로 가장 적절하지 않은 것은?

① 이론적인 측면에서 용역제공의 경우 일반적으로 사전계약에 의하여 용역제공의 대가를 결정(실현요건 충족)한 다음 용역(서비스 또는 일)이 진행되고 용역제공이 완료되어야 모든 경제적 의무가 끝나므로 원칙적으로 용역완료시점에 가득요건이 충족된다고 볼 수 있다.

② 상품·제품의 일반적인 판매거래에 있어서는 판매시점에 재화를 인도함으로써 가득요건이 충족되고 통상 판매시점에 판매금액이 확정되어 실현요건이 충족되므로 판매시점에 수익을 인식한다.

③ 이자수익의 경우 사전적으로 이자율이 정해지고(실현요건 충족), 기간이 경과할 때마다 이자는 늘어나므로 경영성과를 회계기간별로 적정하게 측정하기 위하여 이자수익도 기간의 경과에 따라 수익을 인식하며, 이는 진행기준을 적용하는 것과 마찬가지라고 할 수 있다.

④ 배당수익의 경우도 이자수익과 마찬가지로 자금사용의 대가로 볼 수 있으므로 기간의 경과에 따라 수익을 인식한다.

풀이 ④

배당은 주주총회에서 배당을 주기로 결의한 경우에만 주주가 받을 권리가 생기고 배당으로 받을 금액이 확정되므로, 배당결의일, 즉 배당이 결정된 날에 배당금수익을 인식해야 한다.

3. 다음 거래를 일자별로 회계처리하라.

12/25 (주)신성구두는 구두상품권 100장을 현금 10,000,000원을 받고 판매했다.

12/31일까지 회수된 상품권은 30장이었다.

풀이

12월 25일 회계처리

차) 자산(현금)	10,000,000	대) 부채(선수금)	10,000,000

상품권을 판매한 시점에서는 회사의 입장에서는 구두를 제공하지 않았으므로 가득요건을 충족시키지 못하고 있다. 앞으로 구두를 제공해야 될 의무가 있는 것이다. 따라서, 수익을 인식해서는 안 된다.

12월 31일 회계처리

차) 부채(선수금)	3,000,000	대) 수익(매출)	3,000,000

상품권이 30권 회수되면서 구두를 제공했을 것이므로 30장에 대해서는 의무를 다했으므로 가득요건을 충족하게 되어 수익을 인식하게 되는 것이다. 실무적으로는 한 장의 상품권이 접수되었을 때마다 수익으로 인식하는 회계처리를 하는 것이 아니고, 결산시(월결산, 분기결산, 반기결산, 온결산 등)에 한꺼번에 회계처리하는 것이 일반적이라고 할 수 있다.

[4~5] 다음 거래를 회계처리하라.

[장기할부판매]

1/1 K전자는 1년 뒤부터 매년 1,000,000원씩 2회에 걸쳐 회수하는 조건으로 스마트폰을 장기할부판매했다. 만약, 일시불로 현금판매한다면 1,440,000원을 받고 판매한다(할부판매한 시점에 적용할 유효이자율은 연 25%로 가정하라).

$$\text{할부금의 현재가치} = 1{,}000{,}000/(1+25\%) + 1{,}000{,}000/(1+25\%)^2 = 1{,}440{,}000$$

힌트 현재가치와 할부금의 명목가액(2,000,000 = 1,000,000 + 1,000,000)의 차이는 현재가치할인차금계정을 이용하라.

4. 만약 할부매출이 아닌 일시불로 받고 매출한 경우 매출에 대한 회계처리는?

풀이

차) 자산(현금) 1,440,000 대) 수익(매출) 1,440,000

일시불을 받고 현금매출했다면 1,440,000원을 받았을 것이므로 위와 같이 회계처리한다. 일시금을 받지 않고 할부금을 받았다면 당연히 판매하는 입장에서는 판매대금을 늦게 받는 것에 대한 보상을 요구할 것이며, 이러한 보상은 회계에서는 매출이 아닌 이자수익으로 인식한다. 이렇게 회계처리해야 기업 간 매출을 비교하는 것이 더 유용하다.

5. 위와 같이 2년 할부조건으로 판매한 경우, 판매시점에서 회계처리는?

풀이

차) 장기성외상매출금 2,000,000 대) 매출 1,440,000
현재가치할인차금 560,000

참고 1 판매시점에서 재무상태표를 만들면 다음과 같이 표시됨.

장기성외상매출금 2,000,000
현재가치할인차금 (560,000)

현재가치할인차금은 이 사례에서는 장기성외상매출금의 차감계정이라고 한다.

참고 2 1차년도 말 회계처리

차) 현금 1,000,000 대) 장기성외상매출금 1,000,000
현재가치할인차금 360,000 이자수익 360,000

현금판매했을 경우 받을 금액과 향후 들어오는 금액의 현재가치를 일치시켜주는 이자율을 유효이자율(또는 내재이자율)이라고 한다. 이에 따라 유효이자상각표를 만들면 다음과 같다.

연도	기초장부가액	유효이자	현금회수액	원금회수액	기말장부가액
	①=전기말⑤	②=①×25%	③	④=③-②	⑤=①-④
1차년도	1,440,000	360,000	1,000,000	640,000	800,000
2차년도	800,000	200,000	1,000,000	800,000	0
합계		560,000	2,000,000		

6. 위탁매출의 경우 위탁자의 수익인식시점은?

① 위탁품을 적송한 시점

② 수탁자가 적송품을 판매한 시점

③ 위탁자가 매출계산서를 받은 시점

④ 수탁자가 위탁품을 판매한 시점

풀이 ②

위탁판매의 경우 위탁자의 수익은 수탁자가 적송품을 제3자에게 판매한 시점에 인식한다.

7. 수익의 인식기준은?

① 발생기준 ② 가득기준

③ 시가기준 ④ 실현기준

풀이 ④

수익의 인식에 있어서 발생기준을 후퇴시키고 일정한 요건을 충족한 시점에 수익이 발생한다고 보아 수익을 인식하게 되는데, 이를 실현기준이라고 한다. 실현기준에 의하면 가득요건과 실현요건이 충족된 시점에 수익을 인식한다.

8. 다음 중 발생주의에 관한 설명으로 가장 적절하지 않은 것은?

① 발생주의는 현금주의에서 발생할 수 있는 기간별 손익 왜곡 문제를 해결한다.

② 발생주의는 경제적 사건이나 거래가 발생한 시점에 수익과 비용을 인식한다.

③ 발생주의는 현금의 유입 및 유출과는 상관없다.

④ 현금주의에 의해 재무제표를 작성했을 때 결산수정분개가 필요하다.

풀이 ④

현금주의에 의해 재무제표를 작성한 경우에는 결산수정분개는 필요 없다.

정리하기

1. 주된 영업활동과 관련하여 계속·반복적 수익인지 여부에 따라 수익은 매출과 기타수익으로 구분한다.
2. 매출과 기타수익은 상대적 개념으로 회사의 주된 영업이 무엇이냐에 따라 매출과 기타수익이 결정된다.
3. 수익은 발생기준을 완화하여 가득요건과 실현요건이 충족되는 시점에서 수익을 인식한다.
4. 일반적으로 재화의 판매는 판매시점에서 매출을 인식한다.
5. 통상 사전대가가 미리 약정되는 용역의 제공은 진행기준에 따라 수익을 인식한다.
6. 가득요건과 실현요건이 충족되더라도 현금의 유입가능성이 불확실한 경우에는 현금회수시점에 수익을 인식한다.
7. 올바른 경영성과를 측정하기 위하여 비용은 관련 수익이 인식되는 기간에 대응하여 인식한다.

제 6 장

금융자산(1)

1. 금융상품과 금융자산
   - 1.1) 금융상품의 정의
   - 1.2) 금융자산의 분류

2. 현금및현금성자산
   - 2.1) 현금
   - 2.2) 요구불예금
   - 2.3) 현금성자산
   - 2.4) 현금과 예금의 공시

3. 대여금 및 수취채권
   - 3.1) 대여금 및 수취채권의 의의와 분류
   - 3.2) 외상매출금
   - 3.3) 받을어음
   - 3.4) 기타채권

4. 대여금 및 수취채권의 손상
   - 4.1) 대손과 손상의 의미
   - 4.2) 손상차손의 인식요건
   - 4.3) 손상시 회계처리방법

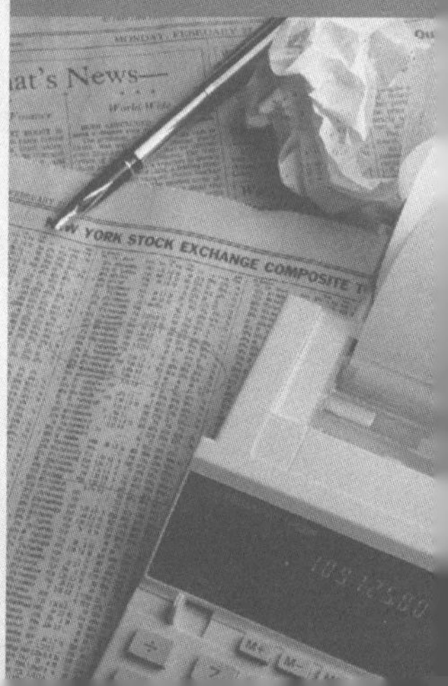

학습개요

한국채택회계기준에서 말하는 금융상품의 개념을 파악하고 금융상품과 금융자산 간의 관계를 명확히 파악한다. 금융자산 중 현금및현금성자산의 내용과 재무제표 표시방법을 학습한다. 대여금 및 수취채권 중 받을어음의 할인 및 할인시 회계처리를 학습한다. 자산손상 및 대손개념을 학습하고 자산손상의 징후 발견시 손상회계처리를 어떻게 하는지 학습한다.

학습목표

1. 금융상품의 개념을 설명할 수 있다.
2. 받을어음 할인을 설명할 수 있고 회계처리를 할 수 있다.
3. 매출채권 매각거래와 담보차입거래를 구분하여 회계처리를 알 수 있다.
4. 자산손상 및 대손을 설명할 수 있고, 대손회계처리를 할 수 있다.

주요용어

- 금융상품 거래당사자에게 금융자산과 금융부채, 지분증권을 동시에 발생시키는 계약
- 금융자산 금융상품 중 현금성자산, 대여금 및 수취채권, 다른 회사 지분상품(투자주식), 채무증권(투자사채)
- 외상매출금 주된 영업활동과 관련 일상적 상거래에서 발생한 미수채권으로 어음을 수령하지 않은 채권
- 받을어음 주된 영업활동과 관련 일상적 상거래에서 발생한 미수채권으로 어음을 수령한 것
- 매출채권양도 채권회수기일 도래 전에 제3자에게 매출채권을 양도한 것을 말한다.
- 자산손상 자산의 가치를 떨어뜨리는 손상징후가 발생하여 자산의 장부금액보다 가치가 떨어지는 것

1. 금융상품과 금융자산

1.1) 금융상품(financial instruments)의 정의

일상용어로 금융상품이라 하면 은행의 정기예금 등 각종 상품, 증권회사의 펀드 등의 우리가 투자할 수 있는 상품을 의미하지만, 회계에서 말하는 금융상품은 거래당사자에게 금융자산과 금융부채, 지분증권을 동시에 발생시키는 계약을 말한다.

따라서, 금융상품이라는 용어는 금융상품을 소유하는 입장에서는 자산이 되고 금융상품을 발행하여 자금을 조달하는 입장에서는 금융부채(예: 차입금, 사채), 지분상품(예: 유상증자로 주식을 발행하는 회사)이 되는 특성을 가지고 있으므로 회계를 공부하는 입장에서는 금융상품을 '금융계정' 또는 '금융 관련 계정'으로 인지하는 것이 개념상 더 도움이 될 것으로 생각한다.[1)]

즉, 상대방과 돈이 오고 갈 수 있는 계약을 체결하였는데, 돈을 받게 될 가능성이 유리한 계약이라면 이를 금융자산으로 인식하고, 반대로 돈을 물어 주거나 지급할 가능성이 더 높은 불리한 계약이라면 이를 금융부채로 인식한다(금융부채는 11장에서 학습하고, 지분상품 관련된 내용은 14장에서 학습한다).

그러나 선급비용, 선급금, 선수수익, 선수금은 현금이나 다른 금융자산의 수취·지급이 아닌 재화 또는 용역의 수취·제공을 가져오게 되므로 금융상품이 아니고, 계약이 아닌 선급법인세, 미지급법인세 등도

1) 금융상품이라는 용어는 일상에서 및 기존의 회계기준에서는 자산의 뉘앙스가 강하다. 따라서, financial instruments를 번역할 때, 정보의 이해가능성 측면에서 '금융계정' 또는 '금융 관련 계정'이라는 용어로 번역했더라면 더 좋지 않았을까 하는 생각도 든다.

회계에서는 금융상품에 포함시키지 않는다.

1.2) 금융자산의 분류[2)]

금융자산이란 결국, 현금과 금융상품으로 구성되는바, 이는 구체적으로 다음과 같이 분류할 수 있다.

① 현금및현금성자산

현금과 유동성이 높은 단기투자자산(당좌예금 · 보통예금 등의 요구불예금, 기타 현금성자산)

② 대여금 및 수취채권

지급금액이 확정되었거나 결정가능한 채권(대여금, 매출채권, 미수금, 임차보증금, 금융기관의 금융상품으로 현금및현금성자산으로 분류되지 않는 것)

③ 기타금융상품

유가증권 및 파생상품[지분증권(주식), 채무증권(회사채, 국공채), 선물 · 옵션 등 파생상품]

이번 장에서는 현금및현금성자산과 대여금 및 수취채권에 대해서 설명하고, 유가증권에 대해서는 다음 7장에서 설명한다.

---

2) K-IFRS에 따르면 금융자산은 현금, 다른 기업의 지분상품(타 회사주식), 계약상 권리(1. 거래상대방에게서 현금 등 금융자산을 수취할 계약상 권리-수취채권 및 회사채 등 채무증권, 2. 잠재적으로 유리한 조건으로 거래상대방과 금융자산이나 금융부채를 교환하기로 한 계약상 권리-선물, 옵션 등), 기업 자신의 지분상품으로 결제되거나 결제될 수 있는 계약을 의미한다.

2. 현금및현금성자산

회계에서 현금및현금성자산은 현금, 요구불예금, 현금성자산으로 구성되어 있다. 요구불예금에는 보통예금과 당좌예금이 있으나 일반 개인의 경우 별로 접하지 못하는 당좌예금에 대해서만 설명한다.

2.1) 현금

2.1.1) 현금의 의의

현금이란 유동성이 가장 높은 자산으로서 그 자체가 결제수단(교환의 매개수단)이 되는 것을 말한다.

현금은 통화와 통화대용증권으로 구분된다.

① 통화

지폐와 동전

② 통화대용증권

통화는 아니지만, 통화처럼 언제든지 통화와 교환할 수 있는 것으로, 타인발행 당좌수표·은행발행 자기앞수표·우편환증서·만기가 도래한 국공채 및 회사채이자표, 배당금지급통지표 등을 말한다.

우표나 수입인지 등은 결제수단으로 자유롭게 사용할 수 없으므로 일단 구입시 선급비용으로 처리하고 사용시에는 비용처리한다.

2.1.2) 현금출납장

자금부서에서 매일 현금의 수입과 지출내용을 기재하는 보조장부로서 수기장부 시대에 자금담당자와 회계담당자가 구분되어 있을 경우 현금출납장상의 매일 현금의 거래내용이 집계되어 회계담당자에게 전달되면 회계담당자는 그 집계내역을 현금원장에 기록했다. 전산화된 환경시스템에서는 현금출납장 그 자체가 현금원장의 역할을 대신하게 된다.

2.1.3) 현금과부족

장부상 현금잔액과 현금의 실제잔액은 일치하여야 하는데, 기록·계산의 오류, 분실·도난 등의 사유로 일치하지 않는 경우 일마감 등 결산을 하면서 그 차이를 기록하는 임시계정으로, 그 원인을 밝혀 올바른 회계처리를 해야 하고, 원인이 밝혀지지 않은 부분은 잡손실 또는 잡이익으로 처리한다.

예제 1

10/11 현금출납장상의 잔액은 510,000원인데, 현금시재액은 490,000원이었다.

10/12 위의 불일치 원인을 조사한 결과 15,000원은 총무직원의 교통비 지급액이 누락되었다는 것을 발견했다.

12/31 나머지 잔액 5,000원은 결산시까지 원인이 밝혀지지 않았다.

〈분개〉

10/11	차) 현금과부족	20,000	대) 현금	20,000
10/12	차) 여비교통비	15,000	대) 현금과부족	15,000
12/31	차) 잡손실	5,000	대) 현금과부족	5,000

2.2) 요구불예금(보통예금 + 당좌예금: 당좌예금을 중심으로)

2.2.1) 당좌예금의 의의

당좌예금이란 회사가 은행과 당좌거래약정을 맺고 은행에 자금을 예입하고 필요에 따라 수시로 당좌수표를 발행하여 언제든지 현금을 인출할 수 있는 요구불예금을 말한다.

당좌거래약정을 체결하면 거래은행은 은행고유의 당좌수표를 당좌예금 개설 회사에 지급하고, 회사는 자금결제시 당좌수표에 금액을 기재하여 거래상대방에게 교부하여 결제를 하게 된다.

당좌예금 예입은 현금이나 타인으로부터 받은 수표 등으로 할 수 있고 당좌예금계좌에 예금을 하면 당좌예금 차변에 기재하고, 당좌수표를 발행하여 지급하면 당좌예금 대변에 기록한다. 원칙적으로 당좌수표는 당좌예금잔액의 범위 내에서만 발행되어야 하며 잔액이 없는데도 수표를 발행하면 은행은 수표대금의 지급을 거절하게 되고 그 수표는 부도수표가 된다. 하지만, 은행과 당좌거래약정 체결시 당좌예금잔액을 초과하여 일정한 한도 내에서 수표를 발행할 수 있도록 약정을 맺을 수 있는데, 당좌예금잔액을 초과하여 발행한 수표금액을 '당좌차월'이라고 한다.

2.2.2) 당좌예금출납장

당좌예금출납장이란 당좌예금의 예입과 인출을 상세히 기록하여 당좌예금잔액 및 당좌차월을 관리하기 위한 보조장부로서, 당좌거래은행별로 작성한다.

2.2.3) 당좌차월

▲ 당좌차월: 당좌수표를 발행한 금액 > 당좌예금잔액

당좌차월은 당좌예금잔액을 초과하여 발행한 당좌수표금액을 말한다. 당좌차월은 당좌예금잔액을 초과하여 당좌수표를 발행한 금액이므로, 당좌예금 원장상의 금액은 대변잔액[또는 차변 (−) 금액]이 된다. 기중에는 당좌예금과 당좌차월을 구분하지 않고 당좌예금으로만 처리하다가 결산시점에서 당좌예금잔액이 차변잔액이면 유동자산(현금및현금성자산)으로 분류하고, 반대로 대변잔액이면 이는 은행으로부터 차입한 것과 마찬가지이므로 차입금의 계정과목으로 집계하여 유동부채(단기차입금)로 분류한다. 여러 은행에 당좌거래를 하고 있는 경우에 한 은행에는 당좌예금잔액이 있고, 다른 은행에는 당좌차월이 있다면, 이를 상계하지 않고 각각 유동자산(현금및현금성자산)과 유동부채(단기차입금)로 분류하여 재무제표에 표시해야 한다.

예제 2

12/5 A은행과 당좌거래약정(당좌차월 한도액은 5천만원으로 가정)을 체결하고, 당좌예금계좌에 보통예금에서 계좌이체방식으로 1억원을 예금했다.

12/27 원재료 구입처에 원재료 외상매입대금 1억2천만원을 당좌수표를 발행하여 지급했다.

〈분개〉

12/5	차) 당좌예금	100,000,000	대) 보통예금	100,000,000
12/27	차) 외상매입금	120,000,000	대) 당좌예금	120,000,000

12/31 차) 당좌예금 20,000,000 대) 단기차입금 20,000,000

실무적으로는 12월 31일 분개는 하지 않고 재무제표 작성시에만 단기차입금으로 표시할 수도 있다.

2.2.4) 은행계정조정표

일정 시점에서 회사측의 당좌예금 장부상 잔액과 은행측의 당좌예금 원장잔액이 회사나 은행측의 기록시점의 불일치 등으로 차이가 발생할 수 있다. 이러한 불일치는 시간의 경과에 따라서 자연스럽게 정리되지만, 기말 재무상태표 작성시점에서 만약 양자 간에 차이가 있다면 기말의 정확한 잔액을 파악하여 이 금액으로 재무제표에 표시되어야 한다. 이와 같이 은행측 잔액과 회사측 잔액 간의 차이를 조정하여 정확한 예금잔액을 파악하는 양식을 은행계정조정표라고 한다.

은행측 잔액과 회사측 잔액이 차이가 발생하는 원인은 다음과 같다. 이러한 차이는 당좌예금뿐만 아니라 다른 예금에서도 발생할 수 있으나 작성원리는 동일하므로 당좌예금을 가지고 은행계정표 작성을 설명한다.

① 회사에서 입금기입을 했으나 은행에서 미기입한 경우

이때의 차이를 은행미기입예금이라고 하고 은행측 잔액에 가산해야 한다.

② 회사에서 출금기입을 했으나 은행에서 미기입한 경우

수표 소지인이 아직 은행에 청구를 하지 않아 은행측에서 출금기록이 되지 않은 경우로서 이를 기발행 미인출수표라고 하고, 이러한 차이는 은행측 잔액에서 차감해야 한다. 실무적으로 회사의 경우 당좌수표를 발행하는 시점에서 당좌수표를 발행하고 발행시점에 당좌예금을 장부에서 줄이고, 은행측에서는 당좌수표 소지자가 은행에 청구를 하여 자금을 지급할 때 은행의 원장에서 당좌예금을 줄인다.

③ 은행에서 입금기입을 했으나 회사에서 미기입한 경우

은행이 직접 수금한 외상매출금이나 추심완료어음 및 예금에 대한 이자 등 은행측 잔액에서는 입금처리되었으나 회사에는 아직 통보가 되지 않아 회사 장부에 기록되지 않은 것으로 이러한 차이는 회사 장부잔액에 가산한다.

④ 은행에서 출금기록을 했으나 회사에서 미기입한 경우

은행에서 당좌차월이자나 추심수수료, 부도수표 등을 회사의 당좌예금계좌에서 차감했으나, 회사에서는 아직 통보 등이 되지 않아 당좌예금 장부에서 출금기록을 하지 않은 경우로서, 이러한 차이는 회사측의 장부잔액에서 차감해야 한다.

이러한 차이들은 오류가 아닌 단지 기록시점의 차이로 시간이 경과하면서 자동으로 조정되지만, 은행 또는 회사의 기장오류(예: 0을 하나 더 기록한 경우 등)로 인한 차이는 오류내역을 밝혀내어 올바른 잔액으로 수정해야 한다.

예제 3

A은행과 거래를 하고 있는 12월 31일 현재 (주)B의 당좌예금계정잔액은 1,000,000원인데, 은행에 조회한 당좌예금잔액은 1,200,000원이다. 불일치의 원인은 다음과 같았다.

▶ (주)B가 12월 27일 발행한 300,000원의 당좌수표가 은행에서 아직 인출되지 않았다.

▶ (주)B의 기중 당좌차월이자 100,000원을 은행측 당좌예금원장에서는 차감하였는데, (주)B의 당좌예금 장부에서는 아직 차감이 이루어지고 있지 않았다. 기말 재무상태표에 포함되어야 할 정확한 당좌예금잔액과 회사가 수행해야 할 분개는?

은행측 잔액:	1,200,000	기업측 잔액:	1,000,000
차감: 기발행미인출수표	300,000	차감: 기발생이자	100,000
정확한 잔액	900,000	정확한 잔액	900,000

〈분개〉

차) 이자비용	100,000	대) 당좌예금	100,000

2.2.5) 소액현금제도

현금은 성격상 도난·분실의 위험이 높아 은행에 당좌예금, 보통예금 등 요구불예금계좌를 개설하여 타인으로부터 현금이나 수표를 받은 때에는 이를 바로 거래은행계좌에 입금하고 모든 지출은 수표를 발행하거나 계좌이체로 처리하여 도난·분실의 위험을 방지한다. 그러나 일상 업무를 수행하는 과정에서 빈번하게 발생하는 경비지급에 대하여 수표를 발행하거나 계좌이체를 통하여 전송하는 것이 번거로울 수 있어, 실무에서는 각 부서별로 소액의 현금지출을 위한 일정액의 자금(이를 실무에서는 '전도금'이라 한다)을 지급해 주고 일정 기간이 지나면(주단위 또는 월단위 등) 소액현금 사용내용에 관한 증빙과 잔액을 회계처리 담당자에게 보내도록 하여 회계처리를 하는데, 이를 소액현금제도 또는 전도금제라고 한다.

예제 4

(주)봉서는 12월 1일부터 각 부서에 1,000,000원의 전도금을 지급하고 매월 말 전도금 사용내역과 잔액을 자금팀에 보고하고 사용금액만큼을 다시 전도해 주는 소액현금제도를 택하고 있다. 소액현금에 대한 회계처리는 자금팀에서 직접 수행하고 있다. 총무부의 12월 전도금 사용내용이 다음과 같을 때 소액현금제도하에서의 회계처리를 하라.

12/1 자금부에서 보통예금통장에서 인출한 현금 1,000,000원을 총무팀에 전달함.

12/31 총무부에서 경비 사용내역을 영수증 등 증명서류와 함께 다음과 같이 보고함.

사무용품비	330,000	통신비	150,000
여비교통비	100,000	회식비	200,000
현금잔액:	220,000		

〈분개〉

12/1	차) 현금	1,000,000	대) 보통예금	1,000,000
12/31	차) 사무용품비	330,000	대) 현금	780,000
	통신비	150,000		
	여비교통비	100,000		
	회식비	200,000		
12/31	차) 현금	780,000	대) 보통예금	780,000

소액현금제도는 보충해 주는 금액이 일정한지 여부에 따라 정액소액현금제도와 부정액소액현금제도가 있다.

2.3) 현금성자산

현금성자산이란 비록 취득 당시에는 현금, 요구불예금 형태가 아니지만 조만간 현금화될 예정인 자산을 말한다. 대개 큰 거래비용 없이 현금으로 전환이 용이하고 이자율변동에 따른 가치변동폭이 크지 않은 금융상품으로서 취득당시 만기가 3개월 이내인 금융자산을 현금성자산이라고 한다.

[현금성자산의 예]

① 취득 당시 만기가 3개월 이내에 도래하는 채권

② 취득 당시 환매기간이 3개월 이내인 환매채

③ 투자신탁의 계약기간이 3개월 미만인 초단기수익증권

④ 취득 당시 3개월 이내 만기가 도래하는 금융기관 취급 단기금융상품 등

취득 당시 만기가 3개월 이상이었으나, 재무상태표일 현재 만기가 3개월 이내인 금융자산은 현금성자산이 아닌 단기금융상품으로 계정분류한다.

2.4) 현금과 예금의 공시(현금과 예금의 재무상태표 표시)

- **현금및현금성자산:** 현금(통화, 통화대용증권), 요구불예금(보통예금, 당좌예금), 현금성자산은 현금및현금성자산으로 집계하고 재무상태표에 표시한다.
- **금융기관이 취급하는 금융상품:** 현금및현금성자산에 속하지 않는

금융상품 중 재무상태표일 현재 만기가 12개월 이내인 금융상품은 유동자산으로 분류하고, 12개월 이후 만기가 도래하는 금융상품은 비유동자산으로 분류한다.

- **당좌차월:** 단기차입금으로 분류하여 유동부채로 보고한다.

3. 대여금 및 수취채권

3.1) 대여금 및 수취채권의 의의와 분류

대여금 및 수취채권은 기업이 영업활동을 수행하는 과정에서 재화나 용역을 외상으로 판매하거나 자금을 대여하고 미래에 현금을 수취할 권리(채권)를 말하는 것으로, 미래 현금회수를 담보하기 위하여 어음을 받는 경우 그러한 채권을 회계에서는 받을어음이라고 칭한다.

3.1.1) 대여금 및 수취채권의 분류

① 매출채권

상품, 제품의 외상매출 및 용역의 외상매출거래에서 발생하는 채권으로 미래 대금회수를 구두로만 약속한 외상매출금과 어음을 수령한 받을어음으로 구분된다.

② 기타채권

자금대여 및 유형자산처분 등 주된 영업활동 이외의 거래에서 발생하는 채권으로 구두로 약속한 미수금 및 대여금과 어음을 수령한 받을어음으로 구분된다.

3.2) 외상매출금

상품판매 및 제품판매와 같은 일반적 상거래에서 매매계약이 성립하여 상품, 제품 등이 인도되었지만 그에 대한 대금은 일정 기간이 지난 후에 받기로 구두로 약속한 채권을 말한다.

상품 등을 외상으로 매출하면 외상매출금 차변에 기록하고, 현금으로 회수하면 외상매출금 대변에 기록한다.

외상매출금 발생 및 회수를 원활히 관리하기 위하여 회사는 거래처별 외상매출금 원장이라는 보조장부를 만들고, 통상 거래처별 외상매출금 원장은 영업부서에도 자금회수 및 거래처별 판매실적을 파악하기 위해서 만들었다. 전산화된 환경에서는 매출거래에 대한 전표처리(분개처리, 회계처리)를 할 때 거래처코드를 전산에 별도로 입력하여 전표처리만 하면 외상매출금 원장과 보조장부인 거래처별 외상매출금 원장이 자동 작성된다. 이러한 전산회계처리 환경에서 회계처리시에 거래처별 코드입력만 하면 거래처별 매출처 원장이 작성되며 거래처별 매출처 원장은 매출대금의 회수 및 거래처별 매출금액을 관리하기 위한 영업관리 장부라고 할 수 있다.

3.2.1) 매출에누리와 매출환입

- 매출에누리란 판매한 재화의 파손이나 결함이 있어 값을 깎아주는 것을 말한다.
- 매출환입이란 판매한 재화의 파손이나 결함이 있어 판매한 재화를 다시 반품받는 것을 말한다.

매출에누리와 매출환입이 발생시 매출차감계정의 성격인 매출에누리와 매출환입계정을 차변에 기록하고 대변에는 외상매출금을 기록하여 외상매출금을 줄인다.

매출에누리와 매출환입계정을 사용하지 않고 곧바로 매출을 차변에 기록하여 매출을 줄일 수도 있지만, 매출에누리와 매출환입계정을 사용함으로써 전체 매출계상액과 매출 중 매출에누리와 매출환입으로 취소된 매출규모를 파악할 수 있어 통상 매출에누리와 매출환입계정을 사용한다.

손익계산서에 매출을 표시할 때는 총매출에서 매출에누리와 매출환입을 차감한 순액만을 표시한다.

3.2.2) 매출할인

매출할인이란 대금회수를 촉진하기 위하여 조기에 외상매출금을 상환하면 외상매출금에서 일정액을 깎아주는 것을 말한다.

매출할인을 회계처리하는 방법에는 총액법과 순액법이 있다.

① 총액법

판매시점에 총판매가격으로 매출과 매출채권을 계상한 후, 할인기간 내에 외상매출금을 회수하는 경우에는 현금할인액을 매출할인(매출차감)으로 인식하는 방법이다.

② 순액법

판매시점에 총판매가격에서 매출할인액을 차감한 금액으로 매출과 매출채권을 계상한 후, 매출할인기간 경과 후 외상매출금을 회수하는 경우에는 현금할인액을 이자수익으로 인식하는 방법이다.

3.3) 받을어음

어음이란 채무자가 자기의 채무를 상환하기 위하여 일정한 금액을 특정한 장소(보통 지급은행)에서 특정한 날짜(어음지급기일)에 지급하겠다는 것을 약속하는 유가증권으로서 「상법」상의 일정한 서식에 따라 작성한다. 어음발행인과 어음지급인이 동일한 어음을 약속어음이라고 하고 어음발행인과 어음지급인이 다른 어음을 환어음이라고 한다. 환어음의 경우 통상 거래은행이 어음지급인이 되고, 통상 국제거래에서 환어음을 많이 사용한다. 또한, 실제 거래대금을 위해 발행되는 어음을 진성어음이라고 하고, 실제 거래 없이 자금대여의 담보목적으로 발행되는 어음을 융통어음이라고 한다. 진성어음을 수령한 경우에는 거래의 내용에 따라 매출채권 또는 미수금으로 회계처리하고, 융통어음의 경우에는 실제 거래성격이 자금대여이고 어음은 단지 담보성격만 있는 것이므로 어음에 대해서는 별도의 회계처리는 없지만 자금대여액은 대여금으로 회계처리해야 한다.

어음에는 어음수취인, 만기일, 어음발행인(채무자)의 거래은행(지급장소에 기재된다), 만기금액이 기재되고, 일반적으로 어음만기일이 되면 어음소지인은 받을어음을 자기의 거래은행에 추심을 의뢰하고 추심요청을 받은 거래은행은 어음에 기재된 어음발행인의 거래은행에 대금지급을 요청하여 대금을 회수한 후 어음수취기업의 당좌예금계좌에 입금하게 된다. 은행은 이 과정에서 어음추심수수료를 수수하게 된다.

재화나 용역을 제공하고 약속어음을 받으면 받을어음을 차변에 기록하고, 만기에 이를 현금으로 회수하면 받을어음계정 대변에 기록한다.

예제 5

11/1 (주)B는 제품 10,000,000원을 (주)A에 매출하고 대금은 약속어음(발행일: 7/1, 만기일: 11/30, 지급장소: C은행 충무로지점)을 받았다.

11/30 (주)B는 거래은행인 D은행에 동 어음의 추심을 의뢰하여 어음대금을 수령하여 당좌예금에 예입했다. 추심수수료 50,000원은 현금으로 지급했다.

〈분개〉

11/1	차)	받을어음	10,000,000	대)	매출	10,000,000
11/30	차)	수수료비용	50,000	대)	현금	50,000
		당좌예금	10,000,000		받을어음	10,000,000

회사의 자금을 담당하는 자금부서에서는 받을어음의 회수와 지급어음의 지급을 원활히 하기 위해 또는 받을어음의 내용 및 지급어음의 내용을 일목요연하게 파악하기 위해 받을어음 기입장과 지급어음 기입장을 만들어 자금관리 목적으로 사용한다. 이러한 보조장부는 회계장부가 아닌 자금담당부서가 자금담당업무를 원활히 수행하기 위해 만든 보조장부임을 유념하기 바란다.

3.3.1) 받을어음의 회수

① 어음의 배서

어음은 유가증권으로서 받을어음의 소지인은 어음만기일 전에 어음을 타인에게 자유로이 양도할 수 있는데, 어음을 양도할 때 어음의 뒷면에 양도의사를 표시하고 기명날인하여 양수인에게 교부하는데, 이

것을 어음의 배서라고 한다. 어음의 양도인을 배서인이라 하고, 어음의 양수인을 피배서인이라고 한다.

② 추심위임배서

받을어음의 소지자가 어음만기일에 어음대금을 회수하기 위해 거래은행에 어음대금의 추심을 의뢰하는데, 이때 어음의 뒷면에 배서하고 은행에 넘겨주는 것을 말한다. 추심이란 어음이나 수표를 소지한 사람이 거래은행에 어음과 수표의 대금회수를 위임하고, 위임을 받은 거래은행은 어음과 수표의 발행점포 앞으로 대금지급을 요청하는 일련의 절차를 말한다. 이러한 대금회수 서비스를 제공한 대가로 은행은 추심수수료를 획득하게 된다. 추심위임배서시에는 수수료지급 외의 별도의 회계처리가 필요 없지만(이 행위로는 자산, 부채의 변동이 없기 때문에 거래가 발생하지 않았다) 은행으로부터 어음추심이 완료되어 당좌예금에 입금되었다는 통지를 받으면 받을어음을 제거하고 당좌예금을 늘려주는 회계처리를 해야 한다.

③ 배서양도

받을어음의 소지인이 당해 어음의 만기일 이전에 상품매입대금이나 외상매입금 등을 거래처에 지급하기 위하여 받을어음을 타인에게 양도하는 것을 말한다. 어음을 타인에게 배서양도하면 어음상의 채권이 소멸하므로 받을어음의 대변에 기입하고, 반대로 어음을 타인으로부터 배서양수하면 어음상의 채권이 발생하므로 받을어음계정의 차변에 기입한다.

배서양도한 어음이 어음만기일에 결제되지 않으면 부도어음이 되고, 배서인은 피배서인에게 어음금액을 상환해야 하는 의무가 발생한다.

예제 6

11/2 (주)외매에 대한 외상매입금 5,000,000원을 지급하기 위해 매출거래처 (주)C로부터 받은 받을어음 5,000,000원(어음만기일 11/25)을 배서양도했다.

11/25 (주)C가 발행한 어음은 무사히 결제되었다.

〈분개〉

11/2 차) 외상매입금 5,000,000 대) 받을어음 5,000,000

11/25 회계처리 없음

만약, 11/25일에 어음결제가 이루어지지 않았다는 통지를 받았다면

〈분개〉

11/25 차) 부도어음 5,000,000 대) 외상매입금 5,000,000

④ 받을어음의 할인

기업은 자금사정이 좋지 않은 경우에는 만기일 전에 받을어음을 금융기관에 양도하거나 담보로 제공하고 만기가액에서 이자비용(할인료)을 차감한 금액을 융통하여 사용하게 된다. 회계에서는 받을어음의 할인을 실질에 따라 양도거래와 담보차입거래로 구분하여 회계처리한다.

- **받을어음(매출채권)의 양도:** 받을어음이나 받을어음에 대한 권리 의무가 양도인과 분리되어 실질적으로 이전되는 때에는 매각거래로 간주하여 받을어음의 장부가액과 양도가액의 차이를 '매출채권처분손실'로 인식한다. 만약 받을어음 양수인이 다시 배서양도하는 것을 금지하는 등 받을어음의 소유에 따른 위험과 보상의 실질적인 이전을 수반하지 않는다면 '담보차입거래'로 취

급한다.

- **받을어음의 담보차입:** 양도거래 이외에는 받을어음을 담보로 제공하고 자금을 조달하는 차입거래로 간주하고 양도대금을 단기차입금으로 기록한다. 따라서, 이 경우에는 받을어음은 양도인의 자산으로 기록되게 된다.

예제 7

(주)어음은 외상매출의 결제대금으로 받은 60일 만기 액면가 10,000,000원의 무이자부어음을 자금사정이 여의치 않아 발행일로부터 30일이 지난 후인 10월 5일에 주거래은행에 연이자율 10%로 할인하여 현금을 수령했다. 어음할인을 양도거래로 볼 경우와 담보차입거래로 볼 경우의 회계처리는?

어음할인료의 계산: 10,000,000×10%×30/365=82,191

〈양도거래로 볼 경우〉

차)	현금	9,917,809	대) 받을어음	10,000,000
	매출채권처분손실	82,191		

〈차입거래로 볼 경우〉

차)	현금	9,917,809	대) 단기차입금	10,000,000
	선급이자*	82,191		

*선급이자로 회계처리한 경우 만약 결산일이 12월 31일이라면 차입금 상환기간이 경과되었으므로 전부 이자비용으로 대체회계처리를 해야 한다.

⑤ 어음의 부도

만기일에(「어음법」상 정확히 어음지급제시기간은 만기일+2일이므로 만기일+2일 내에 지급을 하지 못하면 부도가 확정된다) 어음발행인이 어음대금을 지급하지 못하면 이를 어음의 부도라고 한다.

어음이 부도가 나면 최종 어음소지인은 「어음법」에 따라 어음발행인과 어음배서인에게 어음의 상환청구권을 행사할 수 있게 된다. 어음배서인이 여러 명일 경우 아무에게나 상환청구를 할 수 있다.

받을어음이 부도가 난 경우에 받을어음의 최종 소지자는 특별한 회계처리를 할 필요가 없고, 단지 결산시점에 어음의 회수가능성을 검토하여 받을어음 장부가액을 회수가능가액으로 조정해야 한다. 받을어음을 은행에 할인하였거나 배서양도한 경우로서 피배서인의 어음상환청구권을 받을 경우에는 상환청구받은 금액을 지급하고 받을어음을 다시 살리기 위하여 받을어음의 차변에 기록한다.

예제 8

10/5 소지하고 있던 (주)도산의 발행어음 1,000,000원이 부도처리되었다.

10/10 (주)도산의 발행 부도어음의 배서인에게 상환청구권을 행사하여 1,000,000원을 현금으로 수령했다.

10/25 (주)휘청이 발행한 약속어음 10,000,000원을 주거래은행에서 할인하고 어음할인료 200,000원을 공제한 나머지 금액을 보통예금으로 수령했다(매각거래로 간주하라).

11/5 주거래은행에서 할인한 (주)휘청의 약속어음이 부도처리되어 10,000,000원을 주거래은행의 보통예금통장에서 계좌이체방식으로 지급했다.

〈분개〉

10/5 회계처리 없음(결산일까지 회수가 되지 않았다면, 결산일 현재 받을어음 회수가능액을 검토하여, 회수가능금액으로 받을어음가액을 조정하는 회계처리 필요)

10/10	차) 현금	1,000,000	대) 받을어음	1,000,000
10/25	차) 보통예금	9,800,000	대) 받을어음	10,000,000
	매출채권처분손실	200,000		
11/5	차) 받을어음	10,000,000	대) 보통예금	10,000,000

3.4) 기타채권

3.4.1) 미수금

재고자산(상품, 제품) 이외의 비품, 토지, 건물 등과 같은 자산을 외상으로 매각했을 경우 발생하는 채권으로, 회사의 주된 영업활동 이외의 자산을 매각하면서 발생한 채권을 의미한다.

상대개념인 미지급금은 재고자산 이외의 비품, 토지, 건물 등과 같은 자산을 외상으로 매입했을 경우 발생하는 채무를 나타내는 계정이다.

예제 9

10/5 장부가액이 1,000,000원인 비품을 1,100,000원에 처분하고 처분대금은 10월 30일에 받았다(부가가치세는 무시하라).

〈분개〉

10/5	차) 미수금	1,100,000	대) 비품	1,000,000
			유형자산처분이익	100,000
10/30	차) 현금	1,100,000	대) 미수금	1,100,000

3.4.2) 대여금

타인에게 자금을 대여한 경우에 발생한 채권을 말한다.

재무상태표일로부터 상환기간 1년 미만인 대여금은 유동자산으로 분류하고, 1년 이상 남은 대여금은 비유동자산으로 분류한다.

상대개념인 차입금은 자금을 차입한 경우에 발생한 채무를 말한다.

3.4.3) 임차보증금

부동산이나 동산을 일정 기간 임차하면서 임대인에게 담보로 지급한 금액을 말한다. 상대개념인 임대보증금은 임차인으로부터 담보조로 받은 금액을 말한다.

3.4.4) 가지급금

실무적으로 현금의 지출은 있었으나 계정과목이나 금액을 확정할 수 없을 때 사용하는 임시계정으로 차후 계정과목이나 금액이 확정되었을 때 본계정으로 대체해야 하고, 재무제표상에 표시되어서는 안 된다.

상대개념인 가수금은 현금의 수입은 있었으나 계정과목이나 금액을 확정할 수 없을 때 사용하는 임시계정으로 차후 계정과목이나 금액이 확정되었을 때 본계정으로 대체해야 하고, 재무제표상에 표시되어서는 안 된다.

4. 대여금 및 수취채권의 손상

4.1) 대손과 손상의 의미

대여금이나 수취채권 등의 금융자산이 채무자의 파산 등의 사유로 회수불가능한 금액이 있는 경우 금융자산이 손상되었다고 하고, 회수불가능으로 자산이 감소한 금액을 '손상차손'으로 회계처리해야 한다.

대여금 및 매출채권도 금융자산으로서, 채무자의 파산 등의 사유로 이러한 채권 중 회수불가능한 금액이 발생한 경우 마찬가지로 금융자산이 손상된 것이고 관행적으로 채권의 손상을 대손이라고 하고 회수불가능으로 자산이 감소한 금액을 대손상각비로 회계처리해야 한다.

4.2) 손상차손의 인식요건

매출채권을 포함한 금융자산에 대한 손상차손은 다음의 요건이 충족되었을 때 인식한다.

① 손상발생에 대한 객관적 증거가 존재하고
② 그러한 객관적 증거가 금융자산의 미래현금흐름에 주는 영향을 신뢰성 있게 추정 가능

손상차손 발생의 객관적 증거는 다음과 같다.

① 거래처의 중요한 재무적 어려움(예: 부도발생)
② 이자지급이나 원금상환의 불이행, 지연지급과 같은 계약위반
③ 거래처의 파산과 같이 재무구조조정의 가능성이 높은 상태가

된 경우

④ 채무불이행과 상관관계가 있는 국가나 지역의 경제상황이 악화된 경우(예: 거래처 거주지역의 실업률 증가, 관련 지역의 담보자산 가격하락, 거래처가 판매하는 제품가격의 하락, 거래처에 영향을 미치는 산업 상황의 악화 등)

4.3) 손상시 회계처리방법

상기 손상차손의 인식요건이 충족되었을 때 직접상각법 또는 대손충당금 설정법으로 손상차손금액을 인식한다.

4.3.1) 직접상각법

손상차손금액을 수취채권에서 직접 차감하는 방법을 말한다.

① 손상사건 발생시

특정 수취채권의 회수가 불가능하다고 판명될 경우 손상차손금액을 당기손실(대손상각비 또는 금융자산손상차손)로 인식하고 동 금액을 수취채권에서 직접 차감한다.

차) 대손상각비 ××× 대) 수취채권 ×××

② 손상회복시

손상차손을 인식한 후 후속 회계기간에 손상이 회복되었다는 객관적 증거가 존재하는 경우 전기에 인식한 손상차손액을 대손상각비환입으로 회계처리하고, 손익계산서에서는 판매비와 관리비의 차감으로 표시한다.

차) 수취채권 또는 현금 ××× 대) 대손상각비환입 ×××

손상차손을 인식한 동일 회계기간에 손상이 회복되었다는 객관적 증거가 존재하는 경우 기중에 인식한 대손상각비를 취소하고 수취채권을 회복시킨다.

차) 수취채권 또는 현금 ××× 대) 대손상각비 ×××

③ 보고기간 말

매 보고기간 말에 금융자산의 손상발생에 대한 객관적인 증거가 있는지를 평가하고 그러한 증거가 있는 경우 손상차손금액을 당기손실(대손상각비)로 인식하고 동시에 수취채권에서 직접 차감한다.

차) 대손상각비 ××× 대) 수취채권 ×××

4.3.2) 대손충당금 설정법

자산차감계정인 대손충당금계정을 사용하여 손상차손금액을 수취채권에서 차감하는 형식으로 표시하는 방법을 말한다.

① 손상발생시

특정 수취채권의 회수가 불가능하다고 확정될 경우, 즉 손상사건이 발생한 경우 손상차손금액을 대손충당금과 상계하고 대손충당금잔액이 부족한 경우에는 당기손실(대손상각비)로 인식한다.

차) 대손충당금 ××× 대) 수취채권 ×××
대손상각비 ×××

② 손상회복시

손상차손을 인식한 후 후속 회계기간에 손상이 회복되었다는 객관적 증거가 존재하는 경우 전기에 인식한 손상차손액을 대손상각비환입으로 회계처리하고, 손익계산서에서는 판매비와 관리비의 차감으로 표시한다.

차) 수취채권 또는 현금 ××× 대) 대손상각비환입 ×××

손상차손을 인식한 동일 회계기간에 손상이 회복되었다는 객관적 증거가 존재하는 경우 기중에 인식한 대손상각비를 취소하고 수취채권을 회복시킨다.

차) 수취채권 또는 현금 ××× 대) 대손상각비 ×××

③ 보고기간 말

매 보고기간 말에 금융자산의 손상발생에 대한 객관적인 증거가 있는지를 평가하고 그러한 증거가 있는 경우 손상차손금액을 추정한 후 결산 전 대손충당금잔액과 비교하여 부족분은 추가설정하고 반대의 경우에는 차액을 환입(대손상각비환입)으로 인식하고 손익계산서에서는 대손상각비와 상계하여 표시한다.

차) 대손상각비 ××× 대) 대손충당금 ×××

또는

차) 대손충당금 ××× 대) 대손상각비환입 ×××

예제 10

2011년에 설립된 (주)손상의 외상매출금과 대손에 관한 자료는 다음과 같다. (주)대손의 결산일은 12월 31일이다(특별한 언급이 없는 한 손상차손 검토는 이루어졌고 손상차손 징후가 있는 것으로 가정하라).

(1) 2012년 12월 31일의 외상매출금잔액은 400,000원이고, 이 금액 중 10,000원이 회수불가능하다고 추정되었다.
(2) 2013년 2월 23일, 전기에 매출한 12,000원의 외상매출금이 회수불가능하다고 판명되어 장부에서 제거했다. 이 금액 중 10,000원은 전기 말에 손상차손을 인식한 금액이다.
(3) 2013년 3월 3일, 당기에 매출한 7,000원의 외상매출금이 회수불가능하다고 판명되어 장부에서 제거했다.
(4) 2013년 7월 14일, 전기에 손상차손을 인식한 외상매출금 중 3,000원이 회수되었다.
(5) 2013년 9월 9일, 당기 3월에 손상차손을 인식한 외상매출금 중 2,000원이 회수되었다.
(6) 2013년 12월 31일의 외상매출금잔액은 500,000원이며 이 금액 중 30,000원이 회수불가능하다고 추정되었다.

〈직접상각법〉

2012년 12/31	차) 대손상각비	10,000	대) 매출채권	10,000
2013년 2/23	차) 대손상각비	2,000	대) 매출채권	2,000
2013년 3/3	차) 대손상각비	7,000	대) 매출채권	7,000
2013년 7/14	차) 현금	3,000	대) 대손상각비환입	3,000
2013년 9/9	차) 현금	2,000	대) 대손상각비	2,000
2013년 12/31	차) 대손상각비	30,000	대) 매출채권	30,000

〈대손충당금설정법〉

2012년 12/31	차) 대손상각비	10,000	대) 대손충당금	10,000

2013년 2/23	차) 대손충당금	10,000	대) 매출채권	12,000
	대손상각비	2,000		
2013년 3/3	차) 대손상각비	7,000	대) 매출채권	7,000
2013년 7/14	차) 현금	3,000	대) 대손상각비환입	3,000
2013년 9/9	차) 현금	2,000	대) 대손상각비	2,000
2013년 12/31	차) 대손상각비	30,000	대) 대손충당금	30,000

연습문제

[1~2] 다음 거래를 일자별로 회계처리하라.

11/1	(주)B는 제품 10,000,000원을 (주)A에 매출하고 대금은 약속어음(발행일: 7/1, 만기일: 11/30, 지급장소: C은행 충무로지점 영업부)을 받았다.
11/30	(주)B는 거래은행인 D은행에 동 어음의 추심을 의뢰하여 어음대금을 수령하여 당좌예금에 예입했다. 추심수수료 50,000원은 현금으로 지급했다.

1. 11/1일의 회계처리는?

풀이

차) 받을어음	10,000,000	대) 매출	10,000,000

가득요건과 실현요건이 충족되므로 판매시점에 수익과 자산을 인식해야 한다. 실무에서는 받을어음이라는 계정을 사용하여 회계처리(분개 또는 전표처리)를 하고 재무제표에 표시할 때는 받을어음과 외상매출금을 묶어서 매출채권이라는 계정과목으로 표시한다.

2. 11/30일의 회계처리는?

풀이

차) 당좌예금	10,000,000	대) 받을어음	10,000,000
수수료	50,000	현금	50,000

은행에 돈을 찾아 달라고 어음을 맡겼더니(이를 추심이라고 한다) 만기에 회수하였는바, 당좌예금이라는 자산은 늘고, 받을어음이라는 자산은 감소했다.

은행에 수수료를 지급하면서, 현금이라는 자산은 감소했고 이러한 현금의 감소는 순자산의 감소이므로 비용으로 회계처리한 것이다.

[3~4] 다음 거래를 회계처리하라.

(주)어음은 외상매출의 결제대금으로 받은 60일 만기 액면가 10,000,000원의 무이자부어음을 자금사정이 여의치 않아 발행일로부터 30일이 지난 후인 10월 5일에 주거래은행에 연이자율 10%로 할인하여 현금으로 수령했다.

어음할인료의 계산: 10,000,000×10%×30/365=82,191

3. 어음할인을 양도거래로 볼 경우 회계처리는?

풀이

차) 현금	9,917,809	대) 받을어음	10,000,000
매출채권처분손실	82,191		

돈이 급한 회사의 경우, 만기 전에 어음액면보다 적은 돈을 받고 어음을 제3자에게 판 경우이다. 이러한 거래는 자금거래로서 회사의 주 영업인 재화의 판매나 용역의 제공거래가 아니다. 이 거래는 손익거래이면서 주된 영업활동이 아니므로 수익과 비용을 별도로 구분하지 않고 순차액만 손실로 기록한 것이다(수익－비용＝이익 또는 손실).

4. 어음할인을 담보차입거래로 볼 경우 회계처리는?

풀이

차) 현금	9,917,809	대) 단기차입금	10,000,000
선급이자	82,191		

은행에 받을어음을 담보로 맡기고, 돈을 차입한 경우로서 미리 선이자를 준 것이다. 실무에서는 어음할인의 경우 통상 어음기간이 1년 이내이므로 어음할인시 선급이자계정을 쓰지 않고 이자비용(또는 '어음할인료'라는 계정을 사용한다. 이 경우 손익계산서에 집계시는 이자비용으로 집계하여 표시한다)

을 사용한다. 선급이자라는 자산계정을 쓴 경우에는 결산시에 기간경과분을 이자비용으로 대체하는 회계처리를 해야 한다(결산정리사항).

5. 현금및현금성자산에 해당하지 않는 것은?

① 유가증권 및 단기금융상품으로 취득당시 만기가 3개월 이내에 도래하는 것
② 당좌예금, 보통예금
③ 사용이 제한되어 있는 예금
④ 보통예금, 타인발행수표

풀이 ③

정기예금, 정기적금, 사용이 제한되어 있는 예금은 만기에 따라 단기금융상품 또는 장기금융상품으로 분류된다.

6. 일반적인 상거래에서 수령한 받을어음은 무엇으로 처리하는가?

① 매출채권 ② 대여금
③ 선급금 ④ 미수금

풀이 ①

7. (주)세아산업의 과거 대손경험률을 분석한 결과, 3개월 경과 매출채권은 평균적으로 매출채권 대비 5%의 대손이 발생하고, 6개월 경과 매출채권은 10%의 대손이 발생하였다. (주)세아산업은 현재 3개월 경과 매출채권 1억원 및 6개월 경과 매출채권 2억원을 보유하고 있을 때, 대손충당금은 얼마를 설정하는 것이 타당한가?

① 1,500만원 ② 2,000만원
③ 2,500만원 ④ 3,000만원

풀이 ③

1억원×5%+2억원×10%=2,500만원

정리하기

1. 금융상품은 거래상대방 일방에게는 금융자산을 발생시키고, 다른 일방에게는 금융부채 또는 지분상품을 발생시키는 계약을 말한다.

2. 금융자산은 현금및현금성자산, 대여금 및 수취채권, 유가증권(지분증권, 채무증권), 유리한 파생금융상품 등으로 대별된다.

3. 당좌거래약정을 통하여 회사는 당좌예금잔액의 범위 내에서 당좌수표를 발행할 수 있고, 은행계정조정표를 통해서 은행측 예금잔액과 회사측 원장상의 일시적 차이 등을 해소하여 재무상태표에 적정한 당좌예금잔액이 표시될 수 있도록 한다.

4. 받을어음 할인 및 배서를 통하여 기업의 자금을 융통할 수 있고, 받을어음 할인 및 배서는 그 실질에 따라 매출채권양도거래 또는 담보차입거래로 구분될 수 있다.

5. 매출채권양도 거래시는 매출채권을 장부에서 제거하고 매출채권처분손익을 인식한다.

6. 매출채권담보차입 거래시는 매출채권을 장부에서 제거하지 않고, 차입금을 차입한 것으로 보아 회계처리를 한다.

7. 매출채권 등 채권에 대하여 자산손상 징후가 발견시 자산손상 여부를 검토하여 손상된 경우에는 자산손상 또는 대손회계처리를 수행한다.

제 7 장

금융자산(2)

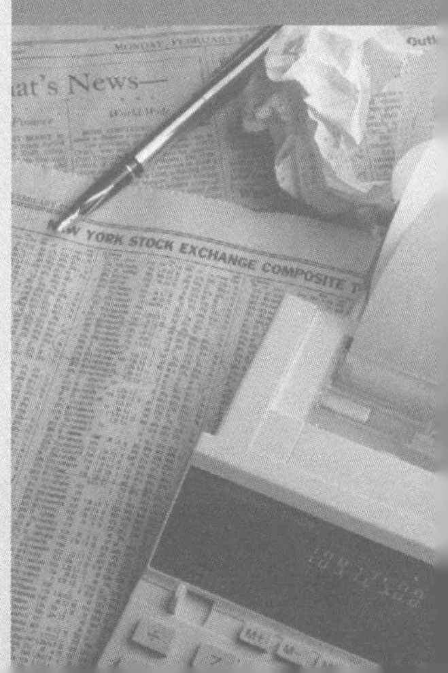

학습개요

금융자산을 회계처리방법에 따라 당기손익인식금융자산, 매도가능금융자산, 만기보유금융자산으로 구분하고, 각 구분에 따른 취득시 회계처리, 기말평가시 회계처리를 이해한 후, 지분증권과 채무증권을 적용하여 구체적인 사례를 학습한다.

지분증권 중 유의적인 영향력을 행사할 수 있는 경우의 지분법 회계처리를 학습한다.

학습목표

1. 금융자산 분류체계를 이해할 수 있다.
2. 당기손익인식금융자산, 매도가능금융자산, 만기보유금융자산의 회계처리를 할 수 있다.
3. 지분법주식의 회계처리를 할 수 있다.

주요용어

- 금융자산 현금및현금성자산, 지분증권(주식), 채무증권(사채), 대여금 및 수취채권을 말한다.
- 공정가치 공정가치는 측정일에 시장참여자 사이의 정상적인 거래에서 자산을 매도하면서 수취하거나 부채를 이전하면서 지급하게 될 가격
- 당기손익인식금융자산 보고서일 현재 공정가치와 평가 전 장부상 가액과의 차이를 당기손익으로 인식하는 금융자산
- 매도가능금융자산 보고서일 현재 공정가치와 평가 전 장부상의 가액과의 차이를 기타포괄손익으로 인식하는 금융자산
- 만기보유금융자산 만기 동안 보유할 적극적인 의사와 능력이 있는 상황에서 보유하는 금융자산으로서 상각후원가로 측정한다.
- 지분법주식 피투자회사에 대하여 유의적인 영향력을 행사할 수 있는 주식으로서 피투자회사의 순자산 변동액을 순자산 변동원천별로 지분율만큼 반영하여 지분법주식을 평가한다.

1. 기타금융상품

1.1) 기타금융상품의 개요

6장 '금융자산(1)'에서 금융자산은 현금및현금성자산, 대여금 및 수취채권, 기타금융상품으로 대별된다고 설명했다. 기타금융상품에 속하는 금융상품은 유가증권 및 파생상품이 있으나 본서에서는 유가증권 위주로 설명하고자 한다.

1.2) 금융자산의 분류와 회계처리방법

유가증권 회계를 학습하기 전에, 금융자산의 재무상태표 표시 및 회계처리방법을 정리하면 다음과 같다.

[금융자산의 분류]

구분	재무제표 표시	회계처리방법
현금 －통화 －통화대용증권 －요구불예금(보통예금＋요구불예금)	현금및현금성자산	취득원가
현금성자산 －취득당시 3개월 미만 정기예치금 등 －취득당시 만기 3개월 미만 회사채 －취득당시 상환기간 3개월 미만 상환우선주	현금및현금성자산	취득원가

구분	재무제표 표시	회계처리방법
대여금	매출채권 및 기타채권	대여금 및 수취채권
외상매출금, 받을어음	매출채권 및 기타채권	대여금 및 수취채권
정기예치금 등 금융기관예치금	금융자산	대여금 및 수취채권
상장주식	금융자산	당기손익인식금융자산, 매도가능금융자산
상장채권	금융자산	당기손익인식금융자산, 매도가능금융자산, 만기보유금융자산
비상장주식	금융자산	매도가능금융자산
비상장채권	금융자산	매도가능금융자산, 만기보유금융자산

[금융자산 회계처리방법]

구분	취득단계	후속측정
당기손익인식금융자산	공정가치	공정가치, 변동액은 당기손익(평가손익)으로 처리
매도가능금융자산	공정가치	공정가치 有: 공정가치, 변동액은 기타포괄손익으로 처리 공정가치 無: 취득원가
만기보유금융자산	공정가치	상각후원가
대여금 및 수취채권	공정가치	상각후원가

[금융자산 요약]

<table>
<tr><th>구분</th><th>세분류</th><th>내용</th></tr>
<tr><td rowspan="2">당기손익인식금융자산</td><td>단기매매금융자산</td><td>• 단기매매차익을 목적으로 보유
• 단기매매: 매입, 매도가 적극적이고, 빈번
• 통상 금융기관만 해당
• 투기목적 파생상품은 성격상 당연 단기매매금융자산</td></tr>
<tr><td>당기손익인식지정금융자산</td><td>• 단기간의 매매차익을 목적으로 단기매매금융자산은 아니지만,
• 최초 취득시 회사가 당기손익인식금융자산으로 지정하여 당기손익인식금융자산 회계처리를 하려고 하는 것</td></tr>
<tr><td>만기보유금융자산</td><td colspan="2">• 만기가 고정되어 있고
• 지급금액이 확정되었거나 확정될 수 있는
• 비파생금융자산으로서
• 만기까지 보유할 적극적인 의도와 능력이 있는 상황에서 보유하는 금융자산
• 주식은 만기보유금융자산이 될 수 없음.</td></tr>
<tr><td>대여금 및 수취채권</td><td colspan="2">• 지급금액이 확정되었거나 확정될 수 있으며,
• 활성시장에서 가격이 공시되지 않는 채무상품
• 비파생금융자산</td></tr>
<tr><td>매도가능금융자산</td><td colspan="2">• 매도가능금융자산으로 지정한 비파생상품</td></tr>
</table>

1.3) 금융자산 분류를 위한 순서도

[금융자산 분류를 위한 순서도][1)]

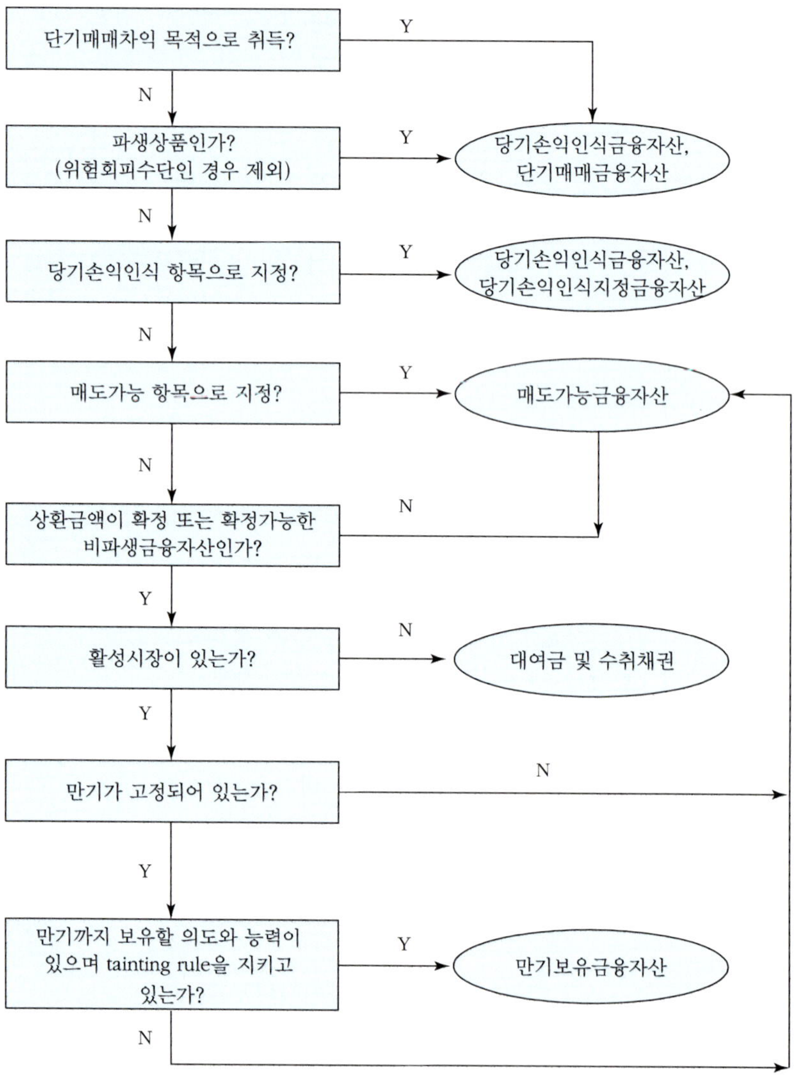

1) 한종수 · 김태식, K-IFRS 중급회계(삼일인포마인, 2013), p. 55.

1.4) 공정가치

공정가치는 측정일에 시장참여자 사이의 정상적인 거래에서 자산을 매도하면서 수취하거나 부채를 이전하면서 지급하게 될 가격을 말한다. 금융상품의 공정가치는 활성거래시장의 유무에 따라 다음과 같이 산정된다.

<table>
<tr><th colspan="3">구분</th><th>공정가치</th></tr>
<tr><td rowspan="3">지분상품</td><td colspan="2">활성거래시장 有</td><td>활성거래시장의 공시가격(시가)</td></tr>
<tr><td rowspan="2">활성거래 시장 無</td><td>공정가치 측정가능</td><td>평가기법을 이용한 측정치*</td></tr>
<tr><td>공정가치 측정불가</td><td>공정가치 없음(원가로 측정).</td></tr>
<tr><td rowspan="2">채무상품</td><td colspan="2">활성거래시장 有</td><td>활성거래시장의 공시가격(시가)</td></tr>
<tr><td colspan="2">활성거래시장 無</td><td>평가기법을 이용한 측정치**</td></tr>
</table>

*배당평가모형, 옵션가격결정모형 등을 이용하여 평가

**현금흐름할인방법 또는 유사한 금융상품의 최근 시장거래가격을 이용하여 평가

2. 유가증권

2.1) 유가증권의 정의

유가증권이란 재산권을 나타내는 증권을 말하며, 실물이 발행되거나 유가증권명부(예: 주주명부)에 등록만 되어 있을 수도 있으며 유가증권은 적절한 액면금액 단위로 분할되어 시장에서 거래됨으로써 투자의 대상이 된다.

유가증권은 지분증권과 채무증권으로 대별된다.

2.2) 지분증권

회사, 조합 또는 기금 등의 순자산에 대한 소유지분을 나타내는 유가증권 및 이와 유사한 유가증권을 말한다.

- 순자산에 대한 소유지분을 나타내는 유가증권: 보통주, 우선주, 수익증권 등
- 소유지분을 취득할 수 있는 권리를 나타내는 유가증권: 신주인수권, 콜옵션 등
- 소유지분을 처분할 수 있는 권리를 나타내는 유가증권: 풋옵션 등

2.3) 채무증권

발행자에 대하여 금전을 청구할 수 있는 권리를 표시하는 유가증권 및 이와 유사한 유가증권을 말한다. 채무증권에는 국채, 공채, 회사채, 전환사채, 신주인수권부사채 등이 있다.

2.4) 유가증권의 분류와 공시 요약

<table>
<tr><th rowspan="2">구분</th><th colspan="2">당기손익인식목적</th><th>장기투자목적</th><th>만기보유목적</th></tr>
<tr><th>단기매매
목적</th><th>당기손익
인식지정</th><th>기타포괄손익인식</th><th>상각후원가측정</th></tr>
<tr><td>지분증권</td><td colspan="2">당기손익인식금융자산</td><td>매도가능금융자산</td><td>N/A</td></tr>
<tr><td>채무증권</td><td colspan="2">당기손익인식금융자산</td><td>매도가능금융자산</td><td>만기보유금융자산</td></tr>
</table>

2.5) 유가증권의 평가 요약

<table>
<tr><th colspan="3">구분</th><th>평가방법</th><th>평가손익인식</th></tr>
<tr><td rowspan="3">지분증권</td><td colspan="2">당기손익인식금융자산</td><td>공정가치</td><td>당기손익</td></tr>
<tr><td rowspan="2">매도가능금융자산</td><td>공정가치 有</td><td>공정가치</td><td>기타포괄손익</td></tr>
<tr><td>공정가치 無</td><td>취득원가</td><td>N/A</td></tr>
<tr><td rowspan="3">채무증권</td><td colspan="2">당기손익인식금융자산</td><td>공정가치</td><td>당기손익</td></tr>
<tr><td colspan="2">매도가능금융자산</td><td>상각후원가＋
공정가치</td><td>기타포괄손익</td></tr>
<tr><td colspan="2">만기보유금융자산</td><td>상각후원가</td><td>N/A</td></tr>
</table>

3. 당기손익인식금융자산

3.1) 정의

단기적 시세차익을 얻기 위하여 보유한 금융자산으로서, 재무제표상 공정가치로 평가하며 공정가치 변동분을 당기손익에 반영하는 금융자산이다(예: 단기적 시세차익을 목적으로 보유하고 있는 상장주식 및 상장채권).

공정가치를 신뢰성 있게 추정할 수 있는 시장이 없는 지분증권은 당기손익인식금융자산으로 분류될 수 없다(예: 비상장주식).

3.2) 회계처리

3.2.1) 취득시 회계처리

당기손익금융자산은 취득시 공정가치로 측정하여 인식한다. 즉,

취득을 위해 제공한 대가의 시장가격으로 측정한다. 취득에 직접 관련된 거래원가(중개수수료 및 증권거래세 등)는 당기비용으로 처리한다.

예제 1

2013년 11월에 상장주식인 S전자 주식을 1주당 5,000원에 100주 취득하고 중개수수료 30원을 포함하여 500,030원을 지급했다.

차) 당기손익인식금융자산	500,000	대) 현금	500,000
수수료비용	30	현금	30

당기손익인식금융자산이 채무증권일 경우에는 이를 취득하기 위하여 지불한 금액에 이자부분이 포함되어 있을 수 있으며, 이자부분은 채무증권의 취득원가에 포함시키지 않고 별도로 회계처리한다.

예제 2

액면가액 100,000원, 액면이자율 연 12%(매년 말 이자지급조건)인 회사채를 투자자 A로부터 7월 1일에 취득했다. 투자자 A는 동 회사채를 1월 1일부터 보유하고 있었으며, 1/1~6/30일까지 발생한 액면이자 해당액 6,000원을 포함하여 106,000원에 동 회사채를 양수인 B에게 양도했다. 양수인 B는 12/31일에 회사채에 대한 이자를 회사채 발행회사로부터 12,000원을 받았다.

7/1	차) 당기손익인식금융자산	100,000	대) 현금	106,000
	미수이자	6,000		
12/31	차) 현금	12,000	대) 미수이자	6,000
			이자수익	6,000

3.2.2) 기말평가시 회계처리

당기손익인식금융자산은 공정가치로 측정하며, 공정가치 변동분은 당기손익에 반영한다.

예제 3

2014년 7월 14일에 단기투자목적으로 상장주식과 상장회사채를 구입했다. 각 주식과 회사채에 대한 취득원가와 2014년 12월 31일의 공정가치는 다음과 같다. 기말 회계처리를 하라.

종목	취득원가	공정가치	공정가치-취득원가
상장주식 A	700,000	750,000	50,000
상장주식 B	650,000	640,000	(−)10,000
상장사채 C	800,000	820,000	20,000
합계	2,150,000	2,210,000	60,000

차) 당기손익인식금융자산	60,000	대) 당기손익인식금융자산평가이익*	60,000

*평가이익과 평가손실이 각각 중요하다고 판단되는 경우에는 평가이익과 평가손실을 상계하지 않고 다음과 같이 각각 처리한다.

차) 당기손익인식금융자산	70,000	대) 당기손익인식금융자산평가이익	70,000
당기손익인식금융자산평가손실	10,000	당기손익인식금융자산	10,000

3.2.3) 기중 배당금 또는 이자수익 수령시 회계처리

예제 4

상장주식을 보유하던 중 1천원의 배당금 수령 통지서를 받고 배당결의일이 회계기간 중인 경우

결의일:	차) 미수배당금	1,000	대) 배당금수익	1,000
배당금 수령시:	차) 현금	1,000	대) 미수배당금	1,000

회사채를 보유하던 중, 이자지급일 사이에 결산일이 도래하여 경과기간만큼의 이자인 500원을 미수이자로 계상한 경우

결산일:	차) 미수이자	500	대) 이자수익	500
이자 수령시:	차) 현금	500	대) 미수이자	500

3.2.4) 처분시 회계처리

당기손익인식금융자산은 처분시점의 장부가액과 처분금액의 차액을 처분손익으로 계상하며 처분 관련 부대비용은 처분손익에서 가감한다.

- 동일 주식 또는 채권을 여러 번에 걸쳐 구입하여 취득원가가 다른 경우에는 개별법, 선입선출법, 이동평균법, 총평균법을 적용하여 처분하는 유가증권의 취득원가를 계산한다. 실무적으로는 통상 주식은 이동평균법, 채권은 개별법을 사용한다.
- 채무상품(사채)을 이자지급일 사이에 처분한 경우에는 처분시점까지 이자수익을 인식한 후에, 처분직전 장부가액에 미수이자를 합한 금액에서 처분금액을 차감한 잔액을 처분손익으로 인식하며 처분 관련 부대비용은 처분손익에서 가감한다.

예제 5

①

S전자 주식 취득일	취득주식 수	취득금액(취득부대비용 포함)
7/1	1,000주	100,000
8/5	1,000주	150,000

9/30일에 S전자 주식 500주를 80,000원에 처분하고 증권거래수수료 비용 1,000원을 차감하고 현금을 수령했다(처분단가는 이동평균법을 적용하여 산정한다).

차) 현금 79,000 대) 당기손익인식금융자산 62,500(500×125*)

처분이익 16,500

*이동평균법에 의한 처분단가=(100,000+150,000)/2,000=125

②

S전자 회사채 취득일	취득좌수	
7/1	1,000좌	좌당 액면가액 1,000원, 액면이자 12%, 이자지급일은 매년 6/30일

S전자 회사채를 7/1일에 980,000원에 취득하였으며 수수료 등 부대비용으로 별도로 10,000원을 지급했다. 상기 회사채를 10/1일에 발생이자 포함하여 1,100,000원에 처분하고 매매수수료 1,500원 공제 후 1,098,500원을 수령했다.

7/1

차) 당기손익인식금융자산 990,000 대) 현금 990,000

10/1

차) 현금 1,098,500 대) 이자수익 30,000

당기손익인식금융자산 990,000

처분이익 78,500

4. 만기보유금융자산

4.1) 정의

만기보유금융자산은 만기가 고정되고 지급금액이 확정되거나 확정될 수 있는 비파생금융자산으로서 만기까지 보유할 적극적인 의도와 능력이 있는 경우의 금융자산이다(만기까지 보유할 의도가 있으므로 결산일 현재의 공정가액 정보는 목적적합성이 떨어진다).

다음의 경우는 만기보유금융자산으로 분류할 수 없다.

① 금융자산의 최초 인식시점에서 당기손익인식 항목으로 지정한 경우

② 금융자산을 매도가능금융자산으로 지정한 경우

③ 대여금 및 수취채권의 정의를 충족하는 경우

4.2) 회계처리

만기보유금융자산의 대표적인 예는 회사채이며, 따라서 회사채 위주로 설명하고자 한다.

4.2.1) 취득시 회계처리

만기보유금융자산은 취득시 지급한 대가인 공정가치로 취득원가를 측정한다(취득시에 현금을 지급했다면 지급한 현금가치가 공정가액이 된다). 수수료 등 취득부대비용은 취득원가에 가산한다.

■ 사채의 가격원리

• 사채액면발행: 사채액면상의 표시이자율만큼의 이자를 요구한다면 사채는 액면금액대로 발행된다.

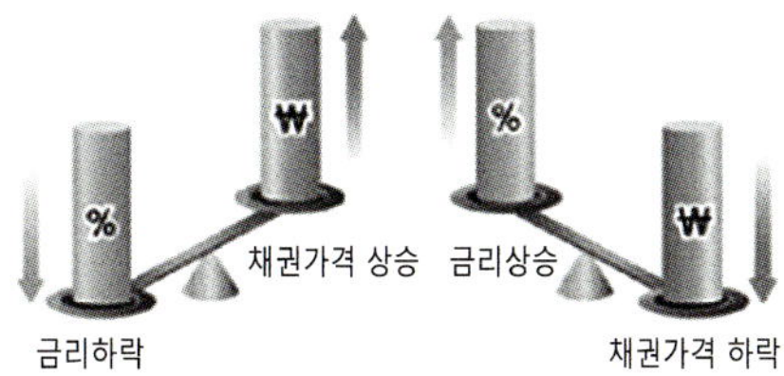

▲ 채권과 이자율의 관계

• 사채할인발행: 사채액면상의 표시이자율보다 투자자(또는 시장)가 더 큰 이자를 요구한다면 사채는 액면금액보다 낮은 가액으로 발행되어야 요구하는 수익률을 맞춰줄 수 있다.
• 사채할증발행: 사채액면상의 표시이자율보다 투자자(또는 시장)가 더 낮은 이자를 요구한다면 사채는 액면금액보다 높은 가액으로 발행되어도 요구하는 수익률을 맞춰줄 수 있다.
• 사채발행자 입장에서는 이자와 만기원금이 정해진 가운데 발행 당시의 시장에서의 이자율이 결정되면 사채의 발행가격이 정해진다.
• 회사채 투자자의 입장에서는 구입가격과 미래현금흐름을 일치시켜 주는 이자율을 역산해야 하며 이때의 이자율을 유효이자율이라고 한다.

예제 6

3년만기 S전자의 회사채가 1월 1일 발행된다고 가정하자. 동 사채의 액면가액은 100,000원이고 액면이자율(표시이자율)은 10%이며 이자는 매년 말에 지급된다. 이 경우, 이 회사채를 구입(투자)하여 만기까지 보유한 자는 3년간 매년 10,000원의 이자와 만기시 100,000원의 금액을 회수할 수 있을 것이다.

1) 만약 S은행에 3년만기 정기예금 100,000원(복리이자율 10%)을 1월 1일에 가입했다고 하자. 이 경우 향후 현금흐름은 다음과 같다.

	1차년 12/31	2차년 12/31	3차년 12/31	계
A(현금흐름)	10,000	10,000	110,000	130,000
B(할인율)	$(1+10\%)^1$	$(1+10\%)^2$	$(1+10\%)^3$	
A/B(현재가치)	9,091	8,264	82,645	100,000

만약 1년만기 정기예금 복리이자율, 2년만기 정기예금 복리이자율, 3년만기 정기예금 복리이자율이 모두 10%라고 했을 때, 100,000원을 가지고 있는 사람이 9,091원은 1년만기 정기예금에 가입하고, 8,264원은 2년만기 정기예금에 가입하고, 82,645원은 3년만기 정기예금에 가입했을 때 현금흐름은 다음과 같다.

구분	예금액	1차년 12/31	2차년 12/31	3차년 12/31	이자요소
1년만기	9,091	10,000			909
2년만기	8,264		10,000		1,736
3년만기	82,645			110,000	27,355
합계	100,000	10,000	10,000	110,000	30,000

$9{,}091 \times (1+10\%) = 10{,}000$

$8{,}264 \times (1+10\%)^2 = 10{,}000$

$82{,}645 \times (1+10\%)^3 = 110{,}000$

이자 = 미래현금흐름 − 투자액

= 10,000 + 10,000 + 110,000 − 100,000 = 30,000

2) S전자의 회사채를 100,000원에 사서 매년 10,000원의 이자와 3년 후 원금 100,000을 받을 때 이자율은 10%이다. 만약 투자자입장에서 S전자 투자가 S은행 정기예금보다 더 위험한 투자대상이라고 한다면 투자자입장에서는 부담하는 위험이 더 크므로 더 많은 이자(투자수익률)를 요구하게 될 것이다. 예를 들면, 11%의 이자를 원한다고 가정하면 현금흐름이 동일한 상태에서 이자수익이 더 많아지려면 회사채를 100,000원보다 싸게 구입해야 한다. 이자수익률 11%를 달성하려

면 사채가격은 97,556원이어야 한다.

	1차년 12/31	2차년 12/31	3차년 12/31	합계
A(현금흐름)	10,000	10,000	110,000	130,000
B(할인율)	$(1+11\%)^1$	$(1+11\%)^2$	$(1+11\%)^3$	
A/B(현재가치)	9,009	8,116	80,431	97,556

예제 7

2011년 1월 1일에 액면금액 100,000원, 액면이자율 연 10%, 만기 2012년 12월 31일, 매년 12월 31일에 이자지급조건의 회사채를 취득부대비용을 포함하여 78,400원에 취득했다. 취득자는 동 회사채를 만기까지 보유할 적극적인 의사와 능력이 있는 것으로 가정한다(유효이자율은 25%로 계산되었다). 취득자의 회계처리를 하라.

일자	기초가액	유효이자	액면이자	원금가산액	기말가액
	①= 전기말 ⑤	②= ①×25%	③=100,000 ×10%	④= ②−①	⑤= ①+④
2011. 12. 31.	78,400	19,600	10,000	9,600	88,000
2012. 12. 31.	88,000	22,000	10,000	12,000	100,000
합계		41,600	20,000	21,600	

〈분개〉

2011. 1. 1.

차) 만기보유금융자산	78,400	대) 현금	78,400

2011. 12. 31.

차) 현금	10,000	대) 이자수익	19,600
만기보유금융자산	9,600		

2012. 12. 31.

차) 현금	110,000	대) 만기보유금융자산	100,000
만기보유금융자산	12,000	이자수익	22,000

4.2.2) 기말평가시 회계처리

만기보유금융자산은 기말평가시 상각후원가로 측정한다. 유효이자와 액면가액과의 차이는 전기 말 상각후원가에 가감한다.

4.2.3) 회계기간 중 처분시 회계처리

만기보유금융자산 처분시까지 유효이자를 인식하고 유효이자와 액면이자와의 차이만큼을 전기 말 상각후원가에 가산한다. 처분가액과 상각후원가와의 차이를 처분손익으로 인식한다. 처분부대비용은 처분손익에서 가감한다.

예제 8

[예제 7] 사례에서 2011년 말에 회사채를 85,000원에 처분하고 중개수수료 1,000원을 별도로 부담한 경우 회계처리를 하라.

〈분개〉

2011. 12. 31. 이자수취

차) 현금	10,000	대) 이자수익	10,000
만기보유금융자산	9,600	이자수익	9,600

2011. 12. 31. 처분

차) 현금	84,000	대) 만기보유금융자산	88,000
처분손실	4,000		

5. 매도가능금융자산

5.1) 정의

매도가능금융자산이란 매도가능항목으로 지정한 비파생금융자산 또는 대여금 및 수취채권, 만기보유금융자산, 당기손익인식금융자산으로 분류되지 않는 비파생금융자산을 말한다.

매도가능금융자산에는 지분증권과 채무증권이 있다.

5.2) 회계처리

5.2.1) 취득시 회계처리

매도가능금융자산은 금융자산의 계약당사자가 되는 때에 재무상태표에 인식하며 최초 인식시 취득대가의 공정가치로 측정한다. 취득에 관련된 거래원가는 최초 인식하는 공정가치에 가산하여 측정한다.

5.2.2) 후속측정

① 지분증권(주식)

매도가능금융자산으로 분류된 지분증권은 공정가치로 측정하며, 전기 말 공정가치와의 차이는 자본항목(기타포괄손익누계액)으로 계상한다(상장주식).

다만, 활성시장에서 공시되는 시장가격이 없고 공정가치를 신뢰성 있게 측정할 수 없는 지분상품은 원가로 측정한다(비상장주식).

처분시에는, 처분일의 공정가치로 선평가 후, 매도가능증권평가손익은 금융자산처분손익으로 대체한다.

예제 9

- 2011년 4월 4일 상장기업인 A회사의 주식 400주를 주당 1,000원에 취득했다. 증권회사 거래수수료 등 취득부대비용으로 1,000원을 지급했다.
- 2011년 12월 31일 현재 A회사 주식의 종가는 1,100원이다.
- 2012년 7월 14일에 A회사의 주식 전량을 주당 1,050원에 처분했다. 증권사 수수료 등 처분부대비용으로 1,500원을 차감하여 현금으로 받았다.

〈분개〉

2011. 4. 4.

차) 매도가능금융자산	401,000	대) 현금	401,000

2011. 12. 31.

차) 매도가능금융자산	39,000*	대) 기타포괄손익누계액	39,000

*400×1,100−401,000=39,000

2012. 7. 14.

차) 기타포괄손익누계액	20,000*	대) 매도가능금융자산	20,000
현금	418,500	매도가능금융자산	420,000
기타포괄손익누계액	19,000**	처분이익	17,500

*400×1,050−440,000=−20,000

**420,000−401,000(최초 취득원가)=19,000

② 채무증권(회사채 등)

매도가능금융자산으로 분류된 채무증권의 이자수익은 유효이자율법으로 계산하여 당기이익으로 인식한다.

매기 말에 공정가치로 측정하여 상각후원가와의 차이는 자본항목

(기타포괄손익누계액)으로 계상한다(상장채권).

다만, 활성시장에서 공시되는 시장가격이 없고 공정가치를 신뢰성 있게 측정할 수 없는 채무상품은 유효이자율법을 이용하여 상각후원가로 측정한다(비상장채권).

처분한 경우에는 자본항목에 계산된 매도가능증권평가손익을 금융자산처분손익으로 대체하여 당기손익으로 인식한다.

예제 10

앞의 [예제 7]에서는 만기보유금융자산으로 분류된 사례이지만 동 회사채를 회사가 취득시점에서 매도가능금융자산으로 분류했다고 가정하고 2011년 12월 31일에 90,000원에 처분했다. 회계처리를 하라.

〈분개〉

2011. 1. 1.

차)	금액	대)	금액
매도가능금융자산	78,400	현금	78,400

2011. 12. 31.

차)	금액	대)	금액
현금	10,000	이자수익	19,600
매도가능금융자산	9,600		

〈평가〉

차)	금액	대)	금액
매도가능금융자산	2,000*	기타포괄손익누계액	2,000

*90,000(공정가액) − 88,000(평가 전 상각후원가) = 2,000

〈처분〉

차)	금액	대)	금액
현금	90,000	매도가능금융자산	90,000*
기타포괄손익누계액	2,000	처분이익	2,000

*78,400 + 9,600 + 2,000 = 90,000

6. 지분법 투자주식

6.1) 정의

피투자기업에 유의적인 영향력을 행사할 수 있는 경우에는 지분법을 적용하여 투자주식을 평가한다. 출자(피투자)회사의 경영실적을 지분율만큼 반영하는 것을 말한다.

유의적인 영향력은 피투자자의 재무정책과 영업정책에 관한 의사결정에 참여할 수 있는 능력을 말하며, 투자자가 직·간접적으로 피투자자의 의결권 있는 주식의 20% 이상을 소유하고 있다면 유의적인 영향력이 있는 것으로 본다.

6.2) 회계처리

지분법 투자주식은 취득시 취득원가로 측정한다. 취득시점 이후 발생한 피투자자의 순자산 변동액 중 투자자의 지분을 해당 투자자산에 가감하여 투자주식을 평가한다.

구분	회계처리
피투자회사의 당기순이익	투자회사의 지분율만큼 지분법손익으로 인식
피투자회사의 기타포괄손익증감	투자회사의 지분율만큼 기타포괄손익으로 인식

예제 11

(주)한국전자는 2011년 5월 15일에 (주)프라임유통의 보통주식 중 25%인 10,000주를 주당 5,000원에 현금으로 매입했다. (주)프라임유

통의 2011년 순이익은 12,000,000원이었다. (주)프라임유통은 2012년 2월 23일 주주총회에서 순이익의 50%를 배당하기로 결의했다. (주)한국전자의 (주)프라임유통에 대한 주식을 지분법에 의하여 회계처리하라.

2011. 4. 4.

차) 지분법주식	50,000,000	대) 현금	50,000,000

2011. 12. 31.

차) 지분법주식	3,000,000*	대) 지분법이익	3,000,000

*12,000,000×25%=3,000,000

2012. 2. 23.

차) 미수배당금	1,500,000*	대) 지분법주식	1,500,000

*12,000,000×50%×25%=1,500,000

연습문제

1. 유가증권 회계처리에 대한 설명으로 올바르지 않은 것은?

① 유가증권은 취득시점에서는 제공한 대가의 공정가치로 측정하지만, 후속측정과 관련해서는 당기손익인식금융자산, 매도가능금융자산, 상각후원가측정금융자산으로 분류된다.

② 후속측정과 관련하여 당기손익인식금융자산과 매도가능금융자산은 측정일의 공정가치로 측정(평가)하며, 상각후원가는 큰 틀에서 보면 취득원가로 측정(평가)하는 것으로 해석할 수 있다.

③ 상장주식은 당기손익인식금융자산 또는 매도가능금융자산으로 분류되어 측정일의 공정가치로 측정하지만, 비상장주식과 모든 사채는 상각후원가측정금융자산으로 분류하여 상각후원가로 측정(평가)한다.

④ 후속측정시 공정가치측정은 시장에서 포트폴리오의 범주 내에서 측정하는 개념으로 특정 기업에 특유한 요인발생으로 인한 가치변동은 배제하는 개념이지만, 금융자산손상차손은 특정 기업의 특유한 요인으로 인한 개별적 가치변동을 측정하는 개념이다.

풀이 ③

유가증권뿐만 아니라 자산은 취득시점에서 제공한 자산의 공정가치로 측정하고, 장기할부구입의 경우에는 이자요소를 차감한 현재가치로 측정하며 취득부대비용도 취득원가에 포함시킨다. 유가증권의 경우 취득시점 이후 후속측정(취득일 이후의 측정 · 평가를 후속평가라 한다. 대표적으로 결산일에 유가증권을 평가하는 것이 그 예이다)의 방법에 따라 공정가치로 측정하는 경우와 원가로 측정하는 경우로 대별할 수 있다. 주식은 만기가 없으므로 만기보유금융자산으로 분류될 수 없다.

구분	주식	채권	후속측정
당기손익인식금융자산	o	o	공정가치
매도가능금융자산	o	o	공정가치
만기보유금융자산	N/A	o	상각후원가

채권의 경우에는 회사가 보유목적에 따라 당기손익인식금융자산, 매도가능금융자산, 만기보유금융자산으로 분류할 수 있다. 예를 들면, 상장채권을 회사가 취득시점에 매도가능금융자산으로 분류하기로 회계정책을 정했다면 결산시에 공정가치로 측정하여 재무제표에 보고해야 한다. 따라서, ③의 '모든 채권은 상각후원가로 측정해야 한다'는 말은 틀린 말이다.

[2~3] 다음 거래내용을 보고 물음에 답하라.

2013년 11월에 상장주식인 S전자 주식을 1주당 5,000원에 100주 취득하고 중개수수료 30원을 포함하여 500,030원을 지급했다.

차) 당기손익인식금융자산	500,000	대) 현금	500,000
수수료비용	30	현금	30

2. 당기손익인식금융자산으로 분류될 경우와 매도가능금융자산으로 분류될 경우의 최초 취득시 취득원가는?

풀이

1) 당기손익인식금융자산으로 분류할 경우 취득원가: 500,000
당기손익인식금융자산은 기말평가시 공정가치로 평가하고, 평가 전 금액과 평가 후 금액과의 차이를 당기손익(실현손익)으로 반영하므로, 취득부대비용을 취득원가에 포함시키지 않고 발생시 기간비용(당기손익)으로 인식한다.

2) 매도가능금융자산으로 분류할 경우 취득원가: 500,030
매도가능금융자산은 기말평가시 공정가치로 평가하고, 평가 전 금액과 평가 후 금액과의 차이를 기타포괄손익(미실현손익)으로 반영하므로, 취득부대비용을 취득원가에 포함시킨다.

3. 만약, 결산일이 12월 31일이고, 상기 주식의 12월 31일 종가가 510,000원이라고 가정할 경우, 당기손익인식금융자산으로 분류될 경우와 매도가능금융자산으로 분류될 경우, 다음의 적절한 단어를 선택해 괄호 안의 문장을 완성하라.

당기이익, 기타포괄이익, 10,000원, 9,970원

1) 당기손익인식금융자산으로 분류될 경우: 공정가치 증가분을 (　　) 으로 (　　)원을 인식한다.
2) 매도가능금융자산으로 분류될 경우: 공정가치 증가분을 (　　)으로 (　　)원을 인식한다.

풀이

1) 당기손익인식금융자산으로 분류될 경우: 당기이익, 10,000
2) 매도가능금융자산으로 분류될 경우: 기타포괄이익, 9,970

4. 2011년 1월 1일에 액면금액 100,000원, 액면이자율 연 10%, 만기 2012년 12월 31일, 매년 12월 31일에 이자지급조건의 회사채를 취득 부대비용 포함 78,400원에 취득했다. 취득자는 동 회사채를 만기까지 보유할 적극적인 의사와 능력이 있는 것으로 가정하고(유효이자는 25%로 계산되었다), 회사는 취득시점에 만기보유금융자산으로 분류했다고 가정한다. 2011년도 12월 31일 현재 회사채의 기말장부가액(상각후취득원가)과 2011년도에 인식할 이자수익은 얼마인가?

풀이

1) 2011년도 기말장부가액: 88,000
2) 2011년도 이자수익: 19,600

일자	유효이자	액면이자	원금가산액	장부가액
2011. 1. 1.				78,400
2011. 12. 31.	19,600	10,000	9,600	88,000
2012. 12. 31.	22,000	10,000	12,000	100,000
합계	41,600	20,000	21,600	

상각후취득원가는 최초 취득가액과 만기금액과의 차이를 매년 유효이자율법에 따라 가감하여 취득원가를 조정한 후의 원가를 말한다.

참고 회계처리 예시

2011. 1. 1. 차) 만기보유금융자산 78,400 대) 현금 78,400

2011. 12. 31. 차) 현금 10,000 대) 이자수익 19,600
만기보유금융자산 9,600

유가증권 투자의 경우는 통상 현재가치할인차금을 사용하지 않고, 상기처럼 회계처리한다. 만약, 장기매출채권과 같이 현재가치할인차금계정을 사용한다면 회계처리는 다음과 같다.

2011. 1. 1. 차) 만기보유금융자산 100,000 대) 현금 78,400
현재가치할인차금 21,600

2011. 12. 31. 차) 현금 10,000 대) 이자수익 10,000
현재가치할인차금 9,600 이자수익 9,600

5. **피투자기업에 유의적인 영향력을 행사할 수 있는 경우에 투자주식의 평가방법은?**

① 지분법 ② 원가법

③ 공정가액법 ④ 연결재무작성

풀이 ①

피투자기업에 유의적인 영향력을 행사할 수 있는 경우에는 지분법을 적용하여 투자주식을 평가한다. 출자(피투자)회사의 경영실적을 지분율만큼 반영하는 것을 말한다.

6. 다음 중 금융자산 회계처리에 관한 설명으로 가장 적절하지 않은 것은?

① 당기손익인식금융자산의 평가손익은 당기손익으로 인식한다.

② 매도가능금융자산은 최초 취득시 공정가치로 측정한다.

③ 단기매매금융자산은 최초 인식시점에서 공정가치로 평가한다.

④ 만기보유금융자산은 후속측정시 공정가치로 측정한다.

풀이 ④

만기보유금융자산은 후속측정시 상각후원가로 측정한다.

7. (주)에센스산업은 2011년 7월 14일 주식 A 10주를 수수료 100원을 포함한 1,100원에 취득하여 당기손익인식금융자산으로 분류하였고, 2011년 8월 17일 주식 B 10주를 수수료 200원을 포함한 2,200원에 취득하여 매도가능금융자산으로 분류하였다. 각 주식의 주당 공정가치는 다음과 같다.

	2011년 말	2012년 말
주식 A	120원	–
주식 B	230원	220원

(주)에센스산업은 2012년 2월 23일에 주식 A를 주당 130원에 전부 처분하였다. 주식 A와 관련하여 인식할 2011년의 당기손익 및 2012년의 처분이익과 주식 B와 관련하여 인식할 2011년, 2012년의 기타포괄손익은 각각 얼마인가?

	주식 A		주식 B	
	2011년 당기손익	2012년 처분이익	2011년 기타포괄손익	2012년 기타포괄손익
①	100	100	0	0
②	100	100	100	−100
③	100	200	0	0
④	0	100	100	0

풀이 ②

정리하기

1. 금융자산은 회계처리방법에 따라 당기손익인식금융자산, 만기보유금융자산, 매도가능금융자산, 대여금 및 수취채권으로 구분된다.

2. 당기손익인식금융자산은 취득시 공정가치로 측정하며 결산일 현재의 공정가치와의 차이를 당기손익(평가손익)으로 반영하고, 결산일 현재의 공정가치로 평가하여 재무상태표에 보고한다.

3. 매도가능금융자산은 취득시 공정가치로 측정하며 결산일 현재의 공정가치와의 차이를 기타포괄손익(매도가능증권평가손익)으로 반영하고, 결산일 현재의 공정가치로 평가하여 재무상태표에 보고한다.

4. 만기보유금융자산은 취득시 공정가치로 측정하며 유효이자율법을 적용하여 이자를 인식한 후, 결산일 현재의 상각후원가로 평가하여 재무상태표에 보고한다.

5. 대여금 및 수취채권은 취득시 공정가치로 측정하며 유효이자율법을 적용하여 이자를 인식한 후, 결산일 현재의 상각후원가로 평가하여 재무상태표에 보고한다.

6. 지분법 투자주식은 취득시 공정가치로 측정하며, 피투자회사의 순자산 변동액 중 지분 해당액을 가감하여 결산일 장부가액으로 평가하고, 순자산 변동액을 원천별 구분하여 지분 해당액을 지분법손익 또는 기타포괄손익으로 처리한다.

제 8 장

재고자산

학습개요

상품판매업을 중심으로 재고자산의 매입부터 결산일 재고자산평가 및 결산정리사항을 학습한다.

학습목표

1. 재고자산의 매입회계처리를 할 수 있다.
2. 기말재고수량을 확정하는 방법으로 계속기록법과 실지재고조사법을 설명할 수 있다.
3. 판매가능재고금액을 매출원가와 기말재고로 배분하기 위한 원가흐름 가정을 설명할 수 있다.
4. 재고자산감모손실과 재고자산평가손실을 구분하여 설명할 수 있다.
5. 재고자산 기말수정분개를 수행할 수 있다.

주요용어

- 판매가능재고　기초재고액 + 당기매입액
- 계속기록법　상품이나 제품출고시마다 출고수량을 재고수불부에 계속 기록하여 장부상으로 기말재고수량을 파악하는 방법
- 실지재고조사법　기말재고수량을 실지재고조사로 파악하는 방법
- 재고자산감모손실　계속기록법상의 재고수량보다 실지재고조사법상의 재고수량이 적은 경우 장부상 수량을 실지재고수량으로 조정하면서 발생하는 손실
- 순실현가치　재고의 예상판매금액에서 판매 관련 부대비를 차감한 금액으로 장차 재고자산을 판매함으로써 기대되는 미래현금흐름
- 재고자산평가손실　평가 전 장부상 기말재고금액이 순실현가치보다 클 경우, 기말재고금액을 순실현가치로 수정하면서 동 차이를 재고자산평가손실로 인식하여 매출원가에 포함시킨다.
- 재고자산 기말수정분개　판매가능재고를 기말재고금액과 매출원가금액으로 배분하는 수정분개

1. 재고자산의 의의, 종류, 표시, 회계처리 흐름

1.1) 의의

재고자산은 정상적 영업활동을 통한 판매를 위해 보유 중인 자산(상품, 제품)과 원재료 및 소모품을 말한다.

- **상품매매업의 정상적 영업활동:**

현금 → 상품 → 매출 → 매출채권 → 현금

- **제조업의 정상적 영업활동:**

현금 → 원재료 → 제품 → 매출 → 매출채권 → 현금

- 재고자산은 주된 영업활동에 따라 상대적 개념이다.

예 부동산매매업: 토지, 건물 → 재고자산
유통업: 토지, 건물 → 유형자산
유통업: 주식 → 투자자산
증권업: 주식 → 재고자산

[자산보유목적에 따른 분류]

보유목적	사업 관련 유무	재무제표 표시	비고
판매목적	주된 사업 관련	재고자산	
	주된 사업 무관	투자자산	주식, 채권, 정기예금, 투자부동산, 특허권 등
사용목적	주된 사업 관련	유·무형자산	

1.2) 재고자산의 분류 및 표시

- **상품**: 기업의 정상적인 영업과정에서 재판매를 목적으로 구입한 재화
- **제품**: 기업내부에서 판매를 목적으로 제조한 생산품
- **반제품**: 자가제조한 중간제품과 부분품
- **재공품**: 제품의 제조를 위하여 제조과정에 있는 아직 완성되지 않은 제품
- **원재료**: 제품을 제조할 목적으로 구입한 원료, 재료
- **저장품**: 제품생산 및 상품판매에 보조적으로 소비되는 제품, 상품의 실체를 형성하지 않는 소모성 재료(예: 포장박스 등)

[재무상태표 표시]

자산	부채
비유동자산	비유동부채
유동자산	매입채무
재고자산	
	자본

[손익계산서 표시]

비용의 기능별 분류 손익계산서	
매출액	
매출원가	
매출총이익	
판매비와 관리비	
물류비	
일반관리비	

비용의 성격별 분류 손익계산서	
매출액	
영업비용	
상품의 변동	
상품매입액	
감가상각비	
급여	

마케팅비용	
영업이익	
기타수익	
이자비용	
기타비용	
법인세비용차감전순이익	
법인세비용	
당기순이익	

기타영업비용	
영업이익	
기타수익	
이자비용	
기타비용	
법인세비용차감전순이익	
법인세비용	
당기순이익	

예

[비용의 기능별 vs. 성격별 분류]

	기능별 분류	성격별 분류
생산직 급여	매출원가	급여
관리직 급여	일반관리비	급여
공장건물 감가상각비	매출원가	감가상각비
본사건물 감가상각비	일반관리비	감가상각비

1.3) 회계처리 흐름

차변		대변	
① 기초재고	P×Q	③ 매출원가 등	P×Q
② 당기매입	P×Q	④ 기말재고	P×Q

※ 단가(P), 수량(Q)

판매가능액(기초재고+당기매입)=매출원가+기말재고

당기매입에 대한 회계처리는 매입시마다 이루어지며 판매가능액의 매출원가와 기말재고로의 원가배분은 통상 결산시에 이루어진다.

• 매출원가와 기말재고의 수량(Q) 파악방법

〈계속기록법〉

재고 출고시마다 재고수불장에 수량 기록, 기말수량은 역산

기말수량 = 기초수량 + 매입수량 − 출고수량

〈실지재고조사법〉

결산일에 기말재고 수량을 재고조사로 확정, 출고수량은 역산

출고수량 = 기초수량 + 매입수량 − 기말수량

• 매출원가와 기말재고의 단가(P) 파악방법: 일정한 가정을 함

개별법	기초재고와 당기매입 각각에 가격표를 부착하여 판매와 재고 구분
선입선출법	먼저 구입한 재고부터 먼저 출고된 것으로 가정
후입선출법	나중에 구입한 재고부터 먼저 출고된 것으로 가정
이동평균법	출고시점마다 판매가능수량의 평균단가대로 출고된 것으로 가정
총평균법	결산일에 총판매가능수량의 평균단가대로 출고된 것으로 가정

• 수량 파악방법과 단가 파악방법의 결합

	계속기록법	실지재고조사법
개별법	계속기록 개별법	실지재고 개별법
선입선출법	계속기록 선입선출법	실지재고 선입선출법
후입선출법	계속기록 후입선출법	실지재고 후입선출법
이동평균법	이동평균법	N/A
총평균법	N/A	총평균법

일반적인 재고수불부(재고자산 종류별로 작성)

월일	적용	입고			출고			잔고		
		수량	단가	금액	수량	단가	금액	수량	단가	금액

2. 기중회계처리

2.1) 매입회계처리

재고자산 취득시 재고자산 측정은 취득가액으로 측정한다.

자산의 보유목적 상태에 들어간 비용은 자산의 취득원가를 구성한다. 재고자산의 경우 판매가능 상태에 이르기까지 들어간 비용은 자산의 취득원가를 구성하고, 판매 후 비용은 판매비로 처리한다.

당기매입액을 파악하기 위하여 매입시 '재고자산/매입채무(또는 현금 등)'로 회계처리하지 않고 매입계정이라는 임시계정을 사용하여 '매입/매입채무(또는 현금 등)'로 회계처리한다.

매입에누리, 매입환출, 매입할인, 리베이트는 매입계정에서 차감한다.

매입에누리	하자 등으로 매입금액에서 차감해 주는 금액
매입환출	하자 등으로 반품한 금액
매입할인	사전약정 등에 따라 외상매입금을 조기 상환시 할인해 주는 금액
리베이트	구매장려금 명목으로 매출처에 주는 장려금

예제. 1

① 11월 1일에 상품 100개를 개당 10,000원에 외상으로 매입하고, 상품 인수운임으로 100,000원을 현금으로 지급하다.

② 11월 1일에 발생한 외상매입금 중 500,000원을 조기에 지급함에 따라 매입처가 외상매입금 중 10,000원을 깎아주다.

③ 11월 1일에 매입한 상품 중 품질에 결함이 있어 2,000원의 에누리를 받다.

④ 11월 1일에 매입한 상품 중 품질에 중대한 결함이 있어 상품 10개를 반품하다.

⑤ 12월 1일에 상품 50개를 개당 1만원에 현금으로 매입하고 상품의 매입수수료 50,000원을 현금으로 지급하다.

⑥ 12월 1일에 매입한 상품 중 하자가 있어 3,000원의 에누리를 받다.

⑦ 12월 1일에 매입한 상품 중 하자가 있어 5개를 반품하다.

⑧ 기초상품재고액은 200,000원, 기말상품재고액은 300,000원으로 가정하고 상품매출원가를 계산하라.

〈분개〉

	차변	금액		대변	금액
①	차) 매입	1,100,000	대)	매입채무	1,000,000
				현금	100,000
②	차) 매입채무	500,000	대)	현금	490,000
				매입할인	10,000
③	차) 매입채무	2,000	대)	매입에누리와 환출	2,000
④	차) 매입채무	100,000	대)	매입에누리와 환출	100,000
⑤	차) 매입	550,000	대)	현금	550,000
⑥	차) 현금	3,000	대)	매입에누리와 환출	3,000
⑦	차) 현금	50,000	대)	매입에누리와 환출	50,000

매입 = 총매입 − 매입에누리와 환출 − 매입할인

= 1,650,000 − 155,000 − 10,000 = 1,485,000

매출원가 = 기초재고액 + 당기매입 − 기말재고액
= 200,000 + 1,485,000 − 300,000 = 1,385,000

cf. 비용성격별 분류 손익계산서

매입 1,485,000

재고자산변동 −100,000

3. 결산일 회계처리

3.1) 재고자산 귀속 파악

회사보유 재고인데 아직 매입처리가 이루어지지 않은 거래에 대해서는 매입회계처리를 하고, 재고자산은 기말재고에 포함시켜야 한다.

타처 보관 중인 자산은 기말재고에 포함시켜야 하며 판매된 재고 중 일시적인 사유로 회사가 보관 중인 재고는 회사 기말재고에 포함시켜서는 안 된다.

구분	재고포함 여부
미착상품	선적지인도기준: 재고자산에 포함
	도착지인도기준: 재고자산에 포함 안함.
위탁판매	결산일 현재 수탁자가 미판매한 재고는 재고자산에 포함
시용판매	결산일 현재 고객이 매입의사표시를 하지 않은 재고는 재고자산에 포함
미인도재고	고객의 요청으로 아직 출고되지 않은 재고는 재고자산에 포함 안함.

예제 2

2011년 12월 31일 현재 창고에 보관 중인 상품에 대하여 재고자산을 실사한 결과 실사로 확인된 재고자산 가액이 3,000,000원으로 가정한다. 아래의 거래들은 실사 내역에는 포함되어 있지 않을 때, 정확한 기말재고액은?

① 2011년 12월 15일에 미국으로부터 상품을 선적지인도기준으로 구입했으나 12월 31일 현재 아직 도착하지 않았다. 이 상품의 매입가격은 300,000원이고 해상운임은 2,000원이다.

② 2011년 12월 25일에 미국으로부터 도착지인도기준으로 구입한 상품이 회사창고에 도착했으나 거래처로부터 영수증을 받지 못하여 아직 장부에 매입회계처리는 하지 않았으나, 기말 재고실사에는 200,000원으로 포함되었다. 이 상품의 매입가격은 200,000원이고 국내항구 창고보관료는 1,000원, 수입항으로부터 공장창고까지 운반비는 3,000원이 발생했다. 창고보관료와 공장창고까지 운반비는 회사가 부담하는 조건이다.

③ 12월 31일 현재 수탁자가 보관하고 있는 적송품의 원가는 500,000원이고, 상품의 판매가는 700,000원이다.

④ 12월 31일 현재 거래처에 발송한 시송품은 원가기준으로 1,000,000원이고 이 중 매입의사를 표시한 금액은 원가기준으로 600,000원이다.

	구분	금액	비고
	실사재고	3,000,000	
①	선적지인도기준	+302,000	
②	도착지인도기준	+4,000	매입 4,000/창고료 등 4,000
③	적송품	+500,000	재고 500,000/적송품 500,000
④	시송품	+400,000	재고 400,000/시송품 400,000
	정확한 기말재고	4,206,000	

3.2) 재고자산 원가배분

기초재고액과 당기매입액을 기말재고액과 매출원가 등으로 구분하는 절차를 말한다. 먼저 기말재고수량과 매출원가 등 수량을 재고수불부에서 파악한다.

- **계속기록법**: 출고시마다 수량을 기록하고, 잔고수량은 역산하여 구한다(기초재고수량 + 당기입고수량 − 출고수량 = 기말재고수량).
- **실지재고조사법**: 잔고수량을 기말재고 실사로 확인하고, 출고수량은 역산하여 구한다(기초재고수량 + 당기입고수량 − 기말재고수량 = 당기출고수량).

계속기록법이든 실지재고조사법이든 당기입고수량은 입고시점마다 수량을 기록하는 것은 동일하다.

재고수불부

월일	적용	입고			출고			잔고		
		수량	단가	금액	수량	단가	금액	수량	단가	금액

기말재고수량이 확정되면 출고된 수량과 기말재고수량의 단가를 결정해야 한다. 단가를 결정하는 방법은 일정한 가정을 한다.

개별법	기초재고와 당기매입 각각에 가격표를 부착하여 판매와 재고 구분
선입선출법	먼저 구입한 재고부터 먼저 출고된 것으로 가정
후입선출법	나중에 구입한 재고부터 먼저 출고된 것으로 가정
이동평균법	출고시점마다 판매가능수량의 평균단가대로 출고된 것으로 가정
총평균법	결산일에 총판매가능수량의 평균단가대로 출고된 것으로 가정

예제 3

재고자산의 매입과 매출거래가 다음과 같다.

월일	적용	입고			출고			잔고		
		수량	단가	금액	수량	단가	금액	수량	단가	금액
1/1	기초	10	100	1,000						
4/5	매입	10	120	1,200						
5/15	매출				10	?	?			
9/3	매입	20	140	2,800						
12/31	기말							30	?	?
합계		40		5,000	10			30		

판매가능재고액 = 기초재고액 + 당기매입액

= 1,000 + 1,200 + 2,800 = 5,000

〈계속기록 개별법〉

월일	적용	입고			출고			잔고		
		수량	단가	금액	수량	단가	금액	수량	단가	금액
1/1	기초	10	100	1,000				10	100	1,000
4/5	매입	10	120	1,200				10	100	1,000
								10	120	1,200
5/15	매출				3	100	300	7	100	700
					7	120	840	3	120	360
9/3	매입	20	140	2,800				7	100	700
								3	120	360
								20	140	2,800
합계		40		5,000	10			30		
매출원가					10		1,140			
기말재고								30		3,860

*5/15일 매출의 실제 판매된 재고: 기초분 3개, 4/5일 매입분 7개 가정

〈실지재고 개별법〉

기말재고수량 30＝1/1 기초 7＋4/5 매입 3＋9/3 매입 20

기말재고금액＝7×100＋3×120＋20×140＝3,860

매출원가＝1/1 매입분 3×100＋4/5 매입분 7×120＝1,140

〈계속기록 선입선출법〉

월일	적용	입고			출고			잔고		
		수량	단가	금액	수량	단가	금액	수량	단가	금액
1/1	기초	10	100	1,000				10	100	1,000
4/5	매입	10	120	1,200				10	100	1,000
								10	120	1,200
5/15	매출				10	100	1,000	0	100	0
								10	120	1,200
9/3	매입	20	140	2,800				0	100	0
								10	120	1,200
								20	140	2,800
합계		40		5,000						
매출원가					10		1,000			
기말재고								30		4,000

〈실지재고 선입선출법〉

기말재고수량 30＝9/3 매입 20＋4/5 매입 10

기말재고금액＝20×140＋10×120＝4,000

매출원가＝기초재고＋당기매입－기말재고

＝1,000＋4,000－4,000＝1,000

〈계속기록 후입선출법〉

월일	적용	입고			출고			잔고		
		수량	단가	금액	수량	단가	금액	수량	단가	금액
1/1	기초	10	100	1,000				10	100	1,000
4/5	매입	10	120	1,200				10	100	1,000
								10	120	1,200
5/15	매출				10	120	1,200	10	100	1,000
								0	120	0
9/3	매입	20	140	2,800				10	100	1,000
								0	120	0
								20	140	2,800
합계		40		5,000						
매출원가					10		1,200			
기말재고								30		3,800

〈실지재고 후입선출법〉

기말재고수량 30 = 1/1 기초 10 + 4/5 매입 10 + 9/3 매입 10

기말재고금액 = 10 × 100 + 10 × 120 + 10 × 140 = 3,600

매출원가 = 기초재고 + 당기매입 − 기말재고

= 1,000 + 4,000 − 3,600 = 1,400

〈이동평균법〉

월일	적용	입고			출고			잔고		
		수량	단가	금액	수량	단가	금액	수량	단가	금액
1/1	기초	10	100	1,000				10	100	1,000
4/5	매입	10	120	1,200				20	110	2,200
5/15	매출				10	110	1,100	10	110	1,100
9/3	매입	20	140	2,800				30	130	3,900
합계		40		5,000						
매출원가					10		1,100			
기말재고								30		3,900

〈총평균법〉

월일	적용	입고			출고			잔고		
		수량	단가	금액	수량	단가	금액	수량	단가	금액
1/1	기초	10	100	1,000						
4/5	매입	10	120	1,200						
5/15	매출									
9/3	매입	20	140	2,800						
합계		40	125	5,000						
매출원가					10	125	1,250			
기말재고								30	125	3,750

실무에서는 통상 계속기록법과 실지재고조사법을 병행하면서, 총평균법을 사용한다. 즉, 수량은 계속기록법을 통해 관리하고, 기말에 실지재고조사를 통해서 기말수량을 파악한다. 그런 다음, 계속기록법상 재고수량과 실지재고조사법상 재고수량의 차이는(통상 계속기록법상 수량>실지재고조사상 수량) 재고감모수량으로 파악한다. 수량파악이 끝나면 총평균법에 의하여 단가를 산정한 후 기말재고수량, 재고감모수량, 매출된 수량에 원가를 곱하여 기말재고금액, 재고감모손실, 매출원가를 파악한다.

정상적인 재고감모손실은 영업비용(매출원가)에 포함시키고, 비정상적인 감모손실은 영업외비용으로 처리한다(영업비용과 영업외비용으로 나누는 이유는 손익계산서의 예측가치를 높이기 위해서이다).

3.3) 기말재고평가

일반적으로 결산일 현재 판매목적으로 보유하고 있는 자산은 판매시 판매가능가액으로 재무상태표에 표시하는 것이 재무제표 이용자에게 유용한 정보이겠지만, 재고자산의 경우 보수적인 관점에서 저가법을 적용하여 평가한다. 즉, 재고자산 취득원가가 결산일 현재 순실현가능가치보다 작고 그 차이가 중요하다면 재고자산을 순실현가치로 측정하여 재무상태표에 표시하라는 것이다.

저가법에 의한 기말재고평가액 = Min[취득원가, 순실현가능가치*]

*순실현가능가치 = 판매예상액 − 판매부대비용

참고

<table>
<tr><th>자산취득단계 측정기준</th><th>결산일 측정기준</th><th>적용 사례</th></tr>
<tr><td rowspan="5">취득원가(= 역사적 원가)
• 자산취득당시 제공한 자산의 공정가치로 측정
• 자산을 할부로 취득한 경우에는 이자요소를 차감하여 측정(단, 단기할부의 경우에는 제공한 자산의 공정가치로 측정)
*공정가치: 활성시장에서 자유롭게 거래할 수 있는 가격. 활성시장이 없는 경우 미래현금흐름을 적절한 이자율로 할인한 현재가치로 측정함.</td><td>역사적 원가기준</td><td></td></tr>
<tr><td>현행대체원가</td><td></td></tr>
<tr><td>순실현가치</td><td>재고자산</td></tr>
<tr><td>공정가치</td><td>상장주식,
상장채권 등</td></tr>
<tr><td>현재가치</td><td></td></tr>
</table>

공정가치는 활성화된 시장을 전제로 한 개념인데, 각 회사의 재고는 각 회사의 특성을 반영하므로 재고자산에 대해서는 활성시장 개념이 성립할 수 없다. 예를 들면, 같은 플래그십스마트폰이더라도 A사, B사, C사의 스마트폰은 각기 판매가격이 다르다. 그러나 주식시장의 경우에는 A사가 보유하고 있는 삼성전자 주식이든, B사가 보유하고 있는 삼성전자 주식이든 삼성전자 주식이 자유롭게 거래될 수 있는 주식시장이 존재하므로 공정가치 개념이 성립할 수 있다. 따라서, 재고자산의 경우에는 결산일 재무상태표에 보고시 공정가치란 말 대신 순실현가치로 측정하라는 기준이 나오는 것이다.

• 저가법의 적용방법

－항목별 기준: 개별 재고자산별로 순실현가치를 평가하여 저가법 적용

－조별 기준: 유사한 재고산별로 조를 구성한 다음, 조별로 순실현가치를 평가하여 저가법 적용

－총계기준: 재고자산 전체를 하나의 재고자산으로 보아 순실현가치를 평가하여 저가법 적용

예제 4

상품		재고수량	단위원가	판매단가	추정판매비
A조	aa	1,000	100	130	10
	ab	1,000	130	140	20
C조	ca	1,000	200	210	40
	cb	1,000	220	250	10

재고자산	원가	순실현 가능가치	평가손실		
			항목별 기준	조별 기준	총계기준
aa	100,000	120,000			
ab	130,000	120,000	10,000		
A조 계	230,000	240,000		0	
ca	200,000	170,000	30,000		
cb	220,000	240,000			
C조 계	420,000	410,000		10,000	
합계	650,000	650,000	40,000	10,000	0

K－IFRS에서는 저가법의 적용은 항목별 기준을 원칙으로 하되,

재고자산들이 서로 유사한 경우 조별 기준으로 평가할 수 있으나 총계 기준은 인정하지 않는다.

저가법의 회계처리는 재고자산평가손실을 매출원가에 포함시킨다.

3.4) 재고자산의 기말회계처리

〈기말수정분개〉

차) 매출원가	×××	대) 상품(기초)	×××
차) 매출원가	×××	대) 매입	×××
차) 상품 (계속기록법 기말장부상)	×××	대) 매출원가	×××
차) 재고자산감모손실	×××	대) 상품(기말)	×××
차) 매출원가	×××	대) 재고자산감모손실	×××
차) 재고자산평가손실	×××	대) 상품(기말)	×××
차) 매출원가	×××	대) 재고자산평가손실	×××

예제 5

기초재고	50,000
당기매입	1,000,000(매입에누리 10,000, 매입환출 30,000 차감 후 금액임)
기말재고(평가 전)	60,000
기말재고평가손실	5,000

〈기중에 매입에누리, 매입환출계정을 별도로 사용하지 않고 매입계정에서 조정한 경우〉

차) 매출원가	50,000	대) 상품(기초)	50,000
차) 매출원가	1,000,000	대) 매입	1,000,000

차) 상품(기말)	60,000	대) 매출원가	60,000
차) 재고자산평가손실	5,000	대) 상품(기말)	5,000
차) 매출원가	5,000	대) 재고자산평가손실	5,000

또는

차) 매출원가	50,000	대) 상품(기초)	50,000
차) 매출원가	1,000,000	대) 매입	1,000,000
차) 상품(기말)	55,000	대) 매출원가	55,000

기초재고	50,000
당기매입	1,000,000
기말재고	(55,000)
상품매출원가	95,000

〈기중에 매입에누리, 매입환출계정을 별도로 사용하고 기말에 조정한 경우〉

기중:

차) 매입	1,040,000	대) 외상매입금	1,040,000
차) 외상매입금	10,000	대) 매입에누리	10,000
차) 외상매입금	30,000	대) 매입환출	30,000

결산시:

차) 매입에누리	10,000	대) 매입	10,000
차) 매입환출	30,000	대) 매입	30,000
차) 매출원가	50,000	대) 상품(기초)	50,000
차) 매출원가	1,000,000	대) 매입	1,000,000
차) 상품(기말)	60,000	대) 매출원가	60,000
차) 재고자산평가손실	5,000	대) 상품(기말)	5,000
차) 매출원가	5,000	대) 재고자산평가손실	5,000

연습문제

[1~2] 다음 사례를 보고 물음에 답하라.

> 어느 유통회사의 기초상품재고액은 100,000원, 당기 중 매입액은 1,000,000원이다. 실제 기말재고자산은 200,000원이라고 가정한다.

1. 재고감소손실, 재고평가손실은 없고, 기말재고자산 외의 금액은 모두 매출되었다고 가정할 경우, 매출원가는?

풀이　900,000원

기초재고 + 당기매입 = 당기매출원가 + 기말재고

당기매출원가 = 기초재고 + 당기매입 − 기말재고

= 100,000 + 1,000,000 − 200,000 = 900,000

2. 만약, 회사가 기말재고자산을 분식회계로 300,000원으로 실제보다 100,000원 과대계상했다면 실제보다 이익은 얼마나 늘어나는가(다른 모든 가정은 일정하다고 한다)?

풀이　100,000원

당기매출원가 = 기초재고 + 당기매입 − 기말재고

= 100,000 + 1,000,000 − 300,000 = 800,000

실제보다 매출원가라는 비용이 100,000원 줄어들므로 이익은 100,000원 과대계상된다.

3. 다음 사례에서 이동평균법에 의한 매출원가와 기말재고금액은?

월일	적용	입고			출고			잔고		
		수량	단가	금액	수량	단가	금액	수량	단가	금액
1/1	기초	10	100	1,000						
4/5	매입	10	120	1,200						
5/15	매출				10	?	?			
9/3	매입	20	140	2,800						
12/31	기말							30	?	?
합계		40		5,000	10			30		

	매출원가	기말재고
①	1,000	4,000
②	1,100	3,900
③	1,200	3,800
④	1,300	3,700

풀이 ②

이동평균법은 계속기록법과 같이 사용하며, 제품 입·출고시마다 남아 있는 재고로 단가를 새로 산정한다.

본 사례의 경우, 4/5일 입고시 평균단가는 (1,000+1,200)/(10+10)=110원이고, 9/3일 입고시점에서 평균단가는 (110×10+2,800)/(10+20)=130원이 된다.

따라서, 기말재고금액=130×30개=3,900원이고, 당기매출원가=5,000－3,900=1,100원이 된다[또는 출고시점에서 평균단가는 110원×10(출고수량)=1,100].

4. 다음 사례를 보고 항목별 기준 평가시, 항목별, 조별, 총계기준 평가시 저가법에 의한 평가손실은?

재고자산	원가	순실현가능가치
aa	100,000	120,000
ab	130,000	120,000
A조계	230,000	240,000
ca	200,000	170,000
cb	220,000	240,000
C조계	420,000	410,000
합계	650,000	650,000

	항목별 기준 평가시	조별 기준 평가시	총계기준 평가시
①	0	0	0
②	0	10,000	50,000
③	40,000	10,000	0
④	50,000	50,000	50,000

풀이 ③

저가법은 항목별, 조별, 총계기준으로 적용할 수 있고, (개별) 항목별로 저가기준을 적용하는 경우에 평가손실이 커진다.

5. 다음 사례를 보고 결산시 매출원가 대체분개를 수행할 때 괄호 안에 올 계정과목을 기재하라.

〈사례〉

기초재고 50,000

당기매입 1,000,000(매입에누리 10,000, 매입환출 30,000 차감 후 금액임)

기말재고 60,000

당기 중 회사는 매입에누리와 매입환출 발생시 직접 매입계정에서 차감하고 감모손실 및 평가손실은 없는 것으로 가정한다.

차변		대변	
(ⓐ)	50,000	(ⓑ)	50,000
(ⓒ)	1,000,000	(ⓓ)	1,000,000
(ⓔ)	60,000	(ⓕ)	60,000

풀이

차변		대변	
ⓐ 매출원가	50,000	ⓑ 재고	50,000
ⓒ 매출원가	1,000,000	ⓓ 매입	1,000,000
ⓔ 재고	60,000	ⓕ 매출원가	60,000

상기 원가회계처리의 분개내용은 '매출원가=기초재고+당기매입-기말재고' 공식을 분개로 표현한 것이라고 생각하면 된다.

만약, 기중에 매입에누리, 매입환출계정 등을 사용했다면, 당기순매입액을 구하는 분개를 먼저 한 후, 상기 분개를 수행하면 된다.

예 차) 매입에누리 ××× 대) 매입 ×××
매입환출 ××× 매입 ×××

6. 인플레이션 상황하에서 손익계산서상 매출이익이 가장 높은 재고자산의 원가배분방법은?

① 선입선출법 ② 총평균법
③ 이동평균법 ④ 후입선출법

풀이 ①

7. 다음 괄호 안에 알맞은 단어는 무엇인가?

재고자산은 ( ) 목적으로 보유하는 자산

① 사용 ② 판매
③ 재무 ④ 투자

풀이 ②

8. 어느 유통회사의 기초상품재고액은 100,000원, 당기 중 매입액은 1,000,000원, 실제 기말재고자산은 200,000원이다. 재고감소손실, 재고평가손실은 없고, 기말재고자산 외의 금액은 모두 매출되었다고 가정할 경우, 매출원가는?

① 800,000원　　② 900,000원

③ 1,000,000원　　④ 1,100,000원

풀이 ②

매출원가는 팔릴 수 있는 금액에서 팔리지 않고 남아 있는 금액을 뺀 금액이다.
매출원가: 100,000 + 1,000,000 − 200,000 = 900,000

정리하기

1. 재고자산의 취득원가는 취득대가와 재고자산을 판매가능한 상태까지 들어간 취득부대비용으로 측정한다.

2. 재고자산의 흐름은 판매가능재고(기초재고+당기매입액)를 매출원가와 기말재고로 원가배분하는 과정으로 이해할 수 있다.

   기초재고 + 당기매입액 = 매출원가 + 기말재고

3. 재고수량을 파악하는 방법으로 계속기록법과 실지재고조사법이 있으며, 실무적으로 통상 두 가지 방법을 병행하여 매출 외 출고수량 및 감모수량을 파악한다.

4. 판매가능재고를 매출원가와 기말재고로 구분하기 위해서는 재고자산 원가흐름 가정이 필요하며, 이에는 개별법, 선입선출법, 후입선출법, 이동평균법, 총평균법이 있다.

5. 기말재고자산 장부가액이 순실현가치보다 적은 경우 재고자산평가손실을 계상하고, 동 평가손실은 매출원가에 포함시킨다.

6. 재고자산 기말수정분개를 통하여 기말재고액과 매출원가가 확정된다.

제 9 장

유형자산과 무형자산(1)

학습개요

유형자산의 정의 및 보유목적을 이해하고 취득시 회계처리를 이해한다. 취득 후 지출인 자본적 지출과 수익적 지출 구분기준과 회계처리를 학습한다. 유형자산의 감가상각은 가치평가가 아닌 수익비용 대응을 위한 원가배분과정임을 학습하고, 감가상각의 요소, 방법, 기장방법을 학습한다.

학습목표

1. 유형자산의 본질과 종류를 설명할 수 있다.
2. 유형자산 취득시의 회계처리를 할 수 있다.
3. 유형자산과 무형자산의 처분, 교환시의 회계처리를 할 수 있다.
4. 자본적 지출과 수익적 지출을 구분할 수 있다.
5. 감가상각의 본질, 계산요소, 상각방법을 설명할 수 있다.

주요용어

- 유형자산 정상적 영업활동에 사용할 목적으로 보유하는 물리적 실체가 있는 자산
- 자본적 지출 유형자산 취득 후의 지출로서 미래경제적 효익을 장기간 발생시킬 것으로 기대되는 지출로서 자산의 인식요건을 충족하여 자산으로 계상하는 지출
- 수익적 지출 유형자산 취득 후의 지출 중 단순 수선유지비 등 지출의 효과가 당기에 끝날 것으로 예상되는 지출로 발생시점에 자산으로 계상하지 않고 비용으로 회계처리하는 지출
- 내용연수 사용목적으로 보유하는 유형자산의 경제적 사용 수명을 말한다.
- 잔존가액 유형자산의 경제적 수명이 다한 시점에서 유형자산을 처분하여 받을 대가에서 관련 처분비용을 차감한 기대되는 금액
- 정액법 감가상각 대상금액(=취득원가－잔존가액)을 내용연수로 나누어 매기 일정한 감가상각비를 계상하는 상각방법
- 정률법 일정한 공식에 의하여 정률을 산정한 후, 전기 말 장부가액에 정률을 곱하여 감가상각비를 계산하는 방식
- 생산량비례법 총예정생산량 대비 당기생산량의 비율만큼 유형자산이 감소되는 것으로 가정하고 매년 인식해야 할 감가상각비를 계산하는 방법
- 감가상각누계액 매기 감가상각한 금액을 누계한 계정을 말한다. 관련 유형자산의 차감계정으로 본계정 밑에 음수로 나타낸다.

1. 유형자산의 의의와 분류

1.1) 정의

유형자산은 재화나 용역의 생산이나 제공, 타인에 대한 임대 또는 관리활동에 사용할 목적으로 보유하는 물리적 형체가 있는 자산으로서 한 회계기간을 초과하여 사용할 것으로 예상되는 자산이다.

1.2) 특징

유형자산은 영업활동에 사용할 목적으로 취득한 자산이다. 따라서, 정상적인 영업활동과정에 사용할 목적으로 취득한 것이 아니고, 투자목적으로 취득한 자산은 투자자산으로 분류해야 한다.

- **재고자산**: 정상적인 영업활동과정에서 판매할 목적으로 취득한 자산
- **투자자산**: 시세차익, 영업 외의 임대수익 등 투자목적으로 투자한 자산

예 일반제조업체는 공장용지를 유형자산으로 분류하지만, 부동산매매업자의 본사건물은 유형자산이고 판매하기 위해서 보유한 토지는 재고자산이다.

① 유형자산은 1년 이상 장기에 걸쳐서 경제적 효익을 제공하는 자산이다.

이런 의미에서 유형자산은 회계처리의 성격이 선급비용과 비슷하

고, 자산은 결국 나중에 비용화된다는 특징이 있다. 장기에 걸쳐서 경제적 효익(현금창출능력, 구체적으로는 자산의 증가 또는 부채의 감소형태로 나타남)을 제공하므로 경제적 효익을 제공하는 기간 동안 수익비용 대응의 원칙에 의해서 자산을 비용화시키는 과정이 차후에 설명할 감가상각이라고 한다.

유형자산은 1년 이상 장기간 걸쳐서 사용하므로 비유동자산으로 분류한다. 1년 미만 사용이 예상되는 소모성 물건들은 통상 취득시 기간비용으로 처리한다.

② 유형자산은 물리적인 형체를 가지고 있는 실물자산이다.

무형자산(예: 상표권, 특허권)도 유형자산과 같이 사용할 목적으로 취득한 자산이지만 유형자산과 달리 물리적 실체가 없는 권리라는 특징을 갖는다.

③ 유형자산은 대부분 시간의 경과, 사용에 따라 가치가 감소하는 장기자산으로 감가상각의 대상이 되는 자산이다. 유형자산은 가치가 감소되는 자산인가의 여부에 따라 감가성자산(예: 건물)과 비감가성자산(예: 토지)으로 구분된다.

보유목적	사업 관련 유무	재무제표 표시	비고
판매목적	주된 사업 관련	재고자산	
	주된 사업 무관	투자자산	주식, 채권, 정기예금, 투자부동산, 특허권 등
사용목적	주된 사업 관련	유·무형자산	

1.3) 유형자산의 분류 및 표시

유형자산은 영업상 유사한 성격과 용도로 분류한다.

[유형자산의 계정과목 예시]

구분	계정과목	내용
사용 자산	토지	대지, 임야, 전답, 잡종지 등으로 하며, 지목 또는 등기 여부와 관계없다.
	건물	건물, 냉난방, 전기, 통신 및 기타의 부속설비
	구축물	교량, 궤도, 갱도, 정원설비 및 기타의 토목설비 또는 공작물
	기계장치	기계장치와 운송설비(콘베어, 기중기 등) 및 기타의 부속설비
	기타자산	위 항목 이외의 차량운반구, 항공기, 선박, 집기, 사무용비품, 공기구 등
미사용 자산	건설중인 자산	유형자산의 건설을 위한 재료비, 노무비, 경비 및 지출한 도급금액 등

건설중인자산은 유형자산의 건설을 위하여 직접 또는 간접으로 소요된 재료비, 노무비, 제조간접비를 의미하며, 지출한 도급금액 또는 취득 중인 기계 등을 포함한다. 건설중인자산은 유형자산의 취득을 위하여 취득완료시까지 지출한 금액을 임시적으로 처리하는 임시계정으로 취득완료시에 해당 유형자산계정(실무적으로는 통상 본계정이라고 칭한다)으로 대체한다.

예 본사건물 신축 계약을 건설회사와 한 경우

건설비 지출시:

차) 건설중인자산 ××× 대) 현금 등 ×××

취득세 등 부대비용 지출시:

차) 건설중인자산 ××× 대) 현금 등 ×××

(또는 차) 취득세[1) ××× 대) 현금 등 ×××

차) 건설중인자산 ××× 대) 취득세 ×××)

1) 실무적으로는 통상 건설중인자산으로 곧바로 회계처리하고 관련 증명서류

건설완료 후 사용시:

차) 건물	×××	대) 건설중인자산	×××

[재무상태표 표시]

자산	부채
유동자산	비유동부채
비유동자산	유동부채
유형자산[2]	
(감가상각누계액)	자본

[손익계산서 표시]

감가상가비 발생 → 비용의 배분 → 판매비와 관리비, 제품(제조원가)

• 원가회계의 제품회계처리 과정:

① 차)	원재료비	×××	대) 원재료	×××
	급여	×××	현금 등	×××
	감가상각비	×××	감가상각누계액	×××
	기타제조경비	×××	현금 등	×××
② 차)	재공품	×××	대) 원재료비	×××
			급여	×××
			감가상각비	×××

를 첨부하지만, 애당초 발생 원천별로 회계처리를 한 다음, 건설중인자산으로 대체할 수 있다. 이렇게 하면, 회계장부에서 취득세의 발생 내용을 쉽게 확인할 수 있다는 장점이 있다. 이러한 것은 회계기준에 나오는 것이 아니고 회계실무담당자들이 관리목적으로 하는 회계처리의 기교로 생각하면 된다. 이러한 회계처리를 이해하면, 공장에서 인건비 발생시 '차) 인건비(급여) 대) 현금 등'으로 회계처리하고 기말에 제품원가 계산시 '차) 재공품 대) 인건비(급여)'로 처리하는 것도 쉽게 이해할 수 있을 것이다.

2) 상세내용은 주석으로 공시한다.

		기타제조경비	×××
③ 차) 제품	×××	대) 재공품	×××
④ 차) 매출원가	×××	대) 제품	×××

비용의 기능별 분류 손익계산서	
매출액	
매출원가[3]	
매출총이익	
판매비와 관리비	
물류비	
일반관리비[4]	
마케팅비용	
영업이익	
기타수익	
이자비용	
기타비용	
법인세비용차감전순이익	
법인세비용	
당기순이익	

비용의 성격별 분류 손익계산서	
매출액	
영업비용	
제품의 변동	
감가상각비[5]	
급여[6]	
기타영업비용[7]	
영업이익	
기타수익	
이자비용	
기타비용	
법인세비용차감전순이익	
법인세비용	
당기순이익	

3), 4) 발생한 감가상각비는 비용배분을 통해 본사, 판매부서 등 관련 감가상각비는 일반관리비 등으로 집계하고, 공장에서 발생한 감가상각비는 원가계산을 통해 제품제조원가에 포함되게 된다.

5), 6), 7) 기능별 손익계산서와는 달리 성격별 손익계산서상의 감가상각비, 급여, 기타영업비용은 비용배분 전의 모든 금액이 손익계산서에 나타나게 된다.

2. 유형자산의 회계처리

유형자산의 회계처리는 ① 취득시에 취득원가의 결정문제, ② 처분시의 회계처리문제, ③ 취득 후 발생하는 지출에 대한 회계처리문제, ④ 취득 후 재평가, ⑤ 취득 후 기말에 감가상각비를 계상하는 문제, ⑥ 손상차손의 문제로 살펴보고자 한다.

2.1) 유형자산의 취득

유형자산의 취득은 자산의 인식요건을 충족할 때 인식한다(장부에 기록한다).

① 자산으로부터 발생하는 미래경제적 효익이 기업에 유입될 가능성이 높고

② 자산의 원가를 신뢰성 있게 측정할 수 있어야 한다.

유형자산의 취득원가는 자산의 취득시점이나 건설시점에 지급한 현금 또는 현금성자산이나 제공한 기타 대가의 공정가치로 측정한다. 구입시 부담하게 되는 관세 및 환급불가능한 세금은 가산하고 매입할인 또는 리베이트 등은 차감한다.

장기연불조건으로 구입하는 경우에는 현금구입시의 대가로 기록하고 현금등가액과 명목상 지불하는 금액과의 차이는 이자비용으로 인식한다.

유형자산의 취득원가

= 제공한 대가의 공정가치(+관세+환급불가세금−매입할인−리베

이트) + 취득부대비용(직접 관련 원가)

자가건설한 유형자산의 취득원가

= 매입원가 + 전환원가 + 기타원가(취득부대비용 등)

경영진이 의도하는 방식으로 유형자산을 사용할 수 있도록 준비하는 데 직접 관련된 원가(취득부대비용)는 취득원가에 포함한다. 따라서, 사용 이후에 발생하는 원가는 유형자산의 취득원가에 포함하지 않는다.

토지취득 후 이루어지는 진입도로 개설, 도로포장, 조경공사 등으로 인한 추가적 지출이 있는 경우 내용연수가 영구적이거나 유지·보수책임이 없으면 토지원가에 가산하지만, 내용연수가 한정되고 유지·보수책임이 있으면 구축물로 처리한다.

[토지, 건물 일괄구입시]

토지와 건물 모두 사용시	일괄구입원가를 토지취득원가, 건물취득원가로 배분
토지만 사용시	일괄구입원가와 건물철거비를 토지취득원가로 계상
사용 중인 기존건물 철거시	기존건물 장부가와 철거비용을 당기비용 처리

유형자산을 취득하고 등기하기 위해서는 국공채 등을 의무적으로 매입해야 하는 경우가 있는데, 국공채 매입가액과 국공채 공정가치 차액은 유형자산 취득원가에 가산한다.

- **저가구입, 고가구입 및 무상취득시:** 공정가치로 유형자산의 취득원가를 계상한다.
- **현물출자로 취득시:** 공정가치로 취득원가를 계상하며, 현물출자 대상의 공정가치가 불명확한 경우 주식의 공정가치로 취득원가를 계상한다.

예제 1

〈토지, 건물 일괄구입〉

건물이 있는 토지를 3,000,000원에 일괄구입했다. 구입 후 건물과 토지를 모두 사용할 계획이다. 구입당시 토지와 건물의 공정가치를 각각 2,000,000원, 1,000,000원으로 가정한다. 토지의 취득원가는?

3,000,000×(2,000,000/3,000,000)=2,000,000

예제 2

2011. 1. 1일에 기계장치를 구입하면서 1,000,000원을 지급하고 나머지 대금은 2011년 말부터 2013년 말까지 매년 말에 500,000원씩 지급하기로 했다. 동 거래에 적용될 이자율은 12%이며 관련 현가계수는 다음과 같다.

12%, 3기 현가계수: 0.71178, 12%, 3기 연금현가계수: 2.40183

2011. 1. 1일과 2011. 12. 31일의 회계처리는?

〈분개〉

2011. 1. 1.

차)	기계장치	2,200,915*	대) 현금	1,000,000
	현재가치할인차금	299,085**	장기미지급금	1,500,000

*1,000,000+500,000×2.40183=2,200,915

**1,000,000+1,500,000−2,200,915=299,085

2011. 12. 31.

차)	이자비용	144,110*	대) 현재가치할인차금	144,110
	장기미지급금	500,000	현금	500,000

*(2,200,915−1,000,000)×12%=144,110

예제 3

1) 공정가치가 1,000,000원인 기계장치를 거래처로부터 아무 조건 없이 기증을 받았다. 회계처리는?

차) 기계장치	1,000,000	대) 자산수증이익	1,000,000

2) 공정가치가 1,000,000원인 기계장치를 기부하는 셈치고 현금 2,000,000원을 지불하고 고가로 구입했다.

차) 기계장치	1,000,000	대) 현금	2,000,000
기부금	1,000,000		

예제 4

다음 거래를 각각 분개하라.[8)]

1. ① 토지를 구입하고 대금 10,000,000원(1,000평, 평당 10,000원)을 수표를 발행하여 지급하다. 현금으로 소개료 40,000원, 등기이전료 50,000원, 취득세 400,000원, 토지정지비용 700,000원, 교량건설비 300,000원을 지급하다.
   ② 위의 토지 100평을 평당 17,000원에 처분하다.

2. ① 건물을 신축하기로 하다. 도급금 3,000,000원 중 착수금 1,000,000원을 수표를 발행하여 지급하다. 설계사에게 설계비용 50,000원을 현금으로 지급하다.
   ② 도급금 중 중도금 1,000,000원을 수표를 발행하여 지급하다.
   ③ 건물이 완공되어 인도받고 도급금 잔액을 수표로 지급하다.

8) 본 예제문제는 남상오 · 심재영, 재무회계원리(한국방송통신대학교출판부, 2013), 제12장 유형자산과 감가상각에서 일부 인용했음.

〈분개〉

1.

①	차) 토지	11,190,000	대) 당좌예금	10,000,000
	구축물	300,000	현금	1,190,000
			현금	300,000
②	차) 현금	1,700,000	대) 토지	1,119,000
			유형자산처분이익	581,000

2.

①	차) 건설중인자산	1,050,000	대) 당좌예금	1,000,000
			현금	50,000
②	차) 건설중인자산	1,000,000	대) 당좌예금	1,000,000
③	차) 건설중인자산	1,000,000	대) 당좌예금	1,000,000
	구축물	3,050,000	건설중인자산	3,050,000

2.2) 유형자산의 제거, 교환

2.2.1) 유형자산의 제거

[용어의 구분]

제거	처분	유형자산을 매각하는 것
	제각	사용을 중지하고 폐기하는 것

유형자산처분손익은 수익인식기준을 적용하여 인식한다. 유형자산 제거시 취득원가와 감가상각금액을 제거해야 하며, 제거로 발생하는 손익은 당기손익으로 처리한다.

처분손익(제각손익) = 처분 등 대가 − 장부가액(취득원가 − 장부가액) − 처분 등 부대비용

예제 5

다음 거래를 분개하라.

1. 건물(취득원가 5,000,000원, 감가상각누계액 3,500,000원)을 2,000,000원에 매각하고 대금은 현금으로 받다.

〈분개〉

차)		대)	
감가상각누계액	3,500,000	건물	5,000,000
현금	2,000,000	처분이익	500,000

2. 건물(취득원가 5,000,000원, 감가상각누계액 4,000,000원)을 헐고, 새 건물을 신축하기로 했다. 구 건물을 허는 비용 500,000원을 현금으로 지급하고 폐기물을 고물상에 처분하면서 매각대금으로 300,000원을 현금으로 받다.

〈분개〉

차)		대)	
감가상각누계액	4,000,000	건물	5,000,000
현금	300,000	현금	500,000
유형자산제각손실	1,200,000		

2.2.2) 교환

[신자산 취득원가의 계산]

구분	취득원가
원칙	제공한 자산의 공정가치(1st) 취득한 자산의 공정가치(2nd)
교환거래에 상업적 실질 결여시	제공한 자산의 장부가액 따라서, 구자산의 처분손익을 인식하지 않음.
제공한 자산의 공정가치와 취득한 자산의 공정가치 둘 다 모를 경우	제공한 자산의 장부가액 따라서, 구자산의 처분손익을 인식하지 않음.

예제 6

다음 자료를 이용하여 각각의 상황에 대하여 분개하라.

> 케익회사는 구형기계(취득원가 500,000원, 감가상각누계액 300,000원)를 소유하고 있는데, 성능이 더 좋은 신형기계를 취득하면서 교환의 대가로 구형기계와 현금 550,000원을 지급했다.

1. 구형기계의 공정가액이 130,000원으로 결정된 경우
2. 구형기계의 공정가액을 알 수 없어, 신형기계의 공정가액을 사용하기로 했는데 신형기계의 정가가 700,000원인 경우
3. 구형기계의 공정가액을 알 수 없어 장부가액으로 평가하기로 한 경우

〈분개〉

1.

차) 신형기계	680,000	대) 현금	550,000
구형기계처분대가	130,000	구형기계처분대가	130,000

감가상각누계액	300,000	구형기계	500,000
유형자산처분손실	70,000		

2.

차) 신형기계	700,000	대) 현금	550,000
구형기계처분대가	150,000	구형기계처분대가	150,000
감가상각누계액	300,000	구형기계	500,000
유형자산처분손실	50,000		

3.

차) 신형기계	750,000	대) 현금	550,000
구형기계처분대가	200,000	구형기계처분대가	200,000
감가상각누계액	300,000	구형기계	500,000

2.3) 자본적 지출과 수익적 지출[9]

유형자산의 취득 후 발생하는 지출을 자산으로 계상할 것인가, 비용으로 계상할 것인가의 상황이 발생하는데, 쉽게 설명하면 현상유지를 위해서 사용되는 수선비 등은 수익적 지출이고, 자산을 개량해서 사용기간을 연장시키는 지출을 자본적 지출이라 한다.

구분	내용
자본적 지출	지출을 자산으로 계상 → 감가상각과정을 통해 내용연수 동안 비용화, 지출의 효익이 당기에 끝나지 않는 지출
수익적 지출	지출을 당기비용으로 계상 지출의 효익이 당기에 끝나는 지출

9) K－IFRS에서는 자본적 지출, 수익적 지출의 구분 대신 후속원가라는 개념을 사용한다.

[자본적 지출과 수익적 지출 구분의 일반적인 예]

구분	해당 사례
자본적 지출	• 자산을 증가, 추가하는 지출(증설) • 자산의 생산비율, 생산능력을 증가시키는 지출 • 재배치, 용도변경으로 자산의 이용가치를 증가시키는 지출 • 내용연수를 연장시키는 지출 • 일정 금액 이상의 지출
수익적 지출	• 경상적으로 발생하는 비용의 지출(수선유지비) • 비용지출의 효과가 회계기간 내에 소멸하는 지출 • 현재 재산상태나 기능을 유지하기 위한 지출 • 본래의 정상적 기능을 발휘하는 데 필요한 지출 • 일정 금액 미만의 지출

예제 7

다음 거래를 분개하라.

1. 건물을 취득한 지 10년이 경과하여 대대적인 개조와 수리를 하다. 공사비 1,000,000원을 수표를 발행하여 지급하다. 이 중 800,000원은 엘리베이터와 냉난방장치의 시설을 위한 것이고, 200,000원은 내부도장과 용역회사에 의한 외부 유리창 청소를 위한 비용이다.

〈분개〉

차)	건물	800,000	대) 당좌예금	1,000,000
	수선비	200,000		

2. 기계장치에 대해 부분품을 바꾸다. 새 부분품으로 기계장치의 작업능률이 크게 증가하다. 부분품 대금 320,000원을 현금으로 지급하다.

〈분개〉

차) 기계장치	320,000	대) 현금	320,000

3. 기계장치의 부분품을 대체하고 200,000원을 지급하다. 부분품의 마모로 2년마다 정기적으로 부분품을 대체하고 있다.

〈분개〉

차) 수선비	200,000	대) 현금	200,000

4. 건물에 부착되는 간단한 칸막이 시설을 설치했는데, 40,000원이 소요되었다. 회사방침에 따라 100,000원 이하의 지출에 대해서는 수익적 지출로 처리하다.

〈분개〉

차) 수선비	40,000	대) 현금	40,000

3. 유형자산의 감가상각

3.1) 감가상각의 의의

유형자산은 일정 기간이 경과되면 사용이 불가능하게 되지만 그 가치는 그것이 사용불능이 되었을 때 모두 없어지는 것이 아니라, 사용기간에 걸쳐 평균적으로 감가되며, 그 기간마다 일부 가치가 생산물에 이전된다는 견해에서 각 기간의 비용으로 할당된 것을 감가상각비라 한다.

사용목적으로 취득한 유형자산은 사용되어 수익이 창출되는 기간에 수익비용 대응의 원칙에 따라 사용 등으로 인한 유형자산 가치의 감소분(즉, 자산의 감소분)을 비용으로 인식하는 것이 타당하다. 따라서, 매각예정 중인 자산이나 사용 전 유형자산에 대해서는 감가상각을 하지 않는다.

그러나 매기 사용 등으로 인한 유형자산의 가치감소분을 측정하여 비용으로 회계처리하는 것은 실무적으로 어려움이 많고 불가능하다고 할 수 있다.

따라서, 실무적 편의를 위해 유형자산의 경제적 내용연수를 추정한 다음 그 기간 동안 유형자산의 취득원가를 유형자산의 가치감소 행태를 합리적으로 반영하는 방법을 선택하여 계속적으로 적용하여 가치감소분을 인식하는 과정을 감가상각이라고 한다. 즉, 감가상각은 내용연수 동안 사용되어질 유형자산의 취득원가를 기간에 따라 비용화하는 과정이지 유형자산의 가치를 기말에 측정하는 과정은 아닌 것이다.

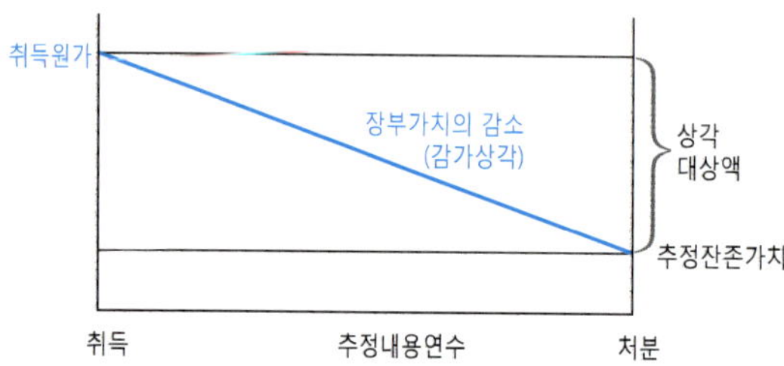

3.2) 감가의 원인

구분		내용
경상적 원인	물리적 원인	시간의 경과 또는 자산의 사용에 의하여 발생하는 가치의 감소, 즉 자산의 노후화 또는 사용에 의하여 마멸하는 경우
	기능적 원인	• 부적응: 물리적으로는 문제가 없으나 경제환경의 변환에 의하여 자산을 효율적으로 사용할 수 없는 경우. 예) 회사의 규모가 커짐에 따라 더 큰 성능의 컴퓨터가 필요해지는 경우(규모가 작은 회사는 현재 사용하고 있는 컴퓨터도 충분히 사용할 수 있는 경우)

		• 진부화: 새로운 성능의 자산이 개발되어 경쟁을 하기 위해서는 기존 자산의 사용으로는 안 되는 경우
비경상적 원인		감가상각이 아니라 손상차손을 측정하여 손상차손으로 반영

감가의 원인에 따라 내용연수의 결정이나 감가상각방법을 결정할 때 고려해야 하는데, 일반적으로 자산의 감가형태가 물리적 원인을 따를 경우에는 시간의 경과 또는 사용의 경과에 따라 감가상각비를 인식하는 것이 합리적이라고 할 수 있고, 기술의 발전 속도가 빠른 경우에는 진부화가능성이 높으므로 내용연수를 짧게 하고 초기에 감가상각을 많이 하는 것이 합리적이라고 할 수 있다.

3.3) 감가상각비의 계산요소

구분	내용
취득원가	취득시 제공하는 자산의 공정가치＋취득부대비용
내용연수	자산이 사용가능할 것으로 기대되는 기간 실제의 내용연수는 알 수 없기 때문에 내용연수는 추정을 요하고, 매기 말 추정내용연수를 변경할 사항이 없는지 검토해야 함.
잔존가치	내용연수 종료시점에 처분으로 획득할 금액－처분부대비용
감가상각 대상금액	취득원가－잔존가치

3.4) 감가상각비의 계산방법

감가상각비 계산방법에는 정액법, 체감잔액법, 생산량비례법 등이 있는데, 해당 자산에 내재되어 있는 미래경제적 효익을 예상 소비형태를 가장 잘 반영하는 방법을 선택하여 감가상각을 해야 한다.

감가상각방법은 예상 소비형태가 변하지 않는 한 매기 회계기간에 일관성 있게 적용(계속성, 비교가능성)해야 하며, 유형자산의 소비형태 등에 유의적인(중요한) 변동이 있다면, 그러한 변화를 가장 잘 반영하는 소비형태를 반영하기 위하여 감가상각방법을 변경해야 하며 감가상각방법은 추정의 변경으로 처리한다.

3.4.1) 정액법

감가상각법 중 정액법은 자산의 추정내용연수 동안 매 기간 일정액의 감가상각액을 계산하는 방법으로, 단순히 시간의 경과에 따라 감가가 발생하는 자산에 적합한 감가상각방법이며 실무적으로는 건물의 감가상각방법에 많이 적용된다.

정액법에 의한 감가상각비 = (취득원가 − 잔존가치)/내용연수

예제 8

다음 자료를 바탕으로 정액법에 의한 연간 감가상각비를 계산하라(회계기간은 1/1~12/31이고, 자산취득은 1/1일에 한 것으로 가정하라).

기계의 취득원가: 550,000원, 잔존가치: 50,000원, 내용연수: 5년

연간 감가상각비 = (550,000 − 50,000)/5년 = 100,000

3.4.2) 체감잔액법

감가상각법 중 체감잔액법은 자산의 추정내용연수 동안 매 기간 감가상각액이 감소하는 감가상각방법으로 정률법, 연수합계법이 있다.

감가상각 초기에는 감가상각비가 많이 계상되고, 후기에는 적게 계상되는 방법으로 기능적 원인에 의해 가치가 짧은 기간 내에 감소하는 자산에 적합한 감가상각방법으로 실무적으로는 통상 기계장치 등 설비에 많이 적용한다.

정률법에 의한 감가상각비

= 미상각잔액(취득원가 − 감가상각누계액) × 정률

정률 = $1 - (\text{잔존가치}/\text{취득원가})^{1/\text{내용연수}}$

예제 9

다음 자료를 바탕으로 정률법에 의한 1~3차 연도별 연간 감가상각비를 계산하라(회계기간은 1/1~12/31일이고, 자산취득은 1/1일에 한 것으로 가정하라).

> 기계의 취득원가: 550,000원, 잔존가치: 50,000원, 내용연수: 5년
> 정률 = $1 - (50{,}000/550{,}000)^{1/5} = 21.3\%$

1차년도 감가상각비 = 550,000 × 21.3% = 117,150

2차년도 감가상각비 = (550,000 − 117,150) × 21.3% = 92,197

3차년도 감가상각비 = (550,000 − 117,150 − 92,197) × 21.3%

= 72,559

3.4.3) 생산량비례법

감가상각법 중 생산량비례법은 자산의 예상조업도 또는 예상생산량을 기준으로 생산 또는 사용에 비례하여 감가상각액을 계상하는 방법으로 광산, 유전과 같은 감모성 자산의 감가상각에 적합한 감가상각방법이다.

생산량비례법에 의한 감가상각비

= (취득원가 − 잔존가치) × (실제생산량/추정총생산량)

예제 10

다음 자료를 바탕으로 생산량비례법에 의한 당기감가상각비를 계산하라.

> 감가상각대상금액: 500,000원, 추정총생산량: 30,000톤,
> 당기 실제생산량: 3,000톤

당기감가상각비 = 500,000 × (3,000/30,000) = 50,000

3.5) 감가상각비의 기장방법

감가상각의 회계처리방식은 직접법과 간접법이 있다.

- **간접법**: 감가상각비를 유형자산에서 직접 차감하지 않고 감가상각누계액이라는 유형자산의 차감계정을 이용하여 취득원가에서 간접적으로 차감하는 방법
- **직접법**: 당해연도의 감가상각비만큼 자산의 취득원가를 직접 감소시키는 방법

구분	회계처리	비고
직접법	차) 감가상각비 대) 유형자산	• 유형자산의 기말장부가액(미상각잔액)은 곧바로 재무상태표에 표시하므로 기말장부가액을 쉽게 파악가능

		• 취득원가 정보를 알 수 없다. • 주석사항으로 취득원가와 감가상각누계액을 나타내야 한다.
간접법	차) 감가상각비 대) 감가상각누계액	• 감가상각누계액을 해당계정의 밑에 차감계정으로 표시한다(또는 감가상각누계액을 자산별 구분 없이 통합하여 재무상태표에 나타낼 수 있는데, 이럴 경우에는 주석으로 자산별 감가상각누계액을 공시하여야 함). • 유형자산장부가액 = 취득가액 − 감가상각누계액

예제 11

다음 자료를 바탕으로 정액법에 의한 연간 감가상각비를 계산하고 1차년도 감가상각비를 계산한 후, 회계처리를 직접법과 간접법에 의해 수행하고 부분재무상태표를 제시하라(회계기간은 1/1~12/31일이고, 자산취득은 1/1일에 한 것으로 가정하라).

> 건물의 취득원가: 500,000원, 잔존가치: 50,000원, 내용연수: 5년

연간 감가상각비 = (500,000 − 50,000)/5년 = 90,000

〈직접법〉

차) 감가상각비 90,000 대) 건물 90,000

부분재무상태표	금액
비유동자산	
유형자산	
건물	410,000

〈간접법〉

차) 감가상각비 90,000 대) 감가상각누계액 90,000

부분재무상태표	금액
비유동자산	
유형자산	
건물	500,000
감가상각누계액	(90,000)

연습문제

1. 다음 괄호 안에 들어갈 말로 적절한 것은?

유형자산은 (ⓐ)목적으로 보유하는 자산이므로, 기말보고시 (ⓑ)는 정보이용자에게 유용한 정보가 아니므로 일반적으로 (ⓒ)에서 감가상각누계액을 차감한 금액으로 보고한다.

	ⓐ	ⓑ	ⓒ
①	판매	공정가치	공정가치
②	투자	취득원가	취득원가
③	사용	공정가치	공정가치
④	사용	공정가치	취득원가

풀이 ④

유형자산은 판매목적이 아닌 사용목적 자산이므로 공정가치는 중요한 의미가 없다. 재고자산과 같은 경우는 판매목적으로 보유하는 자산이므로, 기말 현재가치가 얼마인지 알려주는 정보가 유용할 수 있는 것과 대조적이다. 이를 반영하여 회계기준은 기본적으로 유형자산은 감가상각후취득원가를 장부가액으로 한다.

2. 다음 괄호 안에 들어갈 말로 적절한 것은?

유형자산의 감가상각원인은 자산의 사용 또는 진부화 등으로 자산의 가치가 감소하는 부분을 비용으로 인식하는 것이나, 매 회계기간별로 가치감소분을 정확하게 측정·평가하여 보고하는 것은 어려우므로, 가치감소의 행태를 가장 잘 설명할 수 있는 감가상각방법을 선택하여 매기 계속적·체계적으로 비용을 인식하는 과정으로 이해해야 한다. 즉, 유형자산의 감가상각은 유형자산의 가치를 매기 평가하여 가치감소분을 감가상각비로 인식하는 (ⓐ)과정이 아니고 취득원가에서 사용가능기간 말의 잔존가치를 추정하여 취득원가에서 잔존가치를 차감한 금액을 사용가능기간 동안 체계적·계속적으로 기간별로 인식하는 (ⓑ)과정으로 이해해야 한다.

	ⓐ	ⓑ
①	가치평가	정액법인식
②	가치평가	원가배분
③	원가배분	정액법인식
④	원가배분	가치평가

풀이 ②

감가상각을 하는 이유 내지 원인은 사용 및 진부화 등에 따른 자산의 가치분을 반영하는 것이지만, 자산의 가치를 매기 말 평가하는 것은 어려우므로, 취득원가에서 예상잔존가치를 차감한 잔액을 사용가능기간 동안 체계적으로 배분하는 원가배분과정으로 이해해야 한다. 즉, '기말 현재 취득원가－감가상각누계액'을 유형자산의 장부가액이라고 하는데, 이러한 장부가액이 시장에서 팔 수 있는 가격을 의미하는 것은 아니다.

3. 건물과 토지를 3,000,000원에 일괄구입하였고 건물과 토지를 모두 사용할 계획이다. 구입당시 토지와 건물의 공정가치가 각각 2,000,000원, 1,000,000원일 때 토지의 취득원가는 얼마인가?

풀이 2,000,000원

3,000,000×(2,000,000/3,000,000)＝2,000,000

자산을 일괄구입한 경우에는 취득원가를 일괄구입한 자산의 공정가치 비율대로 배분해야 한다.

4. 다음 자료를 보고 1차년도와 2차년도에 계상할 감가상각비를 계산하라.

다음 자료로 정률법에 의한 연간 감가상각비를 계산하고 1~3차년도별 감가상각비를 계산하라(회계기간은 1/1~12/31일이고, 자산취득은 1/1일에 한 것으로 가정하라).

> 기계의 취득원가: 500,000원, 잔존가치: 50,000원, 내용연수: 5년
> 정률 $= 1 - (50,000/500,000)^{1/5} = 36.9\%$

풀이

1차년도 감가상각비: 184,500원
2차년도 감가상각비: 116,420원

1차년도 감가상각비 $= 500,000 \times 36.9\% = 184,500$
2차년도 감가상각비 $= (500,000 - 184,500) \times 36.9\% = 116,420$
3차년도 감가상각비 $= (500,000 - 184,500 - 116,420) \times 36.9\% = 73,461$

5. 예상조업도 또는 예상생산량을 기준으로 생산 또는 사용에 비례하여 감가상각액을 계상하는 방법은?

① 정액법 ② 정률법
③ 생산량비례법 ④ 연수합계법

풀이 ③

6. 유형자산의 취득 후 발생하는 다음의 지출 중 자본적 지출로 처리해야 할 것이 아닌 것은?

① 자산을 증가, 추가하는 지출(증설)
② 자산의 생산비율, 생산능력을 증가시키는 지출
③ 현재 재산상태나 기능을 유지하기 위한 지출
④ 내용연수를 연장시키는 지출

풀이 ③

7. 다음 중 감가상각하지 않는 자산은?

① 차량운반구 ② 건설중인자산
③ 건물 ④ 기계장치

풀이 ②

8. 다음 중 감가상각에 관한 설명으로 가장 적절하지 않은 것은?

① 감가상각은 수익비용 대응의 원칙에 의해 회계상 비용으로 인식하는 것이다.

② 감가상각대상금액은 유형자산의 취득원가에서 잔존가치를 차감한 금액이다.

③ 감가상각비 인식금액과 자산의 경제적 가치의 감소분은 서로 일치한다.

④ 정률법은 가속상각법 중의 하나이다.

풀이 ③

감가상각은 내용연수 동안 사용되어질 유형자산의 취득원가를 기간에 따라 비용화하는 과정이지 유형자산의 가치를 기말에 측정하는 과정은 아니다.

9. 업무용 차량운반구에 대한 일상적 수리비를 수익적 지출로 처리하지 아니하고, 자본적 지출로 처리했을 경우, 재무제표에 미치는 영향은?

① 부채의 과대 계상　　② 비용의 과소 계상

③ 수익의 과대 계상　　④ 자산의 과소 계상

풀이 ②

정리하기

1. 유형자산은 제조, 생산 및 관리목적으로 사용하기 위하여 보유하는 물리적 실체가 있는 자산을 말한다.

2. 자산취득시 자산보유의 목적이 발휘될 수 있는 상태까지 발생한 비용은 취득부대비용이라고 하고 동 취득부대비용은 자산취득시 취득원가에 가산한다.

3. 감가상각은 자산 사용으로 인한 경제적 효익이 기대되는 기간 동안 수익비용 대응의 원칙에 의해 자산사용액을 체계적으로 비용화하는 과정으로 가치평가하는 과정이 아니다.

4. 자산의 예상소비형태 패턴에 가장 부합하는 감가상각방법을 선택하여 특별한 사유가 없으면 매기 계속적으로 적용해야 한다.

5. 매기 발생한 감가상각비를 기장하는 방법에는 직접법과 간접법이 있으며, 간접법에서는 감가상각으로 자산 중 비용화된 금액을 감가상각누계액계정에 집계하여 재무상태표에는 관련 자산의 차감계정으로 보고한다.

제 10 장

유형자산과 무형자산(2)

학습개요

유형자산의 취득 후 측정방법으로 재평가모형의 회계처리방법을 학습한다. 손상징후 발생시 손상차손의 회계처리를 학습하고, 재평가와 손상차손이 어떤 차이가 있는지 학습한다. 무형자산의 정의와 무형자산의 인식요건 및 내부창출 무형자산인 개발비와 사업결합에서 발생하는 영업권의 회계처리를 학습한다.

학습목표

1. 원가모형과 재평가모형을 설명하고 회계처리할 수 있다.
2. 유·무형자산의 손상차손에 대하여 설명할 수 있다.
3. 무형자산의 정의와 인식요건을 설명할 수 있다.
4. 내부창출 무형자산인 개발비의 인식요건을 설명할 수 있다.
5. 사업결합에서 발생하는 영업권의 회계처리를 설명할 수 있다.

주요용어

- 원가모형 자산취득 후 보고기간 말 재무상태표상에 자산을 취득원가로 보고하는 회계처리
- 재평가모형 자산취득 후 보고기간 말 재무상태표상에 자산을 공정가치로 보고하는 회계처리
- 손상차손회계 개별기업의 특유한 사정 등으로 손상징후 사건이 발생하여 자산으로부터의 회수가능액이 장부가액에 미달하는 경우 장부가액을 회수가액으로 조정하는 회계처리
- 무형자산 무형자산은 물리적 실체가 없지만 식별가능하고 기업이 통제하고 있으며 미래경제적 효익이 있는 자산
- 영업권 개별적으로 식별하여 별도로 인식할 수 없으나 사업결합에서 획득한 그 밖의 자산에서 발생하는 미래경제적 효익을 나타내는 자산
- 개발비 개발비 인식요건을 충족하는 경우 개발단계의 지출을 자산화한 것

1. 유형자산의 재평가

유형자산은 정상적인 영업활동에서 사용할 목적으로 취득한 자산으로, 처분할 목적으로 취득한 자산이 아니므로 공정가치가 정보이용자에게 유용한 정보가 아니라고 할 수 있다.

원가모형은 유형자산 취득 후에 감가상각누계액과 손상차손누계액을 차감한 금액을 장부금액으로 재무제표에 표시한다.

유형자산을 공정가치로 측정하여 재무상태표에 보고하는 것이 역사적 원가로 자산을 측정하여 보고하는 것보다는 정보이용자에게 유용하다는 사고와 유형자산은 본래 사용목적 자산이므로 공정가치는 유용성이 떨어진다는 사고의 대립 속에 K-IFRS에서는 그 절충으로, 유형자산의 최초 인식시점 이후 보고기간 말 재무제표상에 유형자산을 측정하는 방법으로 기업은 원가모형이나 재평가모형 중 하나를 회계정책으로 선택하여 유형자산 분류별로 동일하게 적용하여 평가하도록 하고 있다.

1.1) 재평가모형

재평가모형이란 취득일 이후 공정가치를 신뢰성 있게 측정할 수 있는 유형자산에 대하여는 재평가일의 순공정가치로 해당 자산금액을 수정하고, 당해 공정가치에서 감가상각누계액과 손상차손누계액을 차감한 금액을 장부금액으로 재무제표에 표시하는 방법을 말한다.

특정 유형자산을 재평가할 때에는 해당 자산이 포함되는 유형자산 항목별 분류 전체를 동시에 재평가하는 것을 원칙으로 한다. 예를 들면, 토지를 재평가하기로 했다면, 소유하고 있는 모든 토지에 대하여 재평가를 해야 한다. 단, 토지는 재평가하기로 하고 건물은 원가로 평가하는 것은 동일 항목이 아니기 때문에 허용된다.

재평가 시기는 보고기간 말에 자산의 장부가액과 공정가치가 중요하게 차이가 나지 않도록 주기적으로 수행한다. 즉, 장부가액과 공정가치가 중요하게 차이 나지 않는다면 매년 수행하는 것은 아니라는 의미로 통상 실무적으로는 3~5년 주기로 할 수 있다.

1.2) 재평가손익의 회계처리

<table>
<tr><td rowspan="2">당기 재평가 이익</td><td>최초 발생</td><td>자산의 장부가액을 증가시키고, 재평가잉여금으로 기타자본(기타포괄손익누계액)에 가산한다. 기타포괄손익누계액 당기 증가분은 포괄손익계산서상에 기타포괄이익으로 보고한다.</td></tr>
<tr><td>추후 발생</td><td>재평가이익만큼 자산을 증가시키고, 과거 당기손실로 반영한 재평가손실 범위 내에서 당기이익(재평가이익)으로 처리하고 나머지는 기타포괄손익누계액(자본)으로 처리한다. 기초 대비 기타포괄손익누계액의 증가분은 포괄손익계산서에 기타포괄이익으로 보고한다.</td></tr>
<tr><td rowspan="2">당기 재평가 손실</td><td>최초 발생</td><td>자산의 장부가액을 감소시키고, 당기손실(재평가손실)로 처리한다.</td></tr>
<tr><td>추후 발생</td><td>자산의 장부가액을 감소시키고, 평가 전 기타포괄손익누계액(자본)을 감소시키고 나머지는 당기손실(재평가손실)로 처리한다.</td></tr>
<tr><td colspan="2">기타포괄손익누계액</td><td>당해 자산을 제거(예: 처분), 사용하면서 이익잉여금으로 대체가능하다.</td></tr>
</table>

예제 1

2011년 초에 토지를 100,000원에 구입했다. 토지에 대하여 재평가모형을 이용하여 회계처리하고 있으며, 각 연도 말 토지의 공정가치가 다음과 같을 때 회계처리를 제시하라.

2011. 12. 31.	2012. 12. 31.
70,000	110,000

2011. 12. 31.

차) 재평가손실	30,000	대) 토지	30,000

2012. 12. 31.

차) 토지	30,000	대) 재평가이익(손익계정)	30,000
토지	10,000	기타포괄손익누계액(자본)	10,000

〈손익대체분개〉[1]

차) 재평가이익(손익계정)	30,000	대) 이익잉여금(자본)	30,000

①	차) 기타포괄손익누계액(자본)	10,000	대) 기타포괄이익	10,000
②	차) 기타포괄이익	10,000	대) 기타포괄손익누계액(자본)	10,000

부분포괄손익계산서(2012년)

재평가이익	30,000
당기순이익	×××
기타포괄이익	10,000
총포괄손익	×××

포괄손익계산서 자체는 하나의 집계표로서 미리 만들어진 양식에 시

1) 많은 다른 책에서 이러한 회계처리를 보여주지 않고 있으며, 어떻게 포괄손익계산서가 만들어지는지도 보여주지 않는 경우가 많다.

산표상의 관련 계정잔액을 옮겨 적은 것으로 파악하면 분개처리에 문제가 없을 것임. 상기 ①, ②번 분개는 굳이 하지 않고, 기타포괄손익누계액 기초 대비 변동액을 발췌하여 기록하면 됨. 마찬가지로, 손익대체분개도 하지 않고, 손익계산서, 재무상태표라고 이미 만들어져 있는 집계표에 관련 계정잔액을 집계한 후, 해당 칸에 메꿔 넣으면 만들어진다는 것을 상기하면, 손익대체분개는 굳이 필요 없다고 생각한다.

■ 감가상각과 재평가의 순서

당기분 감가상각을 먼저 한 후, 재평가를 실시한다.

차기 감가상각은 전기 말의 재평가를 반영한 후의 상각대상금액을 기초로 수행한다.

예제 2

회사는 2011년 1월 1일에 기계장치 1대를 10,000원에 구입했다. 동 기계장치의 내용연수는 5년으로 추정하였고 잔존가치는 없는 것으로 예상되었다. 회사는 동 기계장치에 대하여 정액법으로 감가상각하고 재평가모형에 따라 재평가를 하기로 했다. 이후 연도의 기계장치의 공정가치는 다음과 같을 때, 2011년과 2012년 회계처리를 행하라(재평가는 매년 하는 것으로 가정).

	2011년 12월 31일	2012년 12월 31일
공정가치	12,000	3,500

〈분개〉

2011. 1. 1.

차) 기계장치	10,000	대) 현금	10,000

2011. 12. 31.

차) 감가상각비	2,000	대) 감가상각누계액	2,000

재평가

차) 감가상각누계액	2,000	대) 기타포괄손익누계액	4,000
기계장치	2,000		

2012. 12. 31.

차) 감가상각비	3,000	대) 감가상각누계액	3,000

재평가

차) 기타포괄손익누계액	4,000	대) 기계장치	5,500
재평가손실	1,500		

2. 유형자산의 손상차손

2.1) 재평가모형과 손상차손의 관계

재평가회계는 유형자산의 공정가치(시장가치)를 반영하여 보고기간 말 유형자산의 장부가액을 공정가치로 조정하는 과정으로 개별기업의 사정보다는 유형자산이 속한 시장 내에서의 가격변동을 반영하는 과정이라고 볼 수 있다.

손상차손회계는 기업특유의 사정으로 인한 유형자산의 가치변동을 반영하는 회계라고 할 수 있다.

이와 같은 재평가회계와 손상차손회계의 관계는 금융자산의 공정가치 측정과 손상차손회계에도 그대로 적용된다.

2.2) 손상차손

매기 말 손상차손 징후[2)]가 발견된 경우, 유형자산의 회수가능액을 평가하여 회수가능액이 기말장부가액보다 미달하는 경우, 자산의 장부금액을 회수가능액으로 감소시키고, 감소금액인 손상차손은 즉시 당기손익으로 인식한다.

회수가능액＝Min[자산의 순공정가치, 사용가치]

자산을 지금 당장 시장에 파는게 나은지, 계속 사용하는 것이 나은지 검토하는 것이다.

자산의 순공정가치＝자산의 시장가격－처분부대원가

사용가치＝자산이나 현금창출단위에서 창출될 것으로 기대되는 미래현금흐름의 현재가치

2) 손상차손 징후의 한 예로, K－IFRS에서는 기업의 순자산 장부금액이 당해 시가총액보다 큰 경우, 진부화, 물리적인 중대한 고장 등의 사유를 들고 있다.

2.3) 손상차손의 회계처리 및 감가상각과의 관계

[손상차손의 회계처리]

구분	회계처리
원가 모형	• 손상징후 발견시 또는 손상회복 징후 발견시 먼저 감가상각을 수행한 후의 장부가액과 회수가능금액을 비교하여 손상차손 또는 손상차손환입 여부를 판단한다. • 회수가능액과 손상차손계상 전 장부가액과의 차이를 손상차손으로 즉시 당기비용으로 인식한다. • 손상차손=Max[순공정가치, 사용가치]−손상 전 장부가액 • 손상차손이 회복된 경우, 손상차손 회복액을 당기이익으로 인식한다. • 손상차손 회복액=Min[회수가능액, 손상 없을 경우의 장부가액]−환입 전 장부가액
재평가 모형	• 감가상각회계처리를 먼저 한 후, 재평가회계처리를 하고, 마지막으로 손상차손회계처리를 한다. • 재평가잉여금이 있는 경우 재평가잉여금만큼 손상차손과 상계처리하고 초과금액은 손상차손으로 즉시 비용인식한다. 향후, 손상회복시 비용인식한 금액까지는 손상차손환입으로 당기이익처리하고, 초과금액은 기타포괄이익으로 계상한다.

손상차손을 인식한 후의 금액을 새로운 취득원가로 보고 잔존내용연수 기간 동안 감가상각을 수행하여 감가상각비를 계상한다.

예제 3

2011년 초에 토지를 100,000원에 구입하여 재평가모형을 이용하여 기말평가하고 있다. 2013년 말에 손상징후가 발생하여 회수가능액을 검토하였으며, 연도 말 공정가치금액과 회수가능액은 다음과 같을 경우 회계처리를 하라.

2011. 12. 31.	2012. 12. 31.	2013. 12. 31.	2014. 12. 31.
130,000	110,000	70,000	115,000

〈분개〉

2011. 12. 31.

차)	토지	30,000	대) 기타포괄이익누계액	30,000

2012. 12. 31.

차)	기타포괄이익누계액	20,000	대) 토지	20,000

2013. 12. 31.

차)	기타포괄이익누계액	10,000	대) 손상차손누계액	40,000
	손상차손	30,000		

2014. 12. 31.

차)	손상차손누계액	40,000	대) 손상차손환입	30,000
	토지	5,000	기타포괄이익누계액	15,000

3. 무형자산

3.1) 정의와 분류

3.1.1) 정의

무형자산은 물리적 실체가 없지만 식별가능하고 기업이 통제하고 있으며 미래경제적 효익이 있는 자산을 말한다.

- 식별가능하다는 의미는 기업실체나 다른 자산으로부터 분리될 수 있거나 계약상 권리 또는 기타 법적 권리로부터 발생한 자산을 말한다.
- 통제란 미래경제적 효익을 확보할 수 있고, 그 효익에 대한 제3자의 접근을 제한할 수 있음을 의미한다.
- 미래경제적 효익은 제품의 매출, 용역수익, 원가절감의 형태로 발생할 수 있다. 따라서, 미래경제적 효익을 기대할 수 없는 경우의 지출은 발생한 기간에 자산이 아닌 비용으로 처리해야 한다.

3.1.2) 분류

구분		내용
영업권		기업이 다른 기업을 취득·합병할 때 원가가 취득한 순자산의 공정시장가치를 초과한 초과액
개발비		개발활동과 관련하여 발생한 지출액 중 미래경제적 효익이 유입될 가능성이 높으며 취득원가를 신뢰성 있게 측정가능한 것
광업권		광물을 채굴하여 취득할 수 있는 권리로 「광업법」에 의하여 등록하여 광물을 일정 기간 독점적으로 채굴·취득할 수 있는 권리
어업권		일정한 수면에서 독점적·배타적으로 어업을 경영할 수 있는 권리
차지권		임차료 또는 지대를 지급하고 타인이 소유하고 있는 토지를 사용하여 수익을 얻을 수 있는 권리
산업재산권	특허권	특정 발명을 「특허법」에 등록하여 일정 기간 배타적·독점적으로 이용할 수 있는 권리
	실용신안권	물건의 모양, 구조 또는 결합 등 실용적인 고안을 관계법률에 의하여 등록하여 일정 기간 배타적·독점적으로 이용할 수 있는 권리
	의장권	물건의 외관상 미감을 얻기 위한 고안을 관계법률에 의하여 등록하여 일정 기간 배타적·독점적으로 이용할 수 있는 권리

구분		내용
	상표권	특정 상표를 관계법률에 의해 등록하여 일정 기간 배타적·독점적으로 이용할 수 있는 권리
기타무형자산	라이선스	다른 기업의 제품을 독점적으로 사용할 수 있는 권리
	저작권	저작자가 자기 저작물의 복제, 번역, 방송, 상연 등을 독점적으로 이용할 수 있는 권리
	소프트웨어	소프트웨어의 구입을 위하여 지출한 비용
	시추권	특정 지역에서 광물자원을 추출할 수 있는 권리
	프랜차이즈	특정한 상품, 상호에 따라 상품이나 용역을 제조·판매할 수 있는 권리

3.2) 무형자산의 인식과 측정

3.2.1) 인식요건

① 무형자산의 정의를 충족해야 한다.

② 미래경제적 효익의 유입가능성이 높아야 한다.

③ 취득원가를 신뢰성 있게 측정할 수 있어야 한다.

3.2.2) 취득원가의 결정

개별 취득하는 무형자산의 원가=구입가격(매입할인과 리베이트를 차감, 수입관세와 환급받을 수 없는 제세금 가산)+자산을 의도한 목적에 사용할 수 있도록 준비하는 데 직접 관련되는 원가

무형자산에 대한 대금지급기간이 장기인 경우 무형자산의 취득원가는 현금가격상당액이 되며, 현금가격상당액과 실제 총지급액의 차이는 이자비용으로 인식한다.

사업결합으로 취득하는 무형자산의 취득원가는 공정가치로 한다.

3.2.3) 무형자산의 재평가(후속측정)

무형자산은 회계정책으로 원가모형이나 재평가모형을 선택하여 평가한다.

① 원가모형

원가모형상 무형자산 기말장부가액

= 취득원가 – 상각누계액 – 손상차손누계액

② 재평가모형

재평가모형상 무형자산 기말장부가액

= 공정가치 – 상각누계액 – 손상차손누계액

공정가치는 활성시장에서의 가격을 기초로 결정하며 보고기간 말에 자산의 장부가액이 공정가치와 중요하게 차이가 나지 않도록 주기적으로 재평가를 실시한다.

재평가모형을 적용하여 무형자산을 회계처리하는 경우에는 같은 분류의 기타 모든 자산도 그에 대한 활성시장이 없는 경우를 제외하고는 동일한 방법을 적용하여 회계처리한다.

무형자산은 영업상 유사한 성격과 용도로 분류하고, 자산을 선택적으로 재평가하거나 재무제표에서 서로 다른 기준일의 원가와 가치가 혼재된 금액으로 보고하는 것을 방지하기 위하여 같은 분류 내의 무형자산항목들은 동시에 재평가한다.

- 재평가로 인하여 장부가액이 증가된 경우 그 증가액은 기타포괄손익으로 인식하고 재평가잉여금의 과목으로 자본(기타포괄손익누계액)에 가산한다. 다만, 그 증가액 중 그 자산에 대하여 이전

에 당기손실로 인식한 재평가감소에 해당하는 금액이 있다면 그 금액을 한도로 당기이익으로 인식한다.

- 재평가로 인하여 장부가액이 감소된 경우 그 감소액은 당기손익으로 인식한다. 다만, 그 감소액 중 그 자산에 대한 재평가잉여금 잔액이 있다면 그 금액을 한도로 재평가잉여금의 과목으로 기타포괄손익에 인식한다.

3.2.4) 무형자산의 상각

내용연수가 유한한 무형자산은 상각하고, 비한정인 무형자산은 상각하지 않는다.

내용연수는 자산의 미래경제적 효익이 예상되는 기간과 법적으로 보호된 기간 중 짧은 기간으로 한다.

무형자산의 상각은 자산이 사용가능한 때로부터 내용연수 동안 체계적 방법으로 상각하며 상각은 자산이 매각예정자산으로 분류되는 날과 자산이 재무제표에서 제거되는 날 중 빠른 날에 중지한다.

무형자산의 상각은 원칙적으로 자산의 경제적 효익이 소비되는 형태를 반영한 방법이어야 한다. 무형자산의 상각방법으로는 정액법, 체감잔액법, 생산량비례법이 있다. 다만, 소비되는 형태를 신뢰성 있게 결정할 수 없는 경우에는 정액법을 사용한다.

무형자산의 상각액은 일반적으로 당기손익으로 인식한다. 그러나 자산이 갖는 미래경제적 효익이 다른 자산의 생산에 소모되는 경우, 그 자산의 상각액은 다른 자산의 원가를 구성한다. 예를 들면, 제조과정에서 사용된 무형자산의 상각은 재고자산의 장부금액에 포함되어 재고자산이 판매된 시점에서 비용화된다.

무형자산은 유형자산과 달리 감가상각누계액 계정을 사용하지 않고, 상각금액만큼 무형자산을 줄이는 형식으로 회계처리를 한다.

내용연수가 유한한 무형자산의 상각기간과 상각방법은 적어도 매 회계연도 말에 검토해야 한다. 자산의 예상내용연수가 과거의 추정치와 다르면 상각기간을 변경해야 한다. 소비형태가 변경되었다면 상각방법도 변경해야 하고, 상각방법의 변경은 회계추정의 변경으로 회계처리한다.

3.2.5) 무형자산의 손상차손

내용연수가 유한한 무형자산으로서 손상징후가 있는 경우, 장부금액이 회수가능액을 초과할 때 손상차손을 인식한다. 손상차손의 회계처리는 유형자산의 손상차손의 방법으로 회계처리한다.

내용연수가 무한한 무형자산의 경우 상각을 하지 않는 대신 손상징후 여부와 불문하고, 매년 손상차손 여부를 검토해야 한다.

3.3) 영업권

3.3.1) 영업권의 개념

영업권은 개별적으로 식별하여 별도로 인식할 수 없으며 사업결합에서 획득한 그 밖의 자산에서 발생하는 미래경제적 효익을 나타내는 자산이다.

영업권은 기업이 다른 기업을 취득·합병할 때 원가가 취득한 순자산의 공정시장가치를 초과한 초과액을 말하며 우수한 경영진, 지리적 위치, 영업 및 제조상의 비법, 자원의 확보, 높은 신용도, 유리한 정부규제조건, 효과적인 광고 등에서 기인한다고 할 수 있다.

영업권: 사업결합에서 획득한 자산에서 발생하는 미래경제적 효익을 나타내는 자산으로 기업이 다른 기업을 취득·합병할 때 원가가 취득한 순자산의 공정시장가치를 초과한 초과액을 말한다.

영업권은 매입영업권만 자산으로 계상할 수 있으며, 내부적으로 창출한 영업권은 자산으로 인정하지 않는다.

매입영업권은 교환거래에서 그 가치를 객관적으로 확인할 수 있으나, 내부창출한 영업권은 그 실체를 식별할 수 없고 그 취득원가를 신뢰성 있게 측정할 수 없기 때문이다.

3.3.2) 영업권의 측정방법

① 총괄평가법

기업 전체의 가치를 추정하고 이 가치로부터 식별가능한 순자산가치를 차감하여 그 차이를 영업권으로 하는 방법이다.

영업권 = 매입가격 − 취득한 순자산공정가액

순자산평가시, 수취채권 중 회수불능채권은 제외해야 하고, 유가증권은 공정가액으로 평가하며, 재고자산은 판매가능한 자산만 포함한다.

투자자산은 공정가액으로 평가하고 유형자산은 시가로 평가하며 무형자산 중 가치가 없는 것은 차감한다. 부채의 경우 대개 인수가액으로 하고, 부외부채가 있으면 이를 추가한다.

예제 4

프라임회사는 칼리지회사를 흡수·합병하기로 했다. 칼리지회사의 2014년 12월 31일의 재무상태표는 다음과 같다.

재무상태표

2014년 12월 31일 현재

회사명: 칼리지회사

자산	금액	부채와 자본	금액
현금	30,000	지급어음	140,000
매출채권	490,000	외상매입금	100,000
재고자산	480,000	단기차입금	340,000
투자자산	270,000	장기차입금	120,000
유형자산(순액)	590,000	자본	1,200,000
무형자산	40,000		
자산총계	1,900,000	부채와 자본총계	1,900,000

칼리지회사의 자산, 부채의 공정가액을 다음과 같다.

현금	30,000	지급어음	140,000
매출채권	450,000	외상매입금	100,000
재고자산	620,000	단기차입금	340,000
투자자산	611,000	장기차입금	120,000
유형자산	500,000		
무형자산	0		

프라임회사는 위의 공정가액에 대해 합병대가로 1,600,000원을 당좌수표로 지급했다. 총괄평가법에 의해 영업권을 계산하고 프라임회사의 합병분개를 제시하라.

〈분개〉

영업권＝1,600,000－1,511,000＝89,000

차)	현금	30,000	대) 지급어음	140,000
	매출채권	450,000	외상매입금	100,000
	재고자산	620,000	단기차입금	340,000

투자자산	611,000	장기차입금	120,000
유형자산	500,000	당좌예금	1,600,000
영업권	89,000		

② 초과이익할인법

초과이익을 할인하여 영업권을 계산하는 방법으로 영업권의 본질을 초과이익의 존재에 있다고 보아 이 초과이익을 할인율로 나누어 자산화하는 방법이다.

초과이익: 다른 기업보다(정상이익) 더 높게 얻을 수 있는 이익

영업권＝초과이익/할인율＝(평균순이익－정상순이익)/할인율
＝(평균순이익－순자산공정가액×정상이익률)/할인율

3.3.3) 영업권의 상각

① 비상각설

영업권은 비한정내용연수를 가진 무형자산으로 가치의 감소가 발생하지 않는 한 자산으로 계상해야 한다는 주장이다.

K-IFRS에서는 영업권을 상각하지 않고, 손상차손회계처리만 수행한다.

손상검사시 영업권은 독립적으로 회수가능액을 평가할 수 없고 현금창출 단위별로 결정하여야 하며, 손상차손이 발생시(회수가능액<영업권장부가액) 손상차손은 영업권의 장부가액을 감액시키고 나머지는 그 현금창출 단위에 소속된 다른 자산에서 장부금액비례법을 적용하여 감액시킨다. 회수가능금액이 회복되더라도 손상차손금액은 회복시키지 않는다.

② 상각설

영업권은 일정 기간만 존재하거나 존재하더라도 성격이 모호한 자산이므로 상각해야 한다는 주장이다.

일반기업회계기준에서 영업권은 경제적 효익이 기대되는 기간 동안 정액법으로 상각하도록 하고 있으며 그 기간은 20년을 초과할 수 없도록 하고 있다(참고로 「상법」에서는 5년 내의 매 결산기에 균등액 이상을 상각하도록 하고 있다).

상각을 하더라도 매 회계기간 말에 그 회수가능액을 평가하여 장부가액과 비교하여 회수가능액이 장부가액에 미달시 그 차액을 손상차손으로 계상해야 하며, 손상차손금액은 회복되더라도 회복시키지 않는다.

3.4) 법률상의 권리

산업재산권(특허권, 실용신안권, 의장권, 상표권), 광업권, 어업권, 차지권 등을 말한다.

① 특허권

특허권은 특허발명을 「특허법」에 의해 등록하여 일정 기간 배타적·독점적으로 이용할 수 있는 법률상의 권리를 말한다.

[특허권의 취득원가]

구분	취득원가
매입특허	매입가격+취득부대비용(특허권출원비용, 법률비용 등)
자기개발	개발에 소요된 재료비, 노무비, 제조경비+취득부대비용

[특허권 침해로 소송을 제기한 경우의 소송비용]

구분	회계처리
승소가 예상되는 경우	소송비용을 취득원가에 포함
패소가 예상되는 경우	소용비용은 당기비용화하고 특허권도 즉시 상각
소송이 장기 승소 여부 불확실	소송비용을 당기비용화하는 것이 타당

특허권의 법적 권리기간은 출원일로부터 20년이고 연장가능하나, 통상 실무적으로는 「세법」에서의 상각기간인 10년 기간 내에 균등상각한다.

예제 5

다음의 연속된 거래를 분개하라.

1. 바이오나무회사는 연초에 즉석밥 제품의 제조방법에 대한 특허권을 발명자 서봉서로부터 1,000,000원에 양도받고 대금은 현금으로 지급했다. 등록에 소요된 제비용 100,000원을 현금으로 지급했다.
2. 결산시에 위의 특허권을 내용연수 10년을 적용하여 정액법으로 상각했다.
3. 다음 해에 위의 특허권에 대한 특허침해소송이 있었으나 승소했으며 소송비용으로 100,000원이 소요되어 현금으로 지급했다.

〈분개〉

	차변	금액	대변	금액
1.	차) 특허권	1,100,000	대) 현금	1,100,000
2.	차) 무형자산상각비	110,000	대) 특허권	110,000
3.	차) 특허권	100,000	대) 현금	100,000

② 실용신안권

실용적으로 고안을 하고 이 고안을 「실용신안법」에 의해 등록하여 일정 기간 독점적·배타적으로 사용할 수 있는 권리이다.

실용신안권의 법적 권리기간은 출원일로부터 10년이고 연장불가능하나, 통상 실무적으로는 「세법」상 상각연수인 5년 기간 내에 정액법상각한다.

③ 의장권

디자인을 고안·설계하되 「의장법」에 의해 등록하여 이 디자인을 일정 기간 독점적·배타적으로 이용할 수 있는 권리이다.

의장권의 법적 권리기간은 출원일로부터 15년이고 연장불가능하나, 통상 실무적으로는 「세법」상 상각연수인 7년 기간 내에 정액법상각한다.

④ 상표권

상표를 「상표법」에 의해 등록하여 이를 일정 기간 독점적·배타적으로 이용할 수 있는 권리이다.

상표권의 법적 권리기간은 등록일로부터 10년이고 연장가능하나, 통상 실무적으로는 「세법」상 상각연수인 10년 기간 내에 정액법상각한다.

⑤ 광업권

광물을 채굴하여 취득할 수 있는 권리로 「광업법」에 의해 등록하여 광물을 일정 기간 독점적으로 채굴·취득할 수 있는 권리이다.

광산, 광산시설인 광산자산과 광업권을 분리하기 곤란한 경우에는 이들을 한데 묶어 유형자산으로 계상한다.

통상 실무적으로는 「세법」상 내용연수인 20년을 적용하여 기간 내에 상각하며 해저광물채취권은 관련 법률에 의해 내용연수 10년을 적용하여 상각한다.

⑥ 어업권

「수산업법」에 의해 일정한 수면에서 어업을 경영할 권리이다.

관련법상 유효기간과 「세법」상 내용연수 중 짧은 기간 동안 상각한다.

⑦ 차지권

임차료 또는 지대를 지급하고 타인이 소유하고 있는 토지를 사용하여 수익을 얻을 수 있는 권리이다.

차지권에는 지상권도 포함되는데, 지상권이란 타인의 토지에서 공작물 또는 수목을 소유하고자 그 토지를 사용하는 권리를 말한다.

지상권에 대한 상각연수는 법으로 규정되어 있지 않으므로 계약에 의한 사용기간에 걸쳐 정액법으로 균등상각한다.

3.5) 개발비

개발비는 신제품, 신기술 등의 개발과 관련하여 발생한 비용으로 개별적으로 식별가능하고 미래의 경제적 효익을 확실하게 기대할 수 있는 것이다.

개발비는 연구단계와 개발단계를 구분하여, 연구단계에서 발생한 지출은 발생시점에 비용으로 인식하고, 개발단계에서 발생한 지출은 인식요건을 충족시켰을 때 무형자산인 개발비로 계상한다. 연구단계와 개발단계가 불분명한 경우에는 연구단계로 본다.

① 연구단계의 예

- 새로운 지식을 얻고자 하는 활동
- 연구결과나 기타 지식을 탐색, 평가, 최종 선택, 응용하는 활동
- 재료, 장치, 제품, 공정, 시스템이나 용역에 대한 여러 가지 대체안을 탐색하는 활동
- 새롭거나 개선된 재료, 장치, 제품, 공정, 시스템이나 용역에 대한 여러 가지 대체안을 제안, 설계, 평가, 최종 선택하는 활동

② 개발단계의 예

- 생산이나 사용 전의 시제품과 모형을 설계, 제작, 시험하는 활동
- 새로운 기술과 관련된 공구, 주형, 금형 등을 설계하는 활동
- 상업적 생산 목적으로 실현가능한 경제적 규모가 아닌 시험공장을 설계, 건설, 가동하는 활동
- 신규 또는 개선된 재료, 장치, 제품, 공정, 시스템이나 용역에 대하여 최종적으로 선정된 안을 설계, 제작, 시험하는 활동

개발단계에서 발생한 지출은 다음의 조건을 모두 충족하는 경우에만 무형자산으로 인식하고, 그 외의 경우에는 경상개발비의 과목으로 하여 발생한 기간의 비용으로 인식한다.

- 무형자산을 사용하거나 판매하기 위해 그 자산을 완성할 수 있는 기술적 실현가능성
- 무형자산을 완성하여 사용하거나 판매하려는 기업의 의도
- 무형자산을 사용하거나 판매할 수 있는 기업의 능력
- 무형자산의 미래경제적 효익을 창출하는 방법(예: 무형자산의 산출물이나 무형자산 자체가 거래되는 시장의 제시. 내부사용목적 무형

자산의 경우 그 유용성을 제시)

- 무형자산의 개발을 완료하고 그것을 판매하거나 사용하는 데 필요한 기술적·재정적 자원 등의 입수가능성
- 개발과정에서 발생한 무형자산 관련 지출을 신뢰성 있게 측정할 수 있는 기업의 능력

예제 6

다음 일련의 거래를 분개하라.

1. 신제품의 개발을 위하여 기계를 200,000원에 현금으로 지급하여 구입했다. 이 기계는 신제품개발에만 사용되고 다른 용도로 사용될 수 없고 신제품이 개발된 이후에는 다른 용도에 사용될 수 없어 폐기처분할 것으로 예상된다.
2. 신제품개발에 필요한 원재료를 100,000원에 현금을 지급하여 구입했다. 이 원재료 중 당기에 50,000원 상당을 소비했다.
3. 신제품개발에 소요된 종업원 급여 220,000원, 제조간접비 30,000원을 현금으로 지급했다.
4. 결산시 위에서 집계된 개발비의 1/5을 상각했다.
5. 다음 해에 신제품개발에 성공하여 특허권을 취득했다. 특허출원비용 100,000원을 현금으로 지급했다.
6. 위 5의 가정 대신에 다음 해에 신제품의 개발에 실패했다.

〈분개〉

	차변	금액	대변	금액
1.	차) 개발비	200,000	대) 현금	200,000
2.	차) 원재료	100,000	대) 현금	100,000
	차) 원재료비	50,000	대) 원재료	50,000
	차) 개발비	50,000	대) 원재료비	50,000

회사가 원재료비 계정을 사용하는 것으로 가정했으며 구입시에 원재료 대신 원재료매입계정을 사용할 수도 있음.

3.	차)	급여	220,000	대)	현금	250,000
		제조간접비	30,000			
	차)	개발비	250,000	대)	급여	220,000
					제조간접비	30,000
4.	차)	무형자산상각비	100,000	대)	개발비	100,000
5.	차)	특허권	500,000	대)	개발비	400,000
					현금	100,000
6.	차)	개발비제각손실	400,000	대)	개발비	400,000

연습문제

[1~2] 다음 사례를 보고 괄호 안에 알맞은 내용을 고르고 금액을 계산하라.

> 2011년 초에 토지를 100,000원에 구입했다. 토지에 대하여 재평가모형을 이용하여 회계처리하고 있으며, 각 연도 말 토지의 공정가치는 다음과 같다.
>
> 2011. 12. 31.: 70,000, 2012. 12. 31.: 110,000

1. 회사는 재평가모형에 따라 토지를 재평가하기로 회계정책을 정했으며 2011년도 재평가로 인하여 재평가차액을 (① 당기손실, ② 기타포괄손실)로 (   )원을 인식하여 포괄손익계산서에 보고해야 한다.

풀이

당기손실 30,000

2. 2012년에 재평가로 인하여 회사는 당기이익 (   )원, 기타포괄이익 (   )원을 인식하여 포괄손익계산서에 보고해야 한다.

풀이

당기이익 30,000

기타포괄이익 10,000

2011. 12. 31.	차) 재평가손실	30,000	대) 토지		30,000
2012. 12. 31.	차) 토지	30,000	대) 재평가이익(손익계정)		30,000
	토지	10,000	기타포괄손익누계액(자본)		10,000

재평가로 인한 가치상승분은 기타포괄이익(미실현이익)으로 인식하는 것이

원칙이지만, 과거 재평가로 인하여 손실(실현손실)로 인식한 부분은 당기이익(실현이익)으로 인식하고, 초과분은 미실현이익으로 인식한다.

3. 동북회사는 서남회사를 흡수·합병하기로 하였으며 동북회사는 합병대가로 1,600,000원을 현금으로 지급했다. 총괄평가법에 의한 영업권은 얼마인가?

	서남회사의 재무상태표 금액	평가액(공정가액)
자산총계	1,900,000	2,176,000
부채총계	665,000	665,000

① 87,000　　② 88,000

③ 89,000　　④ 90,000

풀이 ③

다른 회사 합병시 자산과 부채를 인수한 경우 인수대가가 인수하는 순자산의 공정가치(인수한 자산의 공정가치－인수한 부채의 공정가치)보다 크면 동 차이를 영업권으로 인식한다. 영업권 평가내역과 회계처리 내용은 다음과 같다.

영업권＝1,600,000－1,511,000＝89,000

〈분개〉

차) 총자산	2,176,000	대) 현금	1,600,000
영업권	89,000	총부채	665,000

4. 개발비는 신제품, 신기술 등의 개발과 관련하여 발생한 비용으로 개별적으로 식별가능하고 미래의 경제적 효익을 확실하게 기대할 수 있는 것으로, 회계기준에서는 연구단계와 개발단계를 구분하여, 연구단계에서 발생한 지출은 발생시점에 (　ⓐ　)으로 인식하고, 개발단계에서 발생한 지출은 인식요건을 충족시켰을 때 (　ⓑ　)인 개발비로 계상한다.

	ⓐ	ⓑ		ⓐ	ⓑ
①	자산	자산	②	자산	비용
③	비용	자산	④	비용	비용

풀이 ③

연구단계에서 지출한 비용은 아직 구체적인 상품 등이 결정되지 않은 상태에서 지출하는 비용이므로 연구단계에서 지출한 비용은 회계에서는 당기비용처리하도록 하고 있다.

연구가 결실을 맺어 구체적인 상품 등이 정해진 이후 지출하는 시제품개발에 들어가는 비용 등은 시제품이 상품화되어 팔리면 수익이 발생할 수 있으므로 개발단계에서의 지출은 무형자산인 '개발비'로 인식한다.

5. 개발비는 연구단계와 개발단계를 구분하는데, 무형자산인 개발비로 계상할 수 없는 활동은?

① 생산이나 사용 전의 시제품과 모형을 설계, 제작, 시험하는 활동

② 새로운 기술과 관련된 공구, 주형, 금형 등을 설계하는 활동

③ 새로운 지식을 얻고자 하는 활동

④ 신규 또는 개선된 재료, 장치, 제품, 공정, 시스템이나 용역에 대하여 최종적으로 선정된 안을 설계, 제작, 시험하는 활동

풀이 ③

6. 다음 중 무형자산에 관한 설명으로 가장 적절하지 않은 것은?

① 무형자산은 물리적 실체는 없지만 식별가능한 비화폐성 자산이다.

② 무형자산의 내용연수가 비한정인 경우에도 매년 상각한다.

③ 사업결합에 의한 매입영업권은 자산으로 계상할 수 있다.

④ 내부적으로 창출된 영업권은 신뢰성 있게 측정할 수 있더라도 무형자산으로 인식할 수 없다.

풀이 ②

무형자산의 내용연수가 무한한 무형자산의 경우 상각을 하지 않는 대신 손상징후 여부와 불문하고, 매년 손상차손 여부를 검토한다.

7. 다음의 원가는 무형자산을 내부적으로 창출하기 위해 발생된 것이다. 무형자산의 취득원가에 포함되는 않는 것은?

① 법적 권리를 등록하기 위한 수수료
② 연구결과나 기타 지식을 탐색, 평가, 최종 선택, 응용하는 활동
③ 무형자산의 창출을 위해 발생한 종업원 급여
④ 무형자산의 창출에 사용된 특허권상각비

풀이 ②

연구결과나 기타 지식을 탐색, 평가, 최종 선택, 응용하는 활동과 관련된 지출은 연구단계의 지출로 발생시점에 비용으로 인식한다.

정리하기

1. 원가모형은 보고기간 말에 유·무형자산의 원가로 재무상태표에 보고한다.
2. 재평가모형은 보고기간 말에 유·무형자산의 공정가치로 재무상태표에 보고한다.
3. 자산의 물리적 손상 등 손상징후를 나타내는 사건발생시, 유·무형자산으로부터 기대되는 회수가능액이 장부가액보다 작은 경우 장부가액을 회수가능가액으로 조정하고 동 차이를 당기손실(손상차손)로 인식한다.
4. 손상차손이 회복되는 경우, 기인식한 손상차손 범위 내에서 당기이익으로 회계처리한다.
5. 영업권은 사업결합시 매입대가가 순자산공정가액을 초과하는 금액으로, 영업권은 상각하지 않는 대신 매년 손상징후를 불문하고 손상검사를 실시하여 손상차손 계상 여부를 검토해야 하며, 손상차손 후 회복되더라도 손상차손회복에 대한 회계처리를 하지 않는다.
6. 기업의 연구개발활동은 연구단계와 개발단계로 구분하여, 연구단계에서의 지출은 당기비용처리하고, 개발단계에서의 지출은 개발비의 인식요건을 충족했을 때 개발단계의 지출을 개발비라는 자산으로 계상한 후 개발비로부터 경제적 효익이 기대되는 기간 동안에 상각처리한다.

제 11 장

금융부채

1. 부채의 의의
   1.1) 부채의 정의, 인식, 측정
   1.2) 부채의 분류

2. 사　　채
   2.1) 화폐의 시간가치
   2.2) 사채의 발행가격
   2.3) 사채할인발행차금과 회계처리
   2.4) 이자지급일 사이의 사채발행
   2.5) 사채의 조기상환

학습개요

부채의 정의 및 인식, 측정기준을 학습하고 부채의 존재 여부 및 지급금액과 지급시기의 확정 여부에 따라 부채는 확정부채, 충당부채, 우발부채로 구분됨을 학습한다. 금융부채와 비금융부채의 차이를 학습하고, 금융부채 중 사채의 회계처리를 학습한다. 사채의 회계처리에 앞서, 화폐의 시간가치를 학습함으로써 현재가치 개념을 확고하게 이해한다.

학습목표

1. 부채의 종류를 구분기준에 따라 구분하여 설명할 수 있다.
2. 화폐의 시간가치 개념과 미래가치, 현재가치 개념을 설명하고 계산할 수 있다.
3. 시장이자율, 유효이자율(내재이자율)의 개념을 설명할 수 있다.
4. 사채의 할인발행, 액면발행, 할증발행을 설명하고 회계처리할 수 있다.
5. 유효이자상각표를 작성할 수 있고, 이를 이용하여 이자지급일 사이의 사채발행, 중도상환시의 회계처리를 할 수 있다.

주요용어

- 확정부채 부채의 지급시기와 지급금액이 확정되어 있는 부채
- 충당부채 부채의 존재와 인식요건은 충족하나 단지 그 지급시기와 지급금액이 확정되어 있지 않은 부채
- 우발부채(상황) 부채의 존재와 지급시기, 지급금액이 미래 사건의 결과에 따라 결정되는 현재의 상황 중 불리한 상황을 우발부채 또는 우발부채상황이라고 한다.
- 화폐의 미래가치 현재시점의 화폐를 미래 일정 시점의 화폐가치로 환산한 금액
- 현재가치 미래현금흐름에서 이자요소를 차감하여 현재시점의 가치로 평가한 금액
- 사채의 발행가격 사채의 미래현금흐름(액면이자와 액면가액)을 시장이자율로 할인하여 발생시점의 현재가치를 구한 것이 사채의 발행가격이 된다.
- 시장이자율 사채발행 당시의 자금시장요건과 사채발행자의 신용위험 등 개별적 요건을 반영하여 시장에서 결정된 이자율을 말한다. 사채발행자에게는 자금비용이지만 투자자의 입장에서는 요구수익률 개념이다.

1. 부채의 의의

1.1) 부채의 정의, 인식, 측정

1.1.1) 부채의 정의

부채는 과거사건에 의해 발생하였으며 경제적 효익을 갖는 자원이 기업으로부터 유출됨으로써 이행될 것으로 기대되는 현재의 의무이다.

1.1.2) 부채의 인식

부채는 부채의 정의를 충족하고 다음 두 가지 요건이 모두 충족되었을 때 재무제표에 인식한다.

① 현재 의무의 이행에 따라 경제적 효익을 갖는 자원의 유출가능성이 높다.

② 결제될 금액을 신뢰성 있게 측정할 수 있다.

1.1.3) 부채의 측정

재무제표를 작성할 때 부채를 측정하는 기준은 개념체계에서는 자산과 마찬가지로 역사적 원가, 현행원가, 실현가능가치(이행가치), 현재가치(상각후원가)의 기준이 있다. 기준서에서는 공정가치 개념을 두고 있다.

① 역사적 원가

자산	취득의 대가로 취득 당시에 지급한 현금및현금성자산 또는 그 밖의 대가의 공정가치
부채	부담하는 의무의 대가로 수취한 금액

② 현행원가(현행대체원가)

자산	동일하거나 동등한 자산을 **현재시점**에 취득할 경우에 지급해야 할 현금이나 현금성자산의 금액
부채	**현재시점**에 의무를 이행하는 데 필요한 현금이나 현금성자산의 할인하지 않은 금액

③ 실현가능가치(자산), 이행가치(부채)

자산	정상적으로 처분하는 경우 수취할 것으로 예상되는 현금이나 현금성자산의 금액
부채	정상적인 영업과정에서 부채를 상환하기 위해 지급될 것으로 예상되는 현금이나 현금성자산의 할인하지 않은 금액

④ 현재가치

자산	정상적인 영업과정에서 그 자산이 창출할 것으로 기대되는 미래순현금유입액의 현재가치할인금액
부채	정상적인 영업과정에서 그 부채를 상환할 때 필요할 것으로 예상되는 미래순현금유출액의 현재가치할인금액

⑤ 공정가치(개념체계가 아닌 기준서에 등장하는 개념)

- 공정가치는 기본적으로 시장을 전제로 한 개념이다.
- 자산이든 부채든 시장이 있으면 시장에서 자유롭게 형성되는

가격을 공정가치로 본다.

- 동일자산이나 부채의 시장이 없는 경우, 유사한 자산이나 부채의 시장이 있는 경우 유사한 자산이나 부채의 시장가격을 공정가치로 본다.
- 시장이 없는 경우 평가모형(예: 배당평가모형, 옵션평가모형, 현재가치)을 이용하여 평가한 금액을 공정가치로 본다.
- 공정가치를 알 수 없는 경우에는 역사적 원가를 공정가치로 한다.

[최초측정과 후속측정]

구분	최초측정(역사적 원가)	후속측정
자산	공정가치	공정가치(재고자산은 순실현가치, 공정가치 없는 자산은 역사적 원가)
	현재가치	상각후원가
부채	공정가치	공정가치
	현재가치	상각후원가

1.2) 부채의 분류

1.2.1) 유동부채와 비유동부채

유동부채	보고기간일(재무상태표일)로부터 1년 또는 정상영업주기 이내에 결제될 것으로 예상되는 부채
비유동부채	보고기간일(재무상태표일)로부터 1년 또는 정상영업주기 이후에 결제될 것으로 예상되는 부채

1.2.2) 금융부채와 비금융부채

금융부채	매입채무, 미지급금, 차입금, 사채, 임대보증금 등 계약상 의무로써 현금 등의 금융자산으로 결제되는 부채
비금융부채	금융부채가 아닌 부채로서 이에는 다음과 같은 것이 포함된다. ① 계약상의 부채가 아닌 것: 미지급법인세 ② 금융자산으로 결제되는 부채가 아닌 것: 선수금, 선수수익, 품질보증의무

1.2.3) 확정부채, 충당부채, 우발부채

확정부채	부채의 존재와 금액이 확정되어 있으며 지급시기도 비교적 정확하게 알 수 있는 부채(예: 외상매입금, 미지급금, 선수금 등)
충당부채	지급금액과 지급시기가 불확실하지만 과거사건이나 거래의 결과로서 현재의무가 존재하고 그 의무를 이행하기 위하여 미래에 자원의 유출가능성이 매우 높고 또한 당해 금액을 신뢰성 있게 추정할 수 있는 부채(예: 퇴직급여충당부채, 품질보증충당부채, 하자보수충당부채)
우발부채	부채의 존재·금액·지급시기가 미래 일정한 사건의 발생에 따라 확정되는 부채로서, 부채의 정의와 인식기준을 충족하지 못하기 때문에 재무제표에는 계상하지 않고 주석으로 공시한다.

2. 사 채

금융부채는 계약상 의무로써 현금 등의 금융자산으로 결제되는 부채를 말하며 영업부채가 아닌 부채를 일컫는다.

이 절에서는 금융부채 중 사채 개념, 화폐의 시간가치, 사채회계에 대해서 설명하고자 한다.

사채는 기업이 장기자금을 조달하기 위하여 계약에 따라 일정한 이자를 지급하며, 일정한 시기에 원금을 상환할 것을 약속한 채무증권을 발행하고 차입한 채무를 말한다.

2.1) 화폐의 시간가치

2.1.1) 시간가치의 개념

예를 들어, 누가 돈을 1억원을 기부하겠다고 하는데, 당장 1억원을 받을 것인지 1년 뒤에 1억원을 받을 것인지 둘 중에 선택하라고 한다. 정상적인 경제인이라면 당연히 당장 1억원을 받는 것을 선택할 것이다. 왜냐하면 당장 1억원을 받아서 파산위험이 없는 은행에 정기예금 1년을 예치할 경우 4%의 이자를 주겠다는 은행이 있으면, 거기에 당장 예금함으로써 1년 뒤에 고스란히 1억4백만원을 돌려받을 수 있기 때문이다.

▲ 돈의 사용기간에 따른 대가를 화폐의 시간가치, 즉 이자라고 표현한다.

화폐의 시간가치란 화폐의 사용기간에 따른 대가, 더 쉬운 말로 표현하면 돈의 가격이라고 할 수 있다. 만약 누군가가 내 자전거를 1년간 사용하겠다고 하면 내 자전거를 1년간 사용하는 대가를 요구할 것이다. 이와 마찬가지로 누군가 내 돈을 1년간 사용하겠다고 하면 돈의 사용에 대한 대가를 요구할 것이다. 이처럼 돈의 사용기간에 따른 대가를 화폐의 시간가치라고 할 수 있고, 우리는 이러한 돈의 사용대가(가격)를 이자라고 표현한다. 돈의 가격은 절대적인 금액으로 표현하지 않고 빌려주는 돈 대비 들어오는 이자금액의 비율로 표시한다. 즉, 이자율로 표시한다.

돈의 가격 = 이자율 = 이자/현재 돈

2.1.2) 단리이자와 복리이자

- **단리이자:** 최초 원금에 대하여만 이자를 계산하는 방식
- **복리이자:** 최초 원금뿐만 아니라 이미 발생한 이자(엄밀히는 이미 발생했으나 아직 받지 못한 이자로 이미 발생한 이자도 결국 아직 받지 못했으므로 그만큼 돈을 빌려준 것과 같다고 볼 수 있다)에 대해서도 이자를 계산하는 방식

2.1.3) 현재가치와 미래가치

미래가치란 현재의 일정 금액(현재가치)을 미래의 특정 시점의 가치로 환산한 금액을 말한다. 따라서, 미래가치는 현재가치보다 크다.

미래가치 = 현재가치 + 돈의 대가(이자)

예를 들면, 100,000원의 현금을 10%의 이자를 지급하는 정기예금에 1년간 예치했을 경우, 100,000원의 미래가치는 100,000×(1+10%) = 110,000원이 된다.

현재가치란 미래의 일정 금액을 현재의 가치로 환산한 금액을 말한다. 즉, 미래가치에 포함된 돈의 사용대가를 빼면 현재가치가 구해진다. 일상생활에서도 정해진 금액에서 빼 주는 것을 할인해 준다는 의미로 생각하면 된다.

현재가치 = 미래가치 − 돈의 대가(이자) = 미래가치 − 할인액

결국, 현재가치와 미래가치는 동전의 양면이라고 할 수 있다.

① 현재 일정액의 돈의 미래가치를 구하라는 것은 '현재 일정액의 돈'에서 출발하여 여기에 이자를 가산하면 미래에 얼마의 돈이 되는지 구하라는 것이고,

② 미래 일정액의 돈의 현재가치를 구하라는 것은 '미래 일정액의 돈'에서 출발하여 여기에서 포함된 이자를 차감하면 현재 시점에서 얼마의 돈이 되는지 구하라는 것이다.

2.1.4) 단일금액의 현재가치와 미래가치

① 미래가치

$$P_t = P_0 \times (1+R)^t$$

P: 가치, R: 이자율, t: 기간

예제 1

은행에 연복리 10%로 3년만기 정기예금에 100,000원 가입하면 3년 후의 정기예금 금액은?

$100,000 \times (1+10\%)^3 = \ 100,000 \times 1.33100 = 133,100$

② 현재가치

$$P_0 = P_t / (1+R)^t$$

P: 가치, R: 이자율, t: 기간

예제 2

3년만기 연복리이자율 10%의 정기예금에 가입하여 3년 뒤에 133,100원의 돈을 받기 위해서는 현재 얼마를 예금해야 하는가?

$$133{,}100/(1+10\%)^3 = 133{,}100 \times [1/(1+10\%)^3]$$
$$= 133{,}100 \times 0.751315^* = 100{,}000$$

*0.751315를 1원의 이자율 10%, 3년 현가요소라고 한다.

2.1.5) 연금의 현재가치와 미래가치

연금이란 일정 기간에 걸쳐서 동일한 액수로 지급 또는 수취하는 일련의 금액을 말한다. 매기 말에 지급 또는 수취하는 연금을 정상연금이라 하고, 매기 초에 지급 또는 수취하는 연금을 기초연금이라고 한다.

① 연금의 미래가치

예제 3

① 연초부터 복리이자율 10%로 3년간 매년 초 100,000원씩 불입하면 3년 후 받을 금액은?

$$100{,}000 \times (1+10\%)^3 = 100{,}000 \times 1.33100 = 133{,}100$$

$$100{,}000 \times (1+10\%)^2 = 100{,}000 \times 1.21000 = 121{,}000$$
$$100{,}000 \times (1+10\%)^1 = 100{,}000 \times 1.10000 = 110{,}000$$
$$100{,}000 \times 3.64100 = 364{,}100$$

② 연말부터 복리이자율 10%로 3년 간 매년 말 100,000원씩 불입하면 3년 후 받을 금액은?

$$100{,}000 \times (1+10\%)^2 = 100{,}000 \times 1.21000 = 121{,}000$$
$$100{,}000 \times (1+10\%)^1 = 100{,}000 \times 1.10000 = 110{,}000$$
$$100{,}000 \times (1+10\%)^0 = 100{,}000 \times 1.00000 = 100{,}000$$
$$100{,}000 \times 3.31000 = 331{,}000$$

② 연금의 현재가치

예제 4

연복리이자율이 10%로 가정할 때, 1년 뒤에 100,000원, 2년 뒤에 100,000원, 3년 뒤에 100,000원을 받기 위해서 지금 현재 얼마를 예치해야 하는가?

$$100{,}000 \times [1/(1+10\%)^1] = 100{,}000 \times 0.90909 = 90{,}909$$
$$100{,}000 \times [1/(1+10\%)^2] = 100{,}000 \times 0.82645 = 82{,}645$$
$$100{,}000 \times [1/(1+10\%)^3] = 100{,}000 \times 0.75131 = 75{,}131$$
$$100{,}000 \times 2.48685^{*} = 248{,}685$$

*2.48685를 1원의 이자율 10%, 3년 정상연금현가요소라고 한다.

2.2) 사채의 발행가격

사채의 발행가격은 발행시점의 자금의 수요와 공급(시장요인) 및 발행회사의 신용등급(개별기업요인)에 의하여 시장이자율이 결정되며, 발행당시의 시장이자율로 만기상환 원금과 액면이자를 할인하여 사채의 발행가격이 결정된다.

$$사채의\ 발행가격 = \sum \frac{액면이자}{(1+R)^n} + \frac{원금}{(1+R)^n}$$

R: 할인율, n: 기간

▲ 회사채 견본

발행가격(현재가치), 미래현금흐름(액면이자, 원금), R(할인율)은 상기 방정식의 세 가지 변수로서 두 가지 변수가 구해지면 나머지 하나는 방정식에 의하여 자동으로 결정된다.

• 발행가격, 미래현금흐름이 주어지고 R을 구하는 유형: 장기성매출채권, 유형자산 장기할부구입, 사채취득 ⇒ 이때의 R을 유효이자율 또는 내재이자율이라고 부른다.

• 미래현금흐름, R이 주어지고 발행가격을 구하는 유형: 사채의 발행 ⇒ 이때의 R을 통상 시장이자율이라고 부르며 시장이자율은 사채투자자의 요구수익률이라고 할 수 있다. 발행가격이 정해진 이후 사채발행자가 상각표를 만들 때 시장이자율은 유효이자율 또는 내재이자율로 부른다. 다만, 사채발행비가 존재하는 경우에는 유효이자율을 별도로 구해야 한다.

이렇게 계산한 사채의 발행가격이 회사채를 발행한 기업에 실제로 유입될 금액이 되며 사채발행 당시의 사채의 공정가치가 된다. 사채를 발행한 기업은 사채발행가액으로 사채발행으로 인한 부채금액을 인식한다.

자산취득시점에 자산을 취득한 목적에 이르기까지 들어간 관련 원가를 자산취득가액에 포함시키듯이, 사채발행의 경우도 사채를 발행하기 위하여 지출된 사채발행비(사채발권비, 중개수수료, 관련 세금, 모집공고비 등)는 사채발행금액에서 차감한다. 왜냐하면, 기업에 실질적으로 유입되는 금액은 사채발행가격이 아니라 사채발행가격에서 사채발행비 등을 차감한 금액이 유입되기 때문이다.

[액면발행, 할인발행, 할증발행]

구분	이자율의 관계	발행금액과 액면금액과의 관계
액면발행	시장이자율 = 액면이자율	발행금액 = 액면금액(원금)
할인발행	시장이자율 > 액면이자율	발행금액 < 액면금액(원금)
할증발행	시장이자율 < 액면이자율	발행금액 > 액면금액(원금)

예제 5

사채발행조건(만기 3년, 액면금액 1,000,000원, 액면이자율 10%, 이자는 매년 말 지급)하에서 시장이자율 12%, 10%, 8%일 때 각각의 사채발행가액은 얼마인가?

구분	8%	10%	12%
1원 1년 현가요소	0.92593	0.90909	0.89286
1원 2년 현가요소	0.85734	0.82645	0.79719
1원 3년 현가요소	0.79383	0.75131	0.71178
합계	2.57710	2.48685	2.40183

• 시장이자율이 10%인 경우: 1,000,000

액면이자의 현재가치 = 100,000×2.48685≒248,685

원금의 현재가치 =1,000,000×0.75131≒751,315

• 시장이자율이 12%인 경우: 951,963

액면이자의 현재가치 = 100,000×2.40183≒240,183

원금의 현재가치 =1,000,000×0.71178≒711,780

• 시장이자율이 8%인 경우: 1,051,540

액면이자의 현재가치 = 100,000×2.57710≒257,710

원금의 현재가치 =1,000,000×0.79383≒793,830

2.3) 사채할인발행차금과 회계처리

사채할인발행차금은 액면이자율보다 시장이자율(투자자의 요구수익률)이 더 높아서, 투자자의 요구수익률을 충족시키기 위하여 미리 선이자를 준 것으로 해석할 수 있다.

사채할인발행차금 = 사채원금 − 발행가격

[사채할인발행차금의 상각방법]

정액법	사채상환기간 동안 매기 일정액을 인식
유효이자율법	사채상환기간 동안 매기 유효이자율로 인식

예제 6

프라임회사는 2011년 1월 1일 3년만기 사채를 시장이자율 12%로 발행하여 현금으로 받았다(사채발행조건: 액면금액 1,000,000원, 액면이자율 10%, 이자는 매년 말 지급).

사채상각표를 작성하고 분개를 하라.

일자	기초장부금액	유효이자	액면이자	상각액	기말장부금액
	①=전기말 ⑤	②	③	④=②-③	⑤=①+④
2011. 1. 1.					951,963
2011. 12. 31.	951,963	114,236	100,000	14,236	966,199
2012. 12. 31.	966,199	115,944	100,000	15,944	982,143
2013. 12. 31.	982,143	117,857	100,000	17,857	1,000,000
합계		348,037	300,000	48,037	

②=①×유효이자율, ③=액면금액×액면이자율

〈회계처리〉

2011. 1. 1.

차) 현금	951,963	대) 사채	1,000,000
사채할인발행차금	48,037		

2011. 12. 31.

차) 이자비용	114,236	대) 현금	100,000
		사채할인발행차금	14,236

2012. 12. 31.

차) 이자비용	115,944	대) 현금	100,000
		사채할인발행차금	15,944

2013. 12. 31.

차) 이자비용	117,857	대) 현금	100,000
사채	1,000,000	사채할인발행차금	17,857
		현금	1,000,000

2.4) 이자지급일 사이의 사채발행

이자지급일 사이의 사채발행이란 사채권에 표시된 이자기산일(사채권면상 발행일)과 사채의 실제발행일(판매일)이 불일치하는 경우를 말한다.

이자지급일 사이에 발행된 사채의 발행가액은 실무적으로는 이자기산일에 발행한 것으로 가정할 경우의 발행액에 기산일과 발행일 사이의 유효이자액을 가산한 금액에서 동 기간 동안의 액면이자 해당액을 차감한 잔액을 구하여 계산한다.

예제 7

프라임회사는 2011년 4월 1일에 2013년 12월 31일 만기인 사채를 시장이자율 12%로 발행하여 현금으로 받았다. 사채발행시의 분개를 하라(사채발행조건: 액면금액 1,000,000원, 액면이자율 10%, 이자는 매년 말 지급).

이론적인 사채발행가액

$$= 100,000/(1+12)^{9/12} + 100,000/(1+12)^{21/12} + 100,000/(1+12)^{33/12} + 1,000,000/(1+12)^{33/12}$$

일 자	기초장부금액	유효이자	액면이자	상각액	기말장부금액
	①=전기말 ⑤	②	③	④=②−③	⑤=①+④
2011. 1. 1.					951,963
2011. 1. 1.~3. 31.		28,559*	25,000**	3,559	955,522
2011. 4. 1.~12. 31.		85,677	75,000	10,677	966,199
2011. 12. 31.	951,963	114,236	100,000	14,236	966,199
2012. 12. 31.	966,199	115,944	100,000	15,944	982,143

2013. 12. 31.	982,143	117,857	100,000	17,857	1,000,000
합계		348,037	300,000	48,037	

*28,559 = 951,963 × 12% × 3/12
**25,000 = 1,000,000 × 10% × 3/12

〈회계처리〉

2011. 4. 1.

차) 현금	955,522	대) 사채	1,000,000
사채할인발행차금	44,478	미지급이자	25,000
현금	25,000		

2.5) 사채의 조기상환

사채는 일반적으로 만기에 상환되나 사채발행회사의 자금상황이 좋아졌거나 채권시장의 상황에 따라 사채의 조기상환이 유리하다고 판단될 때 사채를 매입하여 상환할 수 있다. 이런 경우 사채상환일까지의 이자비용을 인식한 후, 상환금액과 장부가액의 차이를 상환손실 또는 상환이익으로 회계처리한다.

예제 8

프라임회사는 2011년 1월 1일 발행했던 사채를 2012년 9월 30일에 사채 전량을 1,050,000원에 조기상환했다. 사채상환 분개를 하라(사채발행조건: 3년만기, 시장이자율 12%, 액면금액 1,000,000원, 액면이자율 10%, 이자는 매년 말 지급).

일자	기초장부금액	유효이자	액면이자	상각액	기말장부금액
	①=전기말 ⑤	②	③	④=②-③	⑤=①+④
2011. 1. 1.					951,963
2011. 12. 31.	951,963	114,236	100,000	14,236	966,199
2012. 1. 1.~9. 30.		86,958*	75,000**	11,958	978,157
2012. 10. 1.~12. 31.		28,986	25,000	3,986	982,143
2012. 12. 31.	966,199	115,944	100,000	15,944	982,143
2013. 12. 31.	982,143	117,857	100,000	17,857	1,000,000
합계		348,037	300,000	48,037	

*86,958 = 115,944 × 9/12 = 966,199 × 12% × 9/12

**75,000 = 100,000 × 9/12 = 1,000,000 × 10% × 9/12

〈회계처리〉

2012. 9. 30.

차) 이자비용	86,958	대) 사채할인발행차금	11,958
사채	1,000,000	미지급이자	75,000
미지급이자	75,000	현금	1,050,000
		사채할인발행차금	21,843
		사채상환이익	3,157

연습문제

[1~4] 다음 사례를 보고 물음에 답하라.

회사는 2011년 1월 1일 5년만기 사채를 발행하여 현금으로 받았다. 사채액면가액은 100,000,000원, 사채액면이자율 10%, 사채발행 당시 이 사채와 같은 신용등급의 시장이자율은 12%로 가정한다. 사채의 액면이자는 매년 12월 31일에 지급한다.

기간(연)	1원 현가표	1원 연금현가표
	12%	12%
1	0.89286	0.89286
2	0.79719	1.69005
3	0.71178	2.40183
4	0.63552	3.03735
5	0.56743	3.60478

1. 2011년 1월 1일의 사채의 현가를 계산하라.

풀이 92,790,800

사채의 현재가치 = 매기 이자의 현가 + 만기원금의 현가

$= 10{,}000{,}000 \times 3.60478 + 100{,}000{,}000 \times 0.56743$

$= 92{,}790{,}800$

2. 2011년 1월 1일 사채발행시의 회계처리(분개)를 하라.

풀이

차) 현금	92,790,800	대) 사채	100,000,000
사채할인발행차금	7,209,200		

3. 2011년 12월 31일에 회사가 인식할 이자비용은 얼마인가(사채할인발행차금의 상각은 유효이자율로 계산하라)?

풀이 11,134,896

일자	기초가액	유효이자	액면이자	원금가산액	기말가액
	①=전기 ⑤	②=①×12%	③=1억×10%	④=②-①	⑤=기초 ①+④
2011. 1. 1.					92,790,800
2011. 12. 31.	92,790,800	11,134,896	10,000,000	1,134,896	93,925,696
2012. 12. 31.	93,925,696	11,271,084	10,000,000	1,271,084	95,196,780
2013. 12. 31.	95,196,780	11,423,614	10,000,000	1,423,614	96,620,393
2014. 12. 31.	96,620,393	11,594,447	10,000,000	1,594,447	98,214,840
2015. 12. 31.	98,214,840	11,785,159	10,000,000	1,785,159	100,000,000
합계		57,209,200	50,000,000	7,209,200	

참고 〈회계처리〉

차) 이자비용	11,134,896	대) 현금	10,000,000
		사채할인발행차금	1,134,896

4. 2011년 12월 31일에 회사가 동 사채를 98,000,000원에 전액 상환했다면 사채상환손익은 얼마인가(사채할인발행차금의 상각은 유효이자율로 계산하라)?

풀이 사채상환손실 4,074,304

〈회계처리〉

차) 사채	100,000,000	대) 사채할인발행차금	6,074,304**
사채상환손실	4,074,304*	현금	98,000,000

*상환액－상환 전 장부가액＝98,000,000－93,925,696＝4,074,304

**6,074,304＝7,209,200－1,134,896

5. 타인으로부터 자금을 조달하기 위해 일정한 형태의 증권을 발행하고, 장기적 자금을 조달한 금액을 말하며, 증권에 표시된 약정이자와 만기일에 액면에 표시된 금액을 변제해 주어야 하는 계정을 무엇이라 하는가?

① 차입금 ② 지급어음

③ 사채 ④ 받을어음

풀이 ③

6. 다음 중 확정부채가 아닌 것은?

① 외상매입금 ② 제품보증충당부채

③ 사채 ④ 미지급금

풀이 ②

7. 다음 중 추정부채는?

① 차입금 ② 미지급금

③ 사채 ④ 하자보수충당부채

풀이 ④

8. 다음 중 사채의 가치평가에 관한 설명으로 가장 적절하지 않은 것은?

① 사채의 현재가치는 액면이자와 만기상환금의 현재가치의 합계이다.

② 시장이자율이 액면이자율보다 낮을 경우 할증발행을 한다.

③ 시장이자율이 액면이자율보다 높을 경우 할인발행을 한다.

④ 액면이자율은 발행회사의 신용도를 반영하는 것이다.

풀이 ④

발행회사의 신용도를 반영하는 것은 시장이자율이다.

정리하기

1 부채는 과거사건에 의하여 발생하였으며 경제적 효익을 갖는 자원이 기업으로부터 유출됨으로써 이행될 것으로 기대되는 현재의 의무를 말한다.

2 부채는 부채의 정의를 충족하고 자원의 유출가능성이 높고 그 금액을 신뢰성 있게 추정가능할 때 재무제표에 기록한다.

3 화폐의 시간가치는 화폐사용에 대한 대가 또는 화폐의 가격이라고 할 수 있으며, 통상 이자율로 표시된다.

4 미래가치는 현재가치에 돈의 가격인 이자를 가산하여 구하고, 현재가치는 미래가치에서 미래가치에 포함된 돈의 가격, 즉 이자를 제거 또는 할인하여 구한다.

5 사채의 발행가격은 사채의 미래현금흐름을 그 미래현금흐름에 상응하는 시장이자율로 할인하여 구한다. 사채의 발행가격이 사채액면가액보다 낮은 경우를 사채할인발행이라고 하며, 액면가액과 발행가격의 차이를 사채할인발행차금이라고 한다.

6 사채할인발행차금은 선급이자의 성격으로, 유효이자율법에 따라 매기 유효이자를 인식해야 하며, 유효이자와 액면이자의 차이만큼 사채할인발행차금을 상각하여 사채만기에는 사채할인발행차금이 0이 되게 된다.

제 12 장

충당부채와 기타비금융부채

학습개요

충당부채와 우발부채의 개념과 차이를 살펴보고, 재무제표상에 어떻게 공시하는지를 학습한다. 충당부채의 구체적인 사례로 제품보증충당부채와 퇴직급여충당부채의 계산 사례를 학습한다. 보론으로 기타비금융부채 중 장기차입금과 장기미지급금의 현재가치 계산과 회계처리를 학습한다.

학습목표

1. 충당부채와 우발부채를 정의하고 구분할 수 있다.
2. 제품보증충당부채의 회계처리를 할 수 있다.
3. 퇴직급여제도를 이해하고 퇴직급여충당부채의 회계처리를 할 수 있다.

주요용어

- 충당부채 부채의 존재로 미래경제적 효익의 유출가능성이 높고 그 금액을 신뢰성 있게 추정가능하나, 단지 지급시기와 지급액이 확정되지 않은 부채
- 우발부채 과거사건이 발생했으나 미래사건의 결과에 따라 부채의 존재와 그 금액 및 지급시기가 확정되는 상황
- 확정기여형 퇴직연금 노사합의에 따라 매년 회사가 부담해야 하는 퇴직급여조건을 계약하고 매년 사용자부담분을 지급함에 따라 퇴직급여 지급의무가 종결되는 퇴직연금제도
- 확정급여형 퇴직연금 노사합의에 따라 임직원이 미래에 퇴직시 지급할 퇴직급여를 확정하는 퇴직급여제도로 미래 금액만 확정하고 지급은 한 것이 아니므로 퇴직급여채무를 계상해야 하는 퇴직연금제도

1. 충당부채와 우발부채

1.1) 충당부채

부채는 과거사건에 의해 발생하였으며 경제적 효익을 갖는 자원이 기업으로부터 유출됨으로써 이행될 것으로 기대되는 현재의 의무다. 부채는 지출의 시기 및 금액이 확정되어 있는지 여부에 따라 확정부채와 충당부채로 분류한다.

대부분의 부채는 과거사건의 결과로 현재의무가 존재하고 경제적 효익을 갖는 자원의 미래 유출시기 및 금액이 확정되어 있는 확정부채이다. 확정부채의 예로는 외상매입금, 미지급금, 미지급비용, 단기차입금, 장기차입금 등을 들 수 있다.

충당부채는 과거사건이나 거래의 결과로 나타난 현재의무로서(의무의 존재) 그 지출의 시기 또는 금액이 확정되지 않은 부채이지만, 그 의무를 이행하기 위하여 경제적 효익을 갖는 자원이 유출될 가능성이 매우 높고 당해 금액을 신뢰성 있게 추정할 수 있어서 부채의 정의와 인식요건을 모두 충족하므로 부채로 계상해야 하는 것을 말한다. 예를 들면, 제품판매시 일정 기간 이내에 하자가 발생할 경우 무상수리를 보증하는 조건을 부여했다면 보증기간 이내에 무상수리에 따른 경제적 손실이 불가피하다. 그러나 이러한 무상수리의 발생시기나 지출금액은 판매시점에서는 알 수 없지만, 과거 경험에 의하여 무상수리에 따른 비용을 신뢰성 있게 추정할 수 있으므로 충당부채로 계상해야 한다.

충당부채의 인식요건은 확정부채의 인식요건과 동일하며 다음의 요건을 모두 충족하는 경우에 인식한다.

① 과거사건의 결과로 현재의무(법적 의무 또는 의제의무)가 존재한다.

② 당해 의무를 이해하기 위하여 경제적 효익을 갖는 자원이 유출될 가능성이 높다.

③ 당해 의무의 이행에 소요되는 금액을 신뢰성 있게 추정할 수 있다.

1.2) 충당부채의 종류와 구분

충당부채의 종류에는 퇴직급여충당부채, 하자보수충당부채, 제품보증충당부채, 경품충당부채, 복구충당부채 등이 있다.

충당부채는 1년을 기준으로 하여 유동부채에 속한 단기충당부채와 비유동부채에 속하는 장기충당부채로 나눈다. 예를 들면, 제품보증충당부채 중 1년 이내에 지급될 것은 단기충당부채로, 1년 이후에 지급될 것은 장기충당부채로 분류한다. 다만, 구분이 모호하거나 충당부채 중 연차적으로 분할사용하거나 전부 또는 일부의 사용시기를 합리적으로 예측할 수 없는 경우에는 전부 비유동부채로 기재할 수 있도록 하고 있다. 따라서, 퇴직급여충당부채는 비유동부채로 분류한다.

1.3) 우발부채(contingent liability)

우발부채는 다음의 ① 또는 ②에 해당하는 의무를 말한다.

① 과거사건에 의하여 발생했으나

ⓐ 당해 의무를 이행하기 위하여 경제적 효익을 갖는 자원이 유출될 가능성이 높지 않거나,

ⓑ 당해 의무를 이행하여야 할 금액을 신뢰성 있게 측정할 수 없는 경우

② 과거사건에 의하여 발생했으나, 기업이 전적으로 통제할 수 없는 하나 이상의 불확실한 미래사건의 발생 여부에 의해서만 그 존재가 확인되는 잠재적 의무

우발부채의 예로는 지급보증과 소송사건 등을 들 수 있다. 지급보증은 피보증인이 미래에 채무를 변제하느냐 못하느냐에 따라 보증인의 의무가 결정되므로 우발부채에 해당하고 소송사건에서 소송의 피고가 된 경우, 미래 소송결과에 따라서 손해배상을 지급할 의무가 결정되기 때문에 우발부채에 해당된다고 볼 수 있다.

우발부채는 부채의 정의와 인식요건을 충족하지 못하므로 재무제표에는 계상하지 않지만, 주석으로는 공시해야 한다. 다만, 자원의 유출가능성이 극히 낮은 경우에는 주석으로도 공시할 필요가 없다.

충당부채와 우발부채의 관계를 자원의 유출가능성과 금액의 신뢰성 있는 추정가능성 여부에 따라서 다음과 같이 정리할 수 있다.

		금액의 신뢰성 있는 추정가능성	
		가능	불가능
자원의 유출 가능성	높음(probable)	충당부채로 인식	우발부채로 주석 공시
	높지 않음(possible)	우발부채로 주석 공시	우발부채로 주석 공시
	아주 낮음(remote)	우발부채로 주석 공시도 안함.	

2. 충당부채의 유형

2.1) 제품보증충당부채

제품보증이란 제품판매 후 일정 기간 이내에 품질, 수량, 성능에 결함이 있는 경우에 무상수리나 제품교환을 해 주는 것을 말한다. 이러한 제품보증약정을 하고 제품을 판매한 경우 개별 매출건별로는 보증의무를 부담할 가능성이 낮다고 하더라도 전체를 기준으로 판단하면 의무발생가능성이 높기 때문에 자원의 유출가능성이 높고 그 금액을 신뢰성 있게 추정할 수 있는 경우에는 충당부채를 인식한다.

제품보증은 일반적으로 제품의 판매와 동시에 자동적으로 제공되고 제품과 보증이 분리할 수 없는 하나의 거래로 간주되므로, 제품판매대금 전액을 매출로 인식하고 보증비용을 추정하여 판매기간의 비용으로 인식한다.

제품보증충당부채의 회계처리는 다음과 같다.

판매시점	차) 매출채권	×××	대) 매출	×××
보증비 지출	차) 제품보증비	×××	대) 현금 등	×××
결산시점	차) 제품보증비	×××	대) 제품보증충당부채	×××
보증비 지출	차) 제품보증충당부채	×××	대) 현금 등	×××

예제 1

2011년에 사업을 개시하여 1년간 제품보증을 해 주는 조건으로 자전거를 대당 10,000원에 현금판매하고 있다. 자전거를 2011년에 1,000대, 2012년에 2,000대 판매했다. 동종업계의 과거 경험으로 보아 보증기간 내에 평균 3%의 보증요청이 있고, 보증비용은 대당 평균 500원이 소요된다. 2011년 중 10대의 보증요청이 있었으며, 2012년 중 2011년 판매분에 대해서 5대, 2012년 판매분에 대해서는 20대의 보증요청이 있었다. 회계처리를 하라.

2011년

매출	차) 현금	10,000,000	대) 매출	10,000,000
보증비 지출	제품보증비	5,000	현금 등	5,000
결산시점	제품보증비	10,000	제품보증충당부채	10,000

2012년

매출	차) 현금	20,000,000	대) 매출	20,000,000
보증비 지출	제품보증비	12,500	현금 등	12,500
결산시점	제품보증비	10,000	제품보증충당부채	10,000*

*(2,000×3%－20대)×500－10,000(기설정 제품보증충당부채)＝10,000
2011년 판매분에 대해서는 2012년 말 현재로는 보증부담이 있는 매출건은 없다.
2012년 매출분에 대해서는 2013년까지 보증부담이 있다.

2.2) 퇴직급여충당부채

퇴직급여[1]란 임직원이 퇴직할 때 회사가 임직원의 근무용역에 대한 대가로서 제공하는 것을 말한다.

1) 「근로기준법」에서는 계속근로연수 1년에 대해 30일분 이상의 평균임금을 퇴직하는 근로자에게 지급하도록 규정하고 있다. 만약, 회사의 퇴직금지급규정상 퇴직급여가 「근로기준법」보다 작은 경우에 「근로기준법」에서 정한 금액만큼을 퇴직급여로 계상해야 하고, 퇴직금지급규정상의 퇴직급여가 「근로기준법」상의 퇴직급여보다 많은 경우에는 퇴직금지급규정상의 퇴직급여를 계상해야 한다. 왜냐하면, 퇴직금지급규정은 회사와 근로자의 고용계약상의 의무이기 때문이다.

퇴직급여는 일시에 목돈(퇴직일시금)으로 지급하거나, 연금(퇴직연금)으로 지급하더라도 임직원의 근로제공에 대한 대가에 해당하는 것이므로 근로를 제공한 기간의 비용으로 인식하고, 장래 퇴직시점에 지급할 의무를 현재가치로 평가하여 확정급여채무로 계상한다(K-IFRS).

한편, 일반기업회계기준에서는 결산일 현재 전 임직원이 퇴직한다고 가정할 경우의 퇴직급여추계액이 결산일 현재 남아 있는 퇴직급여충당부채잔액을 초과할 경우 동 초과액을 퇴직급여충당부채로 추가 적립하고 퇴직급여로 계상하도록 하고 있다.

이하에서는 K-IFRS를 기준으로 설명한다.

우리나라 기업들은 2010년부터 일정 요건 충족시 퇴직연금제도를 채택하도록 하고 있다. 퇴직연금제도는 확정기여형과 확정급여형으로 나눈다.

- 확정기여제도는 기업의 부담금이 사전에 확정되고 가입자인 임직원이 받을 퇴직급여는 기업의 부담금(기여금)으로 조성된 펀드의 운용실적에 따라 달라진다. 따라서, 회사는 임직원이 정하는 펀드와 금융기관에 정해진 부담금을 입금시키는 것으로 퇴직급여에 대한 의무가 끝나므로 회계처리 역시 부담금을 당기비용으로 인식하기만 하면 된다. 따라서, 확정기여제도를 채택하고 있는 기업이라면 확정급여채무를 인식할 필요가 없으며 다음과 같은 회계처리를 하면 된다.

차) 퇴직급여	×××	대) 현금 등	×××

• 확정급여제도하에서는 임직원들이 미래 퇴직시 수혜할 퇴직급여의 규모와 내용이 사전에 약정된 대로 수혜될 수 있도록, 퇴직금 재원의 운용과 지급이 전적으로 회사에 달려 있다. 따라서, 회사의 입장에서는 매 회계연도마다 퇴직률, 미래 임금상승률, 할인율 등을 추정하여 장래 퇴직시점에 지급할 의무를 현재가치로 평가[2]한 다음 퇴직급여(당기비용)와 확정급여채무를 부채로 계상하기 위하여 다음과 같이 회계처리한다.

차) 퇴직급여(당기근무원가)	×××	대) 확정급여채무	×××
퇴직급여(이자비용)	×××		

예제 2

프라임회사는 '퇴직시의 월평균급여×근속연수'로 퇴직일시금을 지급하기로 하는 확정급여제도를 시행하고 있다. 1차년도의 월평균급여는 100,000원으로 매년 7%씩 인상될 것으로 전망하고 있다. 1차년도 초에 입사하여 3년 근속 후 퇴직할 것으로 예상되는 경우 종업원에 대해 계상해야 할 확정급여채무와 퇴직급여를 K-IFRS기준으로 연도별로 계산하라. 단, 할인율은 10%로 가정한다.

1) 5년 뒤 월평균급여 예상액 $= 100,000 \times (1+7\%)^3 = 122,504$

2) 퇴직일시금 예상액 $= 122,504 \times 3 = 367,512$

---

2) 이러한 확정급여채무의 현재가치평가방식을 '예측단위적립방식'이라 하며, 여기에서는 기본적인 개념만 설명한다. 과거 우리나라 회계기준은 현재 일반기업회계기준과 같이 청산가치 개념에 입각하여 결산일 현재 전 임직원이 퇴직한다고 가정할 경우의 퇴직금추계액을 기말 현재의 퇴직급여충당부채로 계상하는 방식이었으나, K-IFRS도입으로 전 임직원의 미래 퇴직시점을 예상하여 예상시점에서의 퇴직금을 추산한 다음 이를 현재가치로 평가하여 확정퇴직급여채무를 기말에 계상하는 방식으로 바뀌었다.

3) 예측단위적립방식에 의한 매년 퇴직급여 계산

	1차년도	2차년도	3차년도
퇴직시점예상월평균급여	122,504	122,504	122,504
기초확정급여채무(a)	0	101,243	222,734
이자비용(b)	0	10,124[4)]	22,274[5)]
당기근무원가(c)	101,243[1)]	111,367[2)]	122,504[3)]
기말확정급여채무(d)	101,243	222,734	367,512

d=a+b+c

1) $122{,}504 / (1+10\%)^2$

2) $122{,}504 / (1+10\%)^1$

3) $122{,}504 / (1+10\%)^0$

4) 101,243×10%

5) 222,734×10%

〈분개〉

1차년도	차) 퇴직급여	101,243	대) 확정급여채무	101,243
2차년도	차) 퇴직급여	111,367	대) 확정급여채무	111,367
	퇴직급여	10,124	확정급여채무	10,124
3차년도	차) 퇴직급여	122,504	대) 확정급여채무	122,504
	퇴직급여	22,274	확정급여채무	22,274

예제 3

세아회사의 2010년 12월 31일 퇴직급여충당부채 잔액은 500,000원이었다. 2011년 5월 30일 퇴직금 100,000원을 현금으로 지급하였고 2011년 12월 31일 전 임직원이 퇴직한다고 가정시 퇴직금추계액은 900,000원이다. 2011년 말에 전입할 퇴직급여 중 절반은 생산직 근로자에 대한 것이고 나머지 절반은 관리직 근로자에 대한 것이다. 각 거래에 대하여 일반기업회계기준을 적용하여 분개하라.

〈분개〉

2011. 5. 30.

차) 퇴직급여충당부채	100,000	대) 현금	100,000

2011. 12. 31.

차) 퇴직급여(판관비)	250,000	대) 퇴직급여충당부채	250,000*
퇴직급여(제조원가)	250,000	퇴직급여충당부채	250,000

*[900,000 − (500,000 − 100,000)] × 50% = 250,000

제품원가계산

차) 재공품	250,000	대) 퇴직급여(제조원가)	250,000

참고 실무에서는 판관비에 속하는 인원과 제조원가에 속하는 인원에 대한 퇴직급여충당부채를 별도로 계산하기도 한다.

3. 기타비금융부채

비금융부채란 금융부채가 아닌 부채로서, 현금 이외의 수단으로 결제하는 부채와 계약상의 부채가 아닌 부채를 말한다.

① 선수금

선수금은 수주공사, 제품주문판매, 기타 일반적 상거래에서 재화나 용역 등을 제공하기 전에 대가의 전부 또는 일부를 수취하는 금액을 의미하며 재화나 용역을 제공하여 관련 수익이 발생함으로써 소멸된다.

백화점 등이 발행하는 상품권은 추후 상품공급을 전제로 대금을 미리 받은 것이기 때문에 백화점은 상품권 판매액을 선수금으로 기록해야 한다.

② 선수수익

선수수익은 수취한 용역대금 중 결산일 현재 기일이 미경과함에 따라 차기 이후에 수익으로 인식해야 할 금액으로 결산정리항목 중 이연항목에 해당하는 것으로서 발생주의에 따른 정확한 기간손익을 계산하기 위하여 보고기간 말에 기간이 경과되지 않은 용역대가를 수익계정에 차기하고(현금수령시 현금수령액 전부를 수익으로 계상한 경우) 동일한 금액을 부채계정에 대기함으로써 발생한다.

선수수익에는 선수임대료, 선수이자, 선수수수료 등이 있다. 일반적으로 선수금은 주된 영업활동과 관련하여 발생하는 것인 반면, 선수수익은 부수적 영업활동과 관련하여 발생된다.

③ 예수금

일반적 상거래 이외에서 발생한 일시적인 예수액을 말하며, 통상 제3자를 대신하여 받은 금액으로 다시 제3자에게 지급할 금액이다. 대표적인 예로 원천징수예수금을 들 수 있다. 이러한 예수금은 계약상 발생하는 것이 아니므로 비금융부채에 해당된다.

④ 미지급법인세(법인세부채)

미지급법인세는 보고기간 말 현재 당해연도의 법인세 등에 대한 미납부금액을 말하는 것으로, 당해연도 법인세 등 부담액 중 아직 납부하지 않은 금액이다.

4. 보론: 기타금융부채

① 매입채무

매입채무는 일반적 상거래에서 발생하는 외상매입금과 지급어음을 말한다.

외상매입금은 구매한 재화 또는 제공받은 용역에 대한 대가를 추후에 지급하겠다고 구두로 약속한 채무다.

지급어음은 구매한 재화 또는 제공받은 용역에 대한 대가를 추후에 지급하겠다고 유가증권 형태의 문서로 약속한 채무를 말한다.

② 장기성매입채무

장기성매입채무는 일반적 상거래에서 발생한 것으로서 지급기한이 보고기간 말로부터 1년 이후에 도래하는 장기성외상매입금과 장기성지급어음을 말한다.

장기성매입채무는 현재가치로 평가하며 장기성매입채무의 명목가액과 현재가치의 차이는 현재가치할인차금의 계정과목으로 하여 당해 장기성매입채무에서 차감하는 형식으로 기재하고 유효이자율법을 이용하여 상각한 후 상각액은 이자비용으로 인식한다.

재무제표 작성시, 장기성매입채무 중 회수기일이 1년 이내에 도래하는 분은 유동부채의 매입채무계정으로 대체시킨다.

유가증권이나 고정자산 등의 취득과 같은 정상적인 영업활동 이외의 목적으로 취득한 자산의 미지급액은 미지급금 또는 장기성미지급금으로 계상한다.

예제 4

(주)회계는 2011년 1월 1일에 (주)원리로부터 상품을 매입하고 대금으로 3년만기 액면금액 100,000원인 무이자부어음을 발행했다. 어음 발행시의 유효이자율은 25%였고, 회사의 결산일은 12월 31일이다. 2011년 1월 1일과 12월 31일의 회계처리(분개)를 하라.

〈분개〉

2011. 1. 1.

차) 매입	51,200*	대) 장기성매입채무	100,000
현재가치할인차금	48,800**		

*$100{,}000 \times [1/(1+25\%)^3] = 51{,}200$

**$100{,}000 - 51{,}200 = 48{,}800$

2011. 12. 31.

차) 이자비용	12,800	대) 현재가치할인차금	12,800*

*$51{,}200 \times 25\% = 12{,}800$

③ 미지급금

미지급금은 일반적 상거래 이외에서 발생한 채무로서 미지급비용을 제외한 것이다. 통상 자산구입대금에 대한 미지급액으로 보고기간 말로부터 상환기간이 1년 후에 도래하는 것은 장기미지급금으로 처리해야 한다.

④ 미지급비용

미지급비용은 보고기간 말 현재 발생하였지만 지급되지 않은 비용이다. 즉, 시간경과에 따라 일정 기간 계속적으로 용역을 제공받고 그 대가를 나중에 지급하기로 한 경우, 보고기간 말 현재 아직 지급기일이 도래하지 않아 지급되지 않고 있는 비용으로, 결산정리분개를 통하여 결산일까지 발생한 비용은 차기하고 미지급비용은 대기처리해야 한다.

미지급금은 재화나 용역의 제공이 완료되어 거래의 발생시점에 부채로 인식하지만, 미지급비용은 결산일 현재 아직 완료되지 않은 비용거래에 대하여 적정한 기간손익계산을 위하여 계상하는 점에서 차이가 있다.

미지급비용에는 미지급급여, 미지급임차료, 미지급이자, 미지급수수료, 미지급보험료 등이 있다.

⑤ 단기차입금과 장기차입금

차입금은 금전소비대차계약에 의하여 발생하는 부채를 말한다.

단기차입금은 차입시 1년 이내에 상환되는 차입금이고, 장기차입금은 차입시점에 만기가 1년 이상인 차입금을 말한다.

장기차입금은 현재가치로 평가하고 장기차입금의 명목가액과 현재가치의 차이는 현재가치할인차금의 계정과목으로 하여 당해 장기차입금에서 차감하는 형식으로 기재하고 유효이자율법을 이용해 상각한 후 상각액은 이자비용으로 인식한다. 장기차입금 중 보고기간일 현재 상환기간이 1년 이내로 도래하는 분은 유동성장기차입금으로 대체해야 한다.

예제 5

(주)회계는 2011년 1월 1일에 시설자금으로 사용하기 위하여 (주)원리로부터 자금을 차입하고 융통어음을 발행했다. 어음의 액면가액은 100,000원이며, 액면이자는 10%이고 어음만기는 2년이다. 어음을 발행할 당시의 시장이자율은 25%이다. 2011년 1월 1일과 12월 31일, 2012년 12월 31일의 회계처리(분개)를 하라(어음액면이자는 현금으

로 지급하는 것으로 가정하라).

〈분개〉

2011. 1. 1.

차) 현금	78,400*	대) 장기차입금	100,000
현재가치할인차금	21,600**		

*$10,000 \times [1/(1+25\%)^1] + 110,000 \times [1/(1+25\%)^2] = 78,400$
**$100,000 - 78,400 = 21,600$

2011. 12. 31.

차) 이자비용	9,600	대) 현재가치할인차금	9,600*
이자비용	10,000	현금	10,000

*$78,400 \times 25\% - 10,000 = 9,600$

2012. 12. 31.

차) 이자비용	12,000	대) 현재가치할인차금	12,000*
이자비용	10,000	현금	10,000
장기차입금	100,000	현금	100,000

*$(78,400 + 9,600) \times 25\% - 10,000 = 12,000$

연습문제

1. 다음은 부채의 구분에 대한 설명이다. 괄호 안에 들어갈 말로 적절한 것은?

> 부채는 지출의 시기 또는 금액이 확정되어 있는지 여부에 따라 (ⓐ)와 (ⓑ)로 구분한다. (ⓐ)는 계약이나 법에 의하여 측정일 현재 지출의 시기와 금액이 확정되어 있는 부채를 말하고, (ⓑ)는 부채의 인식요건을 충족하나 측정일 현재 지출의 시기 또는 금액이 불확실한 부채를 말한다.

	ⓐ	ⓑ
①	확정부채	충당부채
②	확정부채	우발부채
③	충당부채	우발부채
④	우발부채	충당부채

풀이 ①

확정부채: 지출의 시기와 금액이 확정되어 있는 부채(예: 외상매입금)

충당부채: 미래에 지출될 것이 확실시 되나 지출의 시기와 금액을 확정할 수 없는 부채(예: 퇴직급여충당부채)

우발부채: 미래에 지출될 것이 불확실한 부채이거나 또는 미래사건 결과에 따라 지출 여부가 결정되는 현재의 잠재적 부채(예: 소송에 피소된 경우)

2. 다음 거래에서 A회사가 2013년 중에 퇴직급여로 계상해야 할 금액은?

유통업을 하는 A회사는 현재 퇴직금제도를 운영하고 있다. 즉, 임직원이 현실적으로 퇴직한 경우 퇴직금지급규정에 의하여 퇴직금을 계산하여 지급하고 있다.
2012년 12월 31일 현재의 퇴직금추계액은 90,000,000원이었다.
2013년 5월 중에 직원이 3명 퇴직하면서 퇴직금을 27,000,000원 지급했다.
2013년 12월 31일 현재 퇴직금추계액은 92,000,000으로 계산되었다.

① 90,000,000 ② 92,000,000
③ 27,000,000 ④ 29,000,000

풀이 ④

기초퇴직급여충당부채: 90,000,000
기중 퇴직금지급시 충당부채감소액: 27,000,000
퇴직금지급 후 충당부채 잔액=63,000,000
기말퇴직금추계액=92,000,000
당기퇴직급여충당부채를 추가 적립해야 할 금액
=92,000,000－63,000,000=29,000,000

〈회계처리〉
퇴직금지급시:
차) 퇴직급여충당부채 27,000,0000 대) 현금 27,000,000
기말추가설정시:
차) 퇴직급여 29,000,000 대) 퇴직급여충당부채 29,000,000

3. 다음 사례에서 2012년 중 제품보증비로 인식할 금액은 얼마인가?

- A회사는 2011년 8월 25일에 신제품인 기계 100대를 대당 4,000,000원에 외상판매했다. 제품보증기간은 3년으로 가정한다.
- 타 회사의 경험과 기술부의 검토결과에 따라, 회사는 2011년 12월 31일에 동 제품판매와 관련하여 제품보증기간 동안 수리

비 등으로 지출될 것으로 예상되는 비용을 200,000원으로 추정하고 동 금액을 매출이 이루어진 기간에 매출에 대응하기 위하여 제품보증비와 제품보증충당부채로 인식했다.

- 2012년 중 3대의 기계고장을 무상으로 수리해 주면서 다음과 같은 비용이 발생했다.

  여비 20,000원(현금지급), 부품비(저장부품 사용) 10,000원, 무상 수리기간 동안 직원 급여 30,000원(아직 지급하지 않음)

- 2012년 중 기계 50대를 대당 2,000,000원에 현금판매했다. 제품보증기간은 3년으로 가정한다. 2011년 매출과 2012년 매출에 대하여 회사는 경험률에 의하여 향후 제품보증으로 지출한 비용은 300,000원으로 추정했다.

① 60,000　　② 160,000
③ 260,000　　④ 300,000

풀이 ②

기초제품보증충당부채: 200,000
당기 중 제품보증충당부채감소액: 60,000
감소 후 잔액: 140,000
기말제품보증충당부채추정액: 300,000
추가로 충당부채를 적립해야 할 금액: 300,000 − 140,000 = 160,000

4. 다음 중 우발부채 상황이 아닌 것은?

자원의 유출가능성	금액의 신뢰성 있는 추정가능성	
	가능	불가능
높음	①	②
높지 않음	③	④

풀이 ①

자원의 유출가능성이 높고, 그 금액을 신뢰성 있게 추정가능한 경우로서 이러한 예는 퇴직급여충당부채를 들 수 있다. 충당부채는 추정가능한 금액을 재무제표에 표시해야 한다. 우발부채의 경우는 재무제표상에 부채로는 계상하지 않지만 주석에는 우발상황으로 인하여 미래에 부채가 될 가능성이 있다는 내용을 주석으로 공시해야 한다. ②, ③, ④의 상황은 우발부채상황이다.

5. 충당부채로 인식할 수 없는 것은?

① 퇴직급여　　② 제품보증

③ 손실부담계약　　④ 지급보증

풀이 ④

6. 다음 중 충당부채와 우발부채에 관한 설명으로 가장 적절하지 않은 것은?

① 충당부채와 우발부채 모두 미래 발생할 지출에 대한 잠재적 의무가 있는 상황을 전제로 한다.

② 충당부채가 신뢰성 있게 측정되었다면 현재가치평가는 별도로 하지 않는다.

③ 법적 의무가 아닌 의제의무인 경우에도 충당부채로 인식할 수 있다.

④ 신뢰성 있게 추정할 수 없다고 하더라도 자원유출가능성이 있다면 우발부채로 인식한다.

풀이 ②

충당부채의 명목금액과 현재가치의 차이가 중요한 경우에는 현재가치평가를 한다.

정리하기

1 부채는 부채의 존재 여부, 지급시기 및 지급금액의 확정 여부에 따라 확정부채, 충당부채, 우발부채로 나눌 수 있다.

2 확정부채와 충당부채는 부채의 인식요건을 충족하는 시기에 재무제표에 계상해야 하지만, 우발부채상황은 재무제표 본문에는 계상하지 않고 주석으로 공시해야 한다.

3 퇴직급여제도는 퇴직일시금제도, 퇴직연금제도로 나눌 수 있고, 퇴직연금제도는 확정기여형 연금제도와 확정급여형 연금제도로 나눌 수 있다.

4 퇴직급여제도 중 충당부채의 대상이 되는 것은 퇴직일시금제도와 확정급여형 퇴직연금제도이다.

5 퇴직급여충당부채와 관련하여 K-IFRS와 일반기업회계기준은 회계처리방식이 다르다. K-IFRS에서는 미래 퇴직급여추정액을 할인하는 방식으로 퇴직급여충당부채를 계상하지만, 일반기업회계기준에서는 보고기간일 현재 전 임직원이 퇴사한다고 가정할 경우의 퇴직금추정액을 퇴직급여충당부채로 계상한다.

제 13 장

법인세회계

학습개요

법인의 경우 법인이 벌어들인 이익에 대하여 법인소득세인 법인세를 납부해야 한다. 회계상 이익과 「법인세법」상 과세대상소득은 회계와 「세법」의 차이로 인하여 일치하지 않는다. 이런 상황에서 「법인세법」에서 정하는 대로 과세대상소득을 계산하여 법인세를 납부하고 법인세납부액을 재무제표상의 법인세비용으로 계상하게 되면 회계상 이익에 「세법」에 따라 계산된 법인세비용이 대응되어 수익비용 대응이 적절하지 않게 된다. 특히, 회계와 「세법」의 기간귀속 차이로 인한 이익과 소득의 불일치는 시간이 경과되면 해소되는 차이로 회계에서는 이러한 기간귀속 차이에 따른 수익비용 대응 불일치를 해소하기 위하여 이연법인세회계를 도입하게 되었다. 이번 장에서는 이연법인세회계에 관한 기초적인 사항을 학습할 것이다.

학습목표

1. 일시적 차이와 영구적 차이를 설명할 수 있다.
2. 일시적 차이로 인한 법인세효과를 계산할 수 있다.
3. 차감할 일시적 차이와 가산할 일시적 차이는 자산과 부채의 정의를 충족함을 설명할 수 있다.

주요용어

- 영구적 차이 특정 회계연도에 발생한 회계상 이익과 「세법」상 과세소득의 차이가 이후 기간에 영구히 조정되지 않는 차이
- 일시적 차이 특정 회계연도에 발생한 회계상 이익과 「세법」상 과세소득의 차이가 이후 기간에 반대의 효과로 전체 기간으로 보면 회계상 이익과 「세법」상 과세소득 간에 차이를 유발시키지 않고 단지 기간귀속에 따른 귀속회계연도의 불일치만 야기시키는 차이
- 차감할 일시적 차이 차이가 해소되는 미래시점에 「세법」상 과세소득을 줄여주는 세무조정사항
- 가산할 일시적 차이 차이가 해소되는 미래시점에 「세법」상 과세소득을 더 커지게 하는 세무조정사항

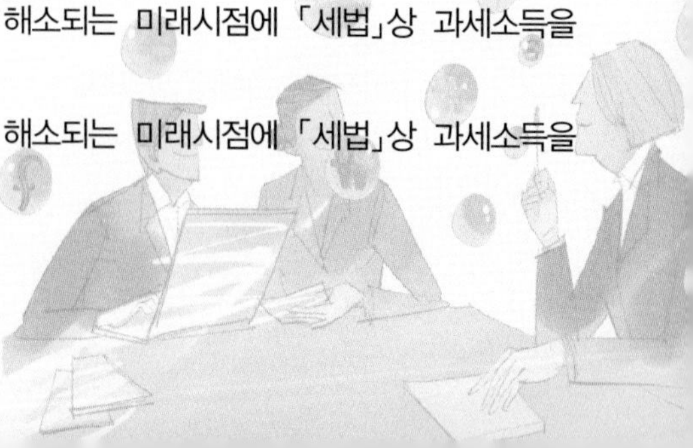

1. 법인세부담액의 계산

1.1) 법인세부담액

개인이든 법인이든 벌어들인 소득에 대하여 소득에 대한 세금을 납부해야 한다. 개인이 벌어들인 소득에 대한 세금을 개인소득세라고 하며, 우리나라에서는 이를 소득세라 칭한다. 개인소득과 개인소득세의 구체적인 계산방법을 규율한 법이 「소득세법」이다.

법인이 벌어들인 소득에 대한 세금을 법인소득세라고 하며, 우리나라에서는 이를 법인세라 칭한다. 법인소득과 법인소득세의 구체적인 계산방법을 규율한 법은 「법인세법」이다.

법인의 입장에서 보면 벌어들인 이익에 대하여 국가에 납부하는 법인세부담액은 순자산 감소를 초래하므로 법인은 법인세부담액을 비용(법인세비용)으로 처리해야 한다.

회계에서 경영성과를 정관에서 정한 회계기간 단위로 보고하듯이, 「법인세법」에서는 법인의 회계기간을 사업연도라 칭하고, 사업연도별로 법인소득을 계산하여 법인세를 납부하도록 하고 있다.

만약 「법인세법」이 법인세비용 계산 전 회계적 이익을 소득으로 보고 여기에 「법인세법」에서 정하는 법인세율을 곱하여 법인세비용을 계산하도록 되어 있고 법인세율도 20%의 단일세율로 되어 있다고 가정해 보자. 어떤 기업이 금번 회계연도 법인세 계산 전 이익이 10억원이라면 이 회사의 금번 회계연도 법인세비용은 2억원(세전이익 20억원 × 법인세율 20%)이 될 것이고 법인세를 아직 납부하지 않았다면 다음과 같이 회계처리해야 할 것이다.

차) 비용(법인세비용)	2억원	대) 부채(당기법인세부채)	2억원

「법인세법」에 의하여 각 사업연도별로 법인세를 부담해야 하는 의무가 있으므로 부채를 증가시켜야 하고, 부채의 증가로 인하여 순자산이 감소하므로 부채의 증가액을 비용으로 회계처리해야 한다.

1.2) 원천징수세액과 중간예납세액

1.2.1) 원천징수세액

원천징수제도란 「세법」의 규정에 따라 소득 또는 수입금액을 지급하는 자(이를 「세법」에서는 원천징수의무자라고 한다)가 조세행정기관을 대신하여 소득을 지급할 때 상대방의 소득에 대하여 법인세 또는 소득세를 징수(이를 원천징수라 한다)하여 조세행정기관에 납부하는 제도를 말한다.

이때 원천징수하는 세금을 원천징수세액이라 하며, 소득을 지급하는 자는 소득을 지급할 때 동 원천징수세액을 차감한 잔액을 상대방에게 지급하고, 원천징수세액은 조세행정기관에 납부한다. 소득을 지급하는 자의 입장에서는 원천징수세액은 조세행정기관에 다시 납부해야 할 의무이므로 부채(예수금)로 처리한다.

소득자의 입장에서 보면, 소득을 지급받는 시점에서는 지급받는 소득에 대한 세금인 원천징수세액을 공제한 후 잔액만을 받게 된다.

예를 들면, 어느 법인이 은행으로부터 이자소득 1억원을 지급받을 시 은행은 동 이자소득에 대한 원천징수세율에 상당하는 세액을 공제한 후 잔액을 거래상대방에게 지급한다. 원천징수세율이 만약 14%라고 가정하면, 8,600만원(1억원－1억원×14%)을 지급받게 된다. 원천징

수당한 법인의 입장에서는 이는 법인이 벌어들인 이자소득에 대한 선급법인세(자산)라고 할 수 있다. 왜냐하면, 법인세 계산 및 납부는 통상 사업연도 종료 후 3개월 이내에 하여야 하는데, 회계기간 중간에 소득을 지급받으면서 원천징수당한 세금은 법인입장에서는 미리 법인세를 납부한 셈이 되기 때문이다. 만약, 법인의 당기 회계연도 법인소득이 하나도 없어 법인이 납부해야 할 법인세액이 없다면 미리 낸 세금은 돌려받게 되므로 선급법인세는 자산의 정의를 충족하고 인식요건도 충족함을 알 수 있다. 상기의 예에서 회사는 이자를 지급받는 시점에서 다음과 같이 회계처리한다.

〈분개〉

차) 현금 등	86,000,000	대) 이자수익	100,000,000
선급법인세	14,000,000		

상기와 같이 원천징수된 상황에서 만약 연간 납부해야 할 법인세 부담액이 50,000,000원이 된다면 다음과 같이 회계처리를 해야 한다.

〈분개〉

차) 법인세비용	50,000,000	대) 선급법인세	14,000,000
		당기법인세부채	36,000,000

1.2.2) 중간예납세액

「법인세법」 규정상 법인의 법인세부담을 분산시키고 조세를 조기에 확보할 목적으로 사업연도의 반기 실적에 대하여 가결산을 하여 법인세를 납부하도록 하고 있다.

이렇게 납부한 중간법인세액에 대하여 법인은 원천징수세액과 마찬가지로 중간예납세액 납부시점에 선급법인세로 처리하고 기말결산

후 사업연도 전체 소득에 대하여 당기법인세를 계산하여 정산하게 된다. 즉, 당기법인세액이 중간예납세액 등 선급법인세액을 초과하면 그 초과액을 당기법인세부채로 계상하고, 당기법인세액보다 선급법인세가 더 크면 차액만큼 돌려받게 되므로 당기법인세자산으로 회계처리한다.

중간예납시

차) 선급법인세	100,000	대) 현금 등	100,000

원천징수시

차) 선급법인세	10,000	대) 현금 등	10,000

법인세비용 계상(법인세액>선급법인세)

차) 법인세비용	130,000	대) 선급법인세	110,000
		당기법인세부채	20,000

또는

법인세비용 계상(법인세액<선급법인세)

차) 법인세비용	90,000	대) 선급법인세	110,000
당기법인세자산	20,000		

2. 법인세기간 간 배분회계

2.1) 회계이익과 과세소득의 차이

당해 사업연도의 법인세부담액의 계산은 「법인세법」에서 규정한 과세소득에 「법인세법」에서 규정한 법인세율을 곱하여 산정한다.[1]

1) 법인세는 계산구조상 과세표준을 산출하고 여기에 법인세율을 곱하여 산

만약, 「법인세법」의 규정이 회계상의 법인세 계산 전 이익에 법인세율을 곱하여 법인세를 납부하도록 했다면 회계이익과 과세소득 간에는 차이가 없고 당기에 벌어들인 회계상 세전이익에 당기법인세비용이 정확히 대응하여 발생주의에 따른 수익비용 대응이 적절히 이루어져 당기의 경영성과를 잘 나타낼 수 있을 것이다.

그러나 결론적으로 말하면 「법인세법」상 과세소득은 회계상 세전이익과 다르다. 예를 들면, 교통사고 범칙금이라든지 벌과금 등 회사경영상 발생한 순자산 감소는 회계상에서는 비용으로 인정하지만 「세법」에서는 비용(손금)으로 인정하지 않는다. 또 다른 예로 재고자산평가손실은 평가손실을 계상한 회계연도의 회계상 비용이지만 「세법」에서는 평가손실을 계상한 연도의 비용으로 인정하지 않고 차후 처분과정을 통하여 평가손실이 실현되었을 때 비용(손금)으로 인정한다. 일반적으로 「세법」에서는 자산평가손실은 비용(손금)으로 인정하지 않는다. 이것을 인정하면 이익이 많이 난 경우 경영자가 작위적으로 재고자산평가손실을 과다하게 계상하여 당기법인세를 줄일 수 있는 유인이 생기기 때문이다. 대신, 「세법」에서는 재고자산이 실제로 외부에 팔려 실현되었을 때 재고자산평가손실을 인정하게 된다.

출세액을 산출한 다음 여러 가지 세액공제를 차감하여 법인세부담액을 계산하도록 되어 있다. 이러한 법인세 계산과정은 속칭 '세무회계'라고 불리는 교과과정에서 배우게 되므로 회계원리 단계에서는 과세소득에 법인세율을 곱하여 법인세부담액을 산정한다고 이해하고 법인세기간 간 배분회계의 논리를 이해하는 것만으로도 족하다. 세무회계는 재무회계처럼 대외공표하는 장부를 작성하는 그런 회계는 아니고 세무회계의 본질은 회계상 이익을 「세법」상 소득으로 전환하고 세액을 계산하는 것으로 '세무조정' 내지 '세액계산'이라고 이해하면 된다.

예제 1

(주)신생은 2011년에 설립되었다. 2012년 결산 중에 (주)신생은 재고자산 10억원 중 1억원에 대하여 재고자산평가손실을 계상하고 재고자산가액을 9억원으로 조정했다. 2012년 중 동 재고자산 9억원 전부가 10억원에 매출되었다.
손익계산서상 법인세 계산 전 순이익은 다음과 같다고 가정하자. 법인세율은 20% 단일세율이라고 가정하고, 세무조정사항은 오로지 재고자산평가와 관련된 것만 있다고 가정한다.

구분	2011년	2012년
세전이익	1억원	1억원
법인세비용	?	?

회계적 마인드로는 법인세 계산 전 이익이 같으므로 양 회계연도의 법인세비용은 동일해야 수익비용 대응의 원칙이 이루어진 것이고 당기순이익으로 측정하는 경영성과도 올바를 것이다.
「법인세법」상 법인세부담액은 「세법」상 과세소득에 법인세율을 곱하여 산출하고, 재고자산평가손실은 계상연도에 손금으로 인정하지 않고, 외부에 팔린 사업연도에 인정한다고 했다. 따라서, 「법인세법」상 과세소득은 다음과 같다.

	2011년	2012년	2개 회계연도 합산
회계상 세전이익	1억원	1억원	2억원
세무조정	+1억원	−1억원	
「세법」상 과세소득	2억원	0원	2억원
법인세율	20%	20%	
법인세부담액	4천만원	0원	

「세법」상 법인세부담액을 포괄손익계산서상 법인세비용으로 계상한다면 2011

년 세전이익 1억원에 법인세비용 4천만원이 대응되고, 2012년 세전이익 1억원에는 법인세비용 0원이 대응하여 수익비용 대응의 원칙이 이루어지지 않는다.

2012년 재고자산 매출시 기업회계상 회계처리

차) 현금 등 10억	대) 재고자산 9억
	처분이익 1억

2012년 재고자산 매출시 「세법」상 회계처리

차) 현금 등 10억	대) 재고자산 10억

「세법」에서는 재고자산평가손실을 인정하지 않으므로, 재고자산 10억원짜리가 2012년에 팔린 것으로 본다. 따라서, 회계상으로 처분이익 1억원을 계상했지만, 「세법」에서는 재고자산 10억원짜리가 10억원에 팔렸으므로 계상될 이익은 없는 것으로 본다. 결국 이러한 차이는 기간귀속의 차이이므로 언젠가는 해결되는 차이라고 할 수 있다. 즉, 회계연도 단위로 보면 회계상 세전이익과 「세법」상 과세소득은 연도별로 다르지만 2개 연도를 합산해 보면 세전이익과 과세소득은 같음을 알 수 있다.

회사는 2011년에 회계상 장부 및 손익계산서에 재고자산평가손실 1억원을 반영하고 2012년에는 재고자산처분이익 1억원을 계상했지만, 「세법」에서는 이를 인정하지 않으므로 「세법」상 2011년 재고자산평가손실은 0원이고, 2012년 재고자산처분이익은 0원으로 본다.

따라서, 2011년 「법인세법」상 과세소득을 얻기 위해서는 회계상 세전이익에 1억원을 가산하여야 하고, 2012년 「법인세법」상 과세소득을 얻기 위해서는 회계상 세전이익에서 1억원을 차감해야 한다. 이처럼 회계상 이익에서 출발하여 「세법」상 과세소득을 얻는 과정을 세무조정이라고 한다. 회사입장에서 생각해 보면 2011년에 장부상 계상한 재고자산평가손실 1억원은 2011년에는 인정받지 못하지만 재고가 팔린 시점인 2012년에는 인정받아 2012년 법인세부담액을 줄여주는 효과가 있음을 알 수 있다. 이처럼 특정 회계연도의 비용 또는 이익 중 당해연도의 과세소득에 포함되지 않은 비용 또는 이익이 차후 회계연도의 과세소득에 비용 또는 이익으로 포함됨으로써 법인세부담액을 증감시키는 효과가 자산과 부채의 인식요건을 충족하므로 자산, 부채의 발생 당시 장부상에 인식하면서 법인세비용을 조정하는 것을 법인세기간 간 배분회계 또는 이연법인세회계라고 한다.

상기 재고자산평가손실 사례에서 2011년 과세소득 계산상 비용(손실)으로 인정받지 못해 법인세부담액은 늘었지만, 동 비용(손실)은 2012년 과세소득을 줄여주는 효과가 있으므로 동 법인세효과를 2011년 결산시 자산(구체적으로는 이연법인세자산)으로 인식하고 법인세비용을 줄여주는 회계처리를 해야 한다.

• 2011년

법인세부담액

차) 법인세비용 40,000,000 대) 당기법인세부채 40,000,000

법인세기간배분

차) 이연법인세자산 20,000,000 대) 법인세비용 20,000,000

• 2012년

법인세부담액

차) 법인세비용 0 대) 당기법인세부채 0

법인세기간배분

차) 법인세비용 20,000,000 대) 이연법인세자산 20,000,000

요약부분손익계산서	2011년	2012년
세전이익	100,000,000	100,000,00
법인세비용	20,000,000	20,000,000

특정 회계연도의 회계상 이익과 「법인세법」상 과세소득을 발생시킨 사유가 이후 회계연도의 과세소득 계산시 반대로 영향을 미치는 세

무조정사항을 일시적 차이(예: 재고자산평가손실)라고 말하고, 한 번 생긴 차이가 이후 회계연도에 반대로 영원히 조정되지 않는 세무조정 사항을 영구적 차이(예: 교통사고 벌과금)라고 말한다.

이연법인세자산 또는 부채로 계상해야 할 차이는 세무조정사항 중 일시적 차이만 해당한다.

2.2) 세무조정

세무조정이란 회계상 세전이익으로부터 출발하여 「세법」상 과세소득을 구하는 과정을 말한다. 이를 도식화하면 다음과 같다.

기업회계상		「세법」상
수익	➡	익금
비용		손금
이익		소득

세무조정방법에는 다음과 같은 두 가지 방식이 있다.

① 직접법

「세법」상 과세소득을 산출하기 위해 수익을 익금으로, 비용을 손금으로 조정한 후 익금에서 손금을 차감하여 과세소득을 구하는 방식으로 결국 「세법」상 익금원장과 「세법」상 손금원장을 별도로 만드는 것으로 실무에서는 활용하지 않는다.

② 간접법

「세법」상 과세소득을 산출하기 위해 회계상 이익에서 출발하여 수익, 비용 중 「세법」과 차이 나는 부분만 반영하는 방식으로 통상 세무조정이라 말할 때는 간접법을 말한다.

세무조정사항을 정리하면 다음과 같다.

기업회계상	세무상	세무조정	영구적 차이	일시적 차이
수익계상	수익	없음		
수익계상	수익 ×	익금불산입		단기매매증권평가이익 등
비용계상	비용 ○	세무조정 없음		
비용계상	비용 ×	손금불산입	벌과금	재고자산평가손실 등
수익계상 안함	수익 ×	세무조정 없음		
비용계상 안함	비용 ×	세무조정 없음		
수익계상 안함	수익 ○	익금산입		
비용계상 안함	비용 ○	손금산입		

당해연도의 세무조정사항이 이후 회계연도에는 반대의 세무조정을 유발시키는 세무조정을 일시적 차이라고 하고, 반대의 세무조정이 없는 세무조정을 영구적 차이라고 한다.

2.3) 이연법인세자산과 이연법인세부채

이연법인세자산은 미래 과세소득에서 차감할 일시적 차이로 인하여 미래기간에 경감될 법인세액을 말한다. 즉, 당해연도에 손금불산입 또는 익금산입된 일시적 차이는 이후 회계연도에서 손금산입 또는 익금불산입 세무조정을 유발시켜 미래 과세소득을 줄여주어 법인세부담액을 줄여주는 효과가 있으므로 차감할 일시적 차이가 발생한 연도에 미래 법인세부담액을 줄여주는 금액을 이연법인세자산으로 계상한다.

이연법인세부채는 미래 과세소득에서 가산할 일시적 차이로 인하여 미래기간에 가산될 법인세액을 말한다. 즉, 당해연도에 손금산입 또는 익금불산입된 일시적 차이는 이후 회계연도에 손금불산입 또는 익금산입 세무조정을 유발시켜 미래 과세소득을 늘려주어 법인세부담액을 증가시키는 효과가 있으므로 가산할 일시적 차이가 발생한 연도에 미래 법인세부담액을 늘려주는 금액을 이연법인세부채로 계상한다.

예제 2

회사의 기업회계상 법인세차감전순이익은 1,000,000원이며 비용 중 교통벌과금 5,000원이 포함되어 있는데, 교통벌과금 외 세무조정사항은 없다. 법인세율은 10% 단일세율이고 지방소득세는 없다고 가정할 때 회사가 계상해야 할 법인세비용은 얼마인가?

구분	금액	비고
세전이익	1,000,000	
손금불산입	5,000	영구적 차이
과세소득	1,005,000	
세율	10%	
법인세부담액	100,500	

법인세부담액 차) 법인세비용 100,500 대) 당기법인세부채 100,500

예제 3

회사는 3월 5일에 설립되었으며, 정관상 회계기간은 1월 1일부터 12월 31일이다. 회사의 기업회계상 법인세차감전순이익은 1,000,000원이며 이익 중 당기손익인식금융자산으로 분류한 상장주식평가이익 10,000원이 포함되어 있는데, 단기매매증권평가이익 외 세무조정사항은 없다. 법인세율은 10% 단일세율로 미래에도 일정하고 지방소득세는 없다고 가정할 때 회사가 계상할 법인세비용은 얼마인가?

구분	금액	비고
세전이익	1,000,000	
익금불산입	10,000	가산할 일시적 차이, 즉 향후에 세무상 익금산입됨.
과세소득	990,000	
세율	10%	
법인세부담액	99,000	

법인세부담액

차) 법인세비용 99,000 대) 당기법인세부채 99,000

법인세기간배분

차) 법인세비용 1,000 대) 이연법인세부채 1,000

예제 4

회사는 3월 5일에 설립되었으며, 정관상 회계기간은 1월 1일부터 12월 31일이다. 회사의 기업회계상 법인세차감전순이익은 1,000,000원이며 이익 중 당기손익인식금융자산으로 분류한 상장주식평가손실 10,000원이 포함되어 있는데, 단기매매증권평가손실 외 세무조정사항은 없다. 법인세율은 10% 단일세율로 미래에도 일정할 것으로 가정하고 지방소득세는 없다고 가정할 때 회사가 계상할 법인세비용은 얼마인가?

구분	금액	비고
세전이익	1,000,000	
손금불산입	10,000	차감할 일시적 차이, 즉 향후에 세무상 손금산입됨.

과세소득	1,010,000	
세율	10%	
법인세부담액	101,000	

법인세부담액

차) 법인세비용 101,000 대) 당기법인세부채 101,000

법인세기간배분

차) 이연법인세자산 1,000 대) 법인세비용 1,000

예제 5

회사는 3월 5일에 설립되었으며, 정관상 회계기간은 1월 1일부터 12월 31일이다. 회사의 기업회계상 법인세차감전순이익은 1,000,000원이며 영업외수익 중에는 당기손익인식금융자산으로 분류한 상장주식평가이익 10,000원이 포함되어 있고 비용 중 재고자산평가손실 10,000원이 포함되어 있는데, 단기매매증권평가손익 외 세무조정사항은 없다. 법인세율은 10% 단일세율로 미래에도 일정할 것으로 가정하고 지방소득세는 없다고 가정할 때 회사가 계상할 법인세비용은 얼마인가?

구분	금액	비고
세전이익	1,000,000	
익금불산입	10,000	가산할 일시적 차이, 즉 향후에 세무상 익금산입됨.
손금불산입	10,000	차감할 일시적 차이, 즉 향후에 세무상 손금산입됨.
과세소득	1,000,000	
세율	10%	
법인세부담액	100,000	

법인세부담액

차) 법인세비용	100,000	대) 당기법인세부채	100,000

법인세기간배분

차) 법인세비용	1,000	대) 이연법인세부채	1,000

법인세기간배분

차) 이연법인세자산	1,000	대) 법인세비용	1,000

2.4) 법인세효과와 재무상태표 표시

당기법인세자산은 재무상태표에 유동자산으로 표시하고 당기법인세부채는 재무상태표에 유동부채로 표시한다.

이연법인세자산과 이연법인세부채는 일반적으로 상계하여 잔액만 표시하고, 이연법인세자산은 비유동자산, 이연법인세부채는 비유동부채로 표시한다.

이연법인세자산과 이연법인세부채는 현재가치평가를 배제한다.

2.5) 법인세기간 내 배분

법인세기간 내 배분이란 법인세비용을 계속사업이익에 대한 법인세비용, 중단사업이익에 대한 법인세비용, 기타포괄손익거래나 자본거래에 대한 법인세비용으로 배분하는 것을 말하는 것으로 법인세비용을 계속사업과 중단사업 및 실현손익과 미실현손익에 대한 법인세비용으로 구분함으로써 향후 경영성과를 예측하는 데 유용하도록 하기 위한 것이다.

연습문제

1. 다음 사례에서 회사가 계상해야 할 법인세비용은 얼마인가?

- 회사의 법인세차감전순이익 1,000,000원
- 비용 중 교통벌과금 5,000원이 포함됨.
- 상기 외 세무조정사항은 없는 것으로 가정한다.
- 법인세율은 10% 단일세율로 가정하고 지방소득세는 무시한다.

① 99,500　　② 100,000

③ 100,500　　④ 105,000

풀이 ③

회계상 세전이익 1,000,000 + 손금불산입 5,000 = 과세소득 1,005,000

과세소득 1,005,000 × 세율(10%) = 법인세부담액 100,500

2. 다음 사례에서 회사가 계상해야 할 법인세비용과 이연법인세자산(부채)액은 얼마인가?

회사는 3월 5일에 설립되었으며, 정관상 회계기간은 1월 1일부터 12월 31일이다. 회사의 법인세차감전순이익은 1,000,000원이며 당기손익인식금융자산으로 분류한 상장주식평가이익 10,000원이 포함되어 있으며 그 외 세무조정사항은 없다. 법인세율은 10% 단일세율로 미래에도 일정할 것으로 가정하고 지방소득세는 무시한다.

	법인세비용	이연법인세자산	이연법인세부채
①	99,000		1,000
②	99,000	1,000	

③	100,000		1,000
④	100,000	1,000	

풀이 ③

회계상 세전이익 1,000,000－익금불산입 10,000＝과세소득 990,000

과세소득 990,000×세율(10%)＝법인세부담액 99,000

당해연도에 「세법」상 이익으로 포함되지 않은 주식평가이익은 미래에 주식이 팔리면 미래 「세법」상 소득은 10,000원이 늘어날 것이므로 동 금액만큼 법인세를 내야 하므로 이연법인세부채를 인식해야 한다.

〈회계처리〉

차) 법인세비용	99,000	대) 당기법인세부채	99,000
법인세비용	1,000	이연법인세부채	1,000

3. 다음 사례에서 회사가 계상해야 할 법인세비용과 이연법인세자산(부채)액은 얼마인가?

> 회사는 3월 5일에 설립되었으며, 정관상 회계기간은 1월 1일부터 12월 31일이다. 회사의 법인세차감전순이익은 1,000,000원이며 당기손익인식금융자산으로 분류한 상장주식평가손실 10,000원이 포함되어 있으며 그 외 세무조정사항은 없다. 법인세율은 10% 단일세율로 미래에도 일정할 것으로 가정하고 지방소득세는 무시한다.

	법인세비용	이연법인세자산	이연법인세부채
①	99,000		1,000
②	99,000	1,000	
③	100,000		1,000
④	100,000	1,000	

풀이 ④

회계상 세전이익 1,000,000＋손금불산입 10,000＝과세소득 1,010,000

과세소득 1,010,000×세율(10%)＝법인세부담액 101,000

당해연도에 「세법」상 손실로 포함되지 않은 주식평가손실은 미래에 주식이 팔리면 미래 「세법」상 소득은 10,000원이 줄어들 것이므로 동 금액만큼 법인세를 감소시키므로 이연법인세자산을 인식해야 한다.

〈회계처리〉

차) 법인세비용	101,000	대) 당기법인세부채	101,000
이연법인세자산	1,000	법인세비용	1,000

4. 다음 사례에서 회사가 계상해야 할 법인세비용과 이연법인세자산(부채)액은 얼마인가?

> 회사는 3월 5일에 설립되었으며, 정관상 회계기간은 1월 1일부터 12월 31일이다. 회사의 법인세차감전순이익은 1,000,000원이며 영업외수익 중 당기손익인식금융자산으로 분류한 상장주식평가이익 10,000원이 포함되어 있고, 비용 중 재고자산평가손실 10,000원이 포함되어 있으며 그 외 세무조정사항은 없다. 법인세율은 10% 단일세율로 가정하고 지방소득세는 무시한다.

	법인세비용	이연법인세자산	이연법인세부채
①	99,000		
②	99,000	1,000	
③	100,000		
④	100,000		1,000

풀이 ③

회계상 세전이익 1,000,000－익금불산입 10,000＋손금불산입 10,000＝과세소득 1,000,000

과세소득 1,000,000×세율(10%)＝법인세부담액 100,000

당해연도에 「세법」상 손실로 포함되지 않은 주식평가이익은 미래에 주식이 팔리면 미래 「세법」상 소득은 10,000원이 늘어날 것이므로 동 금액만큼 법인세를 증가시키므로 이연법인세부채를 인식해야 한다. 당기에 손금불산입된 재고자산평가손실은 당기과세소득은 늘지만 미래에 재고자산이 팔리고 동 평가손실이 실현되면서 미래 과세소득을 줄여주므로 이연법인세자산으로 인식해야 한다.

〈회계처리〉

차) 법인세비용	100,000	대) 당기법인세부채	100,000
법인세비용	1,000	이연법인세부채	1,000
이연법인세자산	1,000	법인세비용	1,000

이연법인세자산과 이연법인세부채가 동시에 있는 경우 상계하여 잔액만 표시한다.

5. 회계이익과 과세소득의 차이를 발생시키는 원인이 아닌 것은?

① 회계이익과 과세소득의 개념 차이

② 손익인식기준 차이

③ 자산, 부채의 평가방법 차이

④ 일시적 차이와 영구적 차이의 개념 차이

풀이 ④

회계이익과 과세소득의 차이는 일시적 차이와 영구적 차이로 구성된다.

6. 기업회계상 당기순이익과 「법인세법」상 이익(각 사업연도 소득금액)의 차이 원인과 관련해서 설명이 잘못된 것은?

① 기업회계는 수익과 비용을 발생주의에 의하여 인식하지만, 「세법」에서는 권리의무확정주의를 원칙으로 하고 있기 때문에 차이가 난다.

② 일부 자산, 부채의 평가방법에 대해서는 기업회계기준과 「법인세법」에서 달리 규정하고 있어 차이가 발생한다.

③ 조세정책적인 목적으로 특정한 사항에 대해서 「세법」상 혜택을 부여하거나 불이익을 가하기 때문에 차이가 발생한다.

④ 자기주식처분이익에 대하여 기업회계기준과 「법인세법」에서는 이를 자본거래로 보아 과세하지 않는다.

풀이 ④

기업회계에서는 손익거래에서 발생한 순자산 증가액만을 회계상 이익에 포함시키고 자본거래에서 발생한 순자산 증가액은 자본항목으로 처리하지만, 「법인세법」은 원칙적으로 모든 순자산 증가액을 과세소득에 포함시키기 때문에 차이가 발생한다. 대표적으로 자기주식처분이익에 대하여 기업회계기준은 자본거래로 보지만, 「법인세법」에서는 이를 손익거래로 보아 과세소득에 포함시킨다.

정리하기

1. 법인세부담액은 기업회계상 이익이 아닌 「법인세법」상 과세소득을 기준으로 계산되고, 회계기준과 「세법」의 차이로 인하여 회계상 이익과 「법인세법」상 과세소득은 차이가 발생한다.

2. 회계상 이익과 「세법」상 과세소득의 차이를 유발시켰던 세무조정사항이 이후 기간에는 반대의 효과를 야기시켜 전체 기간으로는 차이를 발생시키지 않는 세무조정사항을 일시적 차이라고 한다.

3. 차감할 일시적 차이는 미래에 법인세부담액을 줄여주는 효과가 있는 일시적 차이로, 이러한 일시적 차이는 자산의 정의를 충족하므로 자산인식요건을 충족했을 때 이연법인세자산으로 계상한다.

4. 가산할 일시적 차이는 미래에 법인세부담액을 더 커지게 하는 일시적 차이로, 이러한 일시적 차이는 부채의 정의를 충족하므로 부채인식요건을 충족했을 때 이연법인세부채로 계상한다.

5. 이연법인세회계를 통하여 회계상 이익에 더 적정한 법인세비용이 대응하게 되고, 자산과 부채도 더욱 적정하게 재무상태표에 표시된다.

제 14 장

자 본

학습개요

자본의 의의 및 자본의 구성내용을 학습한다. 자본거래와 손익거래를 구분하여 자본잉여금과 이익잉여금의 차이를 학습한다. 자본조정의 의미와 임시적인 자본조정계정이 어떻게 소멸하는지 학습한다. 미처분이익잉여금의 변동과 미처분이익잉여금처분 내용을 학습한다.

학습목표

1. 자본의 구성요소를 설명할 수 있다.
2. 자본거래와 손익거래를 구분하고 관련된 자본요소를 설명할 수 있다.
3. 자본거래와 손익거래에 따른 자본회계처리를 할 수 있다.

주요용어

- 자본 기업의 자산에서 모든 부채를 차감한 잔여지분을 말하며 주주지분이라고도 한다.
- 우선주 의결권이 없는 대신 이익의 배당과 잔여재산분배에 있어서 보통주보다 우선적인 권리를 갖는 주식
- 자본변동표 기초자본 구성항목과 기말자본 구성항목의 변동내역을 구성항목별로 구분하여 제공하는 재무제표

1. 자본의 의의

1.1) 자본의 정의 및 측정

자본은 기업의 자산에서 모든 부채를 차감한 잔여지분을 말하며 주주지분이라고도 한다. 자본은 자산에서 부채를 차감한 잔여지분이므로 독립적으로 측정할 수 없으며 자산과 부채의 측정을 통해서 자본을 측정한다. 이러 의미에서 자본을 순자산이라고 부른다.

K－IFRS에서는 자본을 납입자본, 이익잉여금, 기타자본구성요소로 구분한다. 일반기업회계기준에서는 자본을 자본금, 자본잉여금, 자본조정, 기타포괄손익누계액, 이익잉여금으로 구분하고 있다. 이의 관계를 표로 나타내면 다음과 같다.

<table>
<tr><th colspan="2">일반기업회계기준</th><th>K-IFRS</th></tr>
<tr><td colspan="2">자본금</td><td>납입자본</td></tr>
<tr><td rowspan="3">자본잉여금</td><td>주식발행초과금</td><td>납입자본</td></tr>
<tr><td>감자차익</td><td>납입자본</td></tr>
<tr><td>자기주식처분이익</td><td>납입자본</td></tr>
<tr><td rowspan="4">자본조정</td><td>주식할인발행차금</td><td>기타자본구성요소</td></tr>
<tr><td>감자차손</td><td>기타자본구성요소</td></tr>
<tr><td>자기주식처분손실</td><td>기타자본구성요소</td></tr>
<tr><td>자기주식</td><td>기타자본구성요소</td></tr>
<tr><td colspan="2">기타포괄손익누계액</td><td>기타자본구성요소</td></tr>
<tr><td rowspan="2">이익잉여금</td><td>이익준비금</td><td>이익잉여금</td></tr>
<tr><td>미처분이익잉여금</td><td>이익잉여금</td></tr>
</table>

1.2) 자본의 변동

1.2.1) 자본거래

회사와 현재 및 잠재적 주주와 회사주식을 매개로 한 거래를 자본거래라고 한다. 즉, 증자, 감자, 배당, 자기주식의 취득 및 처분 등을 말한다.

이러한 자본거래에서 자본금, 자본잉여금, 자본조정항목의 자본변동이 생긴다.

자본금은 주식발행으로 조달한 액면가액의 총액을 의미하여 '1주당 액면가액×발행주식 수'로 산출된다.

자본잉여금은 액면가액을 초과하여 납입된 자본의 누계액을 말한다. 구체적으로는 주식발행초과금을 말한다.

자본조정이란 자본거래로 순자산(=자산－부채)의 변동을 가져오는 거래가 발생했으나, 자본금과 자본잉여금으로 분류할 수 없는 임시계정 성격의 자본가감항목이다.

자본거래는 회사와 회사의 주주와의 주식을 매매로 한 거래이므로 당기손익으로 반영해서는 안 되며, 또한 자본잉여금은 회사의 영업으로 벌어들인 잉여금이 아니기 때문에 배당의 재원으로 활용될 수 없다.

1.2.2) 손익거래

손익거래는 회사의 순자산 변동을 가져오는 거래 중 자본거래를 제외한 모든 거래를 말한다.

손익거래에서 발생한 순자산 변동액을 포괄손익이라 하며 포괄손익은 실현 여부에 따라 실현손익은 당기손익으로, 미실현손익은 기타포괄손익으로 구분하여 포괄손익계산서에 표시한다.

당기손익은 재무상태표상에 이익잉여금으로 집계되며, 기타포괄손익은 기타포괄손익누계액으로 집계된다. 즉, 손익거래로 발생되는 자본은 이익잉여금과 기타포괄손익누계액으로 재무상태표에 구분 표시된다.

1.2.3) 자본의 구성항목 간 변동거래

순자산과 자본총액에는 변동 없이 자본구성항목 간에 변동이 생기는 거래를 말한다.

무상증자

차) 자본잉여금 ××× 대) 자본금 ×××

무상증자

차) 이익준비금 ××× 대) 자본금 ×××

주식배당

차) 미처분이익잉여금 ××× 대) 자본금 ×××

이익준비금적립

차) 미처분이익잉여금 ××× 대) 이익준비금 ×××

주식할인발행차금상각

차) 주식발행초과금 ××× 대) 주식할인발행차금 ×××

주식할인발행차금상각

차) 미처분이익잉여금 ××× 대) 주식할인발행차금 ×××

자기주식처분손실상각

차) 자기주식처분이익 ××× 대) 자기주식처분손실 ×××

1.3) 자본금

1.3.1) 자본금의 의의

자본금은 주주가 납입한 자본 중 「상법」의 규정에 따라 자본금으로 계상한 부분을 말한다.

자본금＝1주당 액면가액×발행주식 수

1.3.2) 주식[1)]의 종류

주식회사는 정관의 규정에 따라 재산적 내용에서 다른 취급을 받는 수종의 주식을 발행할 수 있으며 이익분배, 잔여재산분배의 전부 또는 그 일부에 대하여 그 표준이 되는 주식을 보통주라고 하며, 우선주는 일반적으로 보통주보다 재산적 내용(이익, 이자배당, 잔여재산분배 등)에 있어서 우선적 지위가 인정되는 주식을 말하며 반대로 불리한 취급을 받는 주식을 후배주라 한다.

① 보통주

보통주는 이익의 배당과 잔여재산분배에 있어서 다른 종류의 주식에 대해 기준이 되는 주식을 말하며 수종의 주식이 있는 경우 재무상태표에는 보통주자본금으로 표시한다. 회사가 단일의 주식을 발행한 경우에는 당연히 보통주이므로 그냥 자본금으로 표시해도 된다.

② 이익배당우선주

우선주란 의결권이 없는 대신 이익의 배당과 잔여재산분배에 있어

1) 주식은 자본금을 구성하는 기본단위를 말하며 「상법」에 의하면 주식회사의 자본은 주식으로 분할되어 금액으로 표시되며 1주 금액은 균일해야 한다. 주식을 유가증권화시킨 것을 주권이라고 하며 일상생활에서 주식과 주권은 혼용하여 사용된다.

서 보통주보다 우선적인 권리를 갖는 주식을 말하며, 이익배당우선주란 보통주주가 이익배당을 받기 전에 일정률의 배당을 우선적으로 받을 수 있는 권리가 부여된 주식을 말한다.

③ 우선주의 종류

[미배당시 배당의 누적 여부]

누적적 우선주	특정 연도에 배당을 받지 못하였거나 미달되었을 때 차후 연도의 이익에서 그 부족액을 우선적으로 받을 수 있는 우선주
비누적적 우선주	누적적 우선주가 아닌 우선주를 말한다.

[우선배당의 참가 여부]

참가적 우선주	보통주에 기본배당을 지불한 후에도 잔여이익이 있을 때 그 잔여분에 대해서 보통주와 함께 이익배당에 참가할 수 있는 우선주를 말한다.
비참가적 우선주	약정된 배당을 받고 난 후에 잔여이익에 대하여 참가할 수 없는 우선주를 말한다.

예제 1

12월 31일 결산법인인 (주)배당의 2011년 12월 31일 현재 주주지분은 다음과 같다.

자본금		5,000,000
보통주자본금(액면 5,000, 800주)	4,000,000	
우선주자본금(6%, 액면 5,000, 200주)	1,000,000	
이익잉여금		4,000,000
자본총계		9,000,000

2012년 3월 주주총회에서 총액 1,000,000원의 배당금 지급결의를 했다. 다음 각 조건에서 배당금 지급액을 계산하라(우선주에 대해서는 1년분 배당금이 누적되어 있다고 가정한다).

1. 비누적적 · 비참가적 우선주

	우선주	보통주	합계
당기 배당액	1,000,000×6% =60,000	1,000,000−60,000 =940,000	1,000,000

2. 비누적적 · 완전참가적 우선주

	우선주	보통주	합계
당기 배당액	1,000,000×6% =60,000	4,000,000×6% =240,000	300,000
잔여분 배당액	700,000×(1/5) =140,000	700,000×(4/5) =560,000	700,000
계	200,000	800,000	1,000,000

3. 누적적 · 비참가적 우선주

	우선주	보통주	합계
1년분 누적액	1,000,000×6% = 60,000		60,000
당기분 배당액	1,000,000×6% = 60,000	1,000,000−120,000 =880,000	940,000
계	120,000	880,000	1,000,000

4. 누적적 · 완전참가적 우선주

	우선주	보통주	합계
1년분 누적액	1,000,000×6% =60,000		60,000

당기분 배당액	1,000,000×6% =60,000	4,000,000×6% =240,000	300,000
잔여분 배당액	640,000×(1/5) =128,000	640,000×(4/5) =512,000	640,000
계	248,000	752,000	1,000,000

- **상환우선주:** 의결권이 없는 대신에 기업이 미래에 일정한 금액으로 상환해야 하거나 우선주의 보유자가 상환을 청구할 수 있는 권리를 보유한 우선주를 말한다.

상환우선주 발행시

차) 현금 등 ××× 대) 우선주자본금 ×××

상환우선주 상환시

차) 우선주자본금 ××× 대) 현금 등 ×××

- **전환우선주:** 의결권이 없는 대신 우선주 주주의 의사에 따라 보통주로 전환할 수 있는 권리를 보유한 우선주를 말한다.

전환우선주 발행시

차) 현금 등 ××× 대) 우선주자본금 ×××

전환우선주 전환시

차) 우선주자본금 ××× 대) 보통주자본금 ×××

2. 자본거래의 회계처리

2.1) 유상증자

증자시 주식발행비(주권 등의 인쇄비, 주식모집의 광고비, 금융기관·증권회사의 수수료, 변경등기의 등록세 등)는 주식발행가격에서 차감한다(주식발행초과금이나 주식할인발행차금을 가감한다).

주식발행가격 > 액면가액: 액면가액은 자본금으로, 초과금은 주식발행초과금

주식발행가격 < 액면가액: 액면가액은 자본금으로, 미달금은 주식할인발행차금

주식의 액면가액보다 할인해서 발행하는 것은 회사설립 후 2년이 경과하고 주총특별결의와 법원의 승인을 받은 경우에만 발행가능하며 주식할인발행차금은 주식발행초과금과 상계하고 남은 잔액은 발행일로부터 3년 이내의 기간에 이익잉여금과 상계한다. 이익잉여금과 상계 후 잔액이 있는 경우에는 차기로 이월하여 차기 이후 발생하는 이익잉여금과 우선 상계한다.

예제 2

주당 액면금액이 5,000원인 (주)유상이 100주를 유상증자했다. 유상증자시 주권발행비 등 주식발행비는 주당 500원이 발생했다. 주당 5,500원, 주당 7,000원, 주당 3,500원에 발행한 경우 회계처리를 하라.

주당 5,500원 발행시

차) 현금	500,000	대) 자본금	500,000

주당 7,000원 발행시

차) 현금	650,000	대) 자본금	500,000
		주식발행초과금	150,000

주당 3,500원 발행시

차) 현금	300,000	대) 자본금	500,000
주식할인발행차금	200,000		

2.2) 현물출자

현물출자란 주식발행대가로 현금 이외의 자산을 받고 주식을 발행하는 것을 말한다. 주식의 발행가액은 원칙적으로 현물출자받은 자산의 공정가치를 발행가액으로 한다. 다만, 취득하는 자산의 공정가치가 명확하지 않은 경우 발행하는 주식의 공정가치를 주식의 발행가격으로 한다.

예제 3

공정가치가 1,000,000원인 토지를 현물출자받고 주당 액면가액이 5,000원인 주식 100주를 교부한 경우 회계처리를 하라.

현물출자시

차) 토지	1,000,000	대) 자본금	500,000
		주식발행초과금	500,000

2.3) 무상증자

무상증자는 자본잉여금과 이익준비금을 자본금에 전입하고 기존 주주들에게 신주를 무상으로 교부하는 것을 말한다. 무상증자로 인한 회사에 순자산의 유입은 없으며 단지 자본구성항목이 달라질 뿐이다.

예제 4

주식발행초과금 1,000,000원을 재원으로 액면가액이 5,000원인 주식 200주를 발행하여 기존 주주에게 무상증자를 실시했다. 회계처리를 하라.

무상증자시

차) 주식발행초과금	1,000,000	대) 자본금	1,000,000

2.4) 주식배당

주식배당은 이익잉여금을 현금으로 배당하지 않고 주식으로 교부하는 것을 말한다.

주식배당으로 회사에 순자산의 유출은 없으며 단지 자본구성항목이 달라질 뿐이다.

예제 5

정기주주총회에서 주식배당으로 1,000,000원을 지급하기로 결의했다. 액면가액이 5,000원인 주식 200주가 교부되는 것으로 가정한다.

주식배당

차) 미처분이익잉여금	1,000,000	대) 자본금	1,000,000

2.5) 유상감자

유상감자는 회사가 발행주식을 감소시키고 이에 대한 대가를 주주들에게 금전으로 지급하는 자본거래를 말한다.

1주당 감자대가가 액면금액에 미달하는 경우 그 미달금액을 감자차익의 계정과목으로 자본잉여금으로 인식하며 감자차익은 향후 감자차손 발생시 감자차손과 상계하는 등 자본금 전입목적으로만 사용가능하다.

예제 6

회사는 발행주식 10주를 주당 3,000원에 취득하여 즉시 소각처리했다. 1주당 액면가액은 5,000원이다. 주식소각일의 회계처리를 하라.

주식소각일

차) 자본금	50,000	대) 현금	30,000
		감자차익	20,000

1주당 감자대가가 액면금액을 초과하는 경우 그 초과금액을 감자차손 계정과목으로 자본조정으로 인식한다. 감자차손은 감자차익이 있는 경우 감자차익과 우선 상계하고 잔액은 자본조정항목으로 계상한 후 이익잉여금의 처분으로 상계하여 보전한다.

예제 7

회사는 발행주식 10주를 주당 6,000원에 취득하여 즉시 소각처리했다. 1주당 액면가액은 5,000원이다. 주식소각일의 회계처리를 하라.

주식소각일

차)	자본금	50,000	대) 현금	60,000
	감자차손	10,000		

2.6) 무상감자

무상감자는 결손보전 등의 목적으로 감자대가의 지급 없이 무상으로 주식을 취득하여 소각시키는 자본거래를 말한다.

무상감자시 감자차익이 발생하며, 통상 무상감자시 감자차익은 이월결손금 보전에 사용된다.

예제 8

회사는 발행주식 10주를 감자대가를 지급하지 않고 소각하고 전액을 주주총회결의시 이월결손금처리에 사용하기로 결의했다. 1주당 액면가액은 5,000원이다. 회계처리를 제시하라.

무상감자시

차)	자본금	50,000	대) 감자차익	50,000

주총결의시

차)	감자차익	50,000	대) 미처리결손금	50,000

2.7) 자기주식취득거래

① 자기주식의 취득

회사가 자기주식을 유상으로 취득하는 경우 취득원가 금액을 자기주식 계정과목으로 회계처리하고 재무상태표에는 자본차감항목으로 하여 자본조정에 표시한다. 즉, 재무상태표에서는 (−)자본조정으로 대변에 표시한다.

② 자기주식의 처분

처분대가>원가: 자기주식처분이익(자본잉여금)으로 처리

처분대가<원가: 자기주식처분손실(자본조정)로 처리

자기주식처분손실은 자기주식처분이익과 상계하고 잔액은 결손금 처리순서에 준하여 이익잉여금, 자본잉여금 순으로 상계처리한다.

③ 자기주식의 소각

자기주식의 소각은 실질적으로 유상감자와 회계처리가 동일하다.

예제 9

(주)자기의 2012년 중 자기주식 거래내용은 다음과 같다. (주)자기의 1주당 액면가액은 5,000원이다. 거래내용을 회계처리하라.

- 3월 중 자기주식 300주를 주당 7,000원에 취득했다.
- 4월 중 자기주식 100주를 주당 8,000원에 처분했다.
- 7월 중 자기주식 100주를 주당 6,000원에 처분했다.
- 9월 중 자기주식 100주를 소각했다.

	차변		대변	
3월	차) 자기주식	2,100,000	대) 현금 등	2,100,000
4월	차) 현금	800,000	대) 자기주식	700,000
			자기주식처분이익	100,000
7월	차) 현금	600,000	대) 자기주식	700,000
	자기주식처분이익	100,000		
9월	차) 자본금	500,000	대) 자기주식	700,000
	감자차손	200,000		

3. 손익거래의 회계처리

3.1) 기타포괄손익누계액

순자산의 변동액 중 미실현손익은 포괄손익계산서에 기타포괄손익으로 표시하고 재무상태표에는 기타포괄손익누계액으로 표시한다.

기타포괄손익 실현시 기타포괄손익누계액 변동분을 포괄손익계산서에 당기손익(실현손익)으로 보고 후 재무상태표상의 이익잉여금으로 대체하는 유형과 기타포괄손익 실현시 기타포괄손익누계액 변동분을 기타포괄손익계산서에 당기손익(실현손익)으로 보고하지 않고 곧바로 재무상태표상의 이익잉여금으로 대체하는 유형으로 나누어진다.

3.1.1) 유형자산과 무형자산의 재평가잉여금의 변동

유형자산과 무형자산에 대하여 재평가모형을 적용하여 발생하는 재평가이익은 재평가잉여금의 계정으로 하여 기타포괄이익에 반영하여 포괄손익계산서에 보고하고 재무상태표에는 기타포괄이익누계액으로 보고한다.

기타포괄이익이 감가상각과정과 유·무형자산 처분을 통하여 실현시 관련 기타포괄손익누계액 변동을 당기손익(실현손익)으로 포괄손익계산서에 보고하지 않고 이익잉여금으로 대체한다.

3.1.2) 확정급여제도의 재측정손익

확정급여채무의 재측정손익은 해당 회계연도에 기타포괄손익으로 인식하여 포괄손익계산서에 보고하고 재무상태표에는 기타포괄손익누계액으로 보고한다.

기타포괄손익의 실현시 관련 기타포괄손익누계액 변동을 당기손익(실현손익)으로 포괄손익계산서에 보고하지 않고 이익잉여금으로 대체한다.

3.1.3) 매도가능금융자산의 평가손익

매도가능증권의 후속측정으로 발생하는 매도가능증권평가손익은 기타포괄손익으로 인식하여 포괄손익계산서에 보고하고 재무상태표에는 기타포괄손익누계액으로 보고한다.

매도가능증권의 처분 등으로 매도가능증권평가손익이 실현될 경우 관련 기타포괄손익누계액 변동을 당기손익변동(실현이익변동)과 기타포괄이익변동으로 포괄손익계산서에 보고하고 동 실현손익을 이익잉여금으로 대체한다.

3.2) 이익잉여금

이익잉여금은 매년 발생한 당기순손익에서 배당이나 자본조정항목의

상각 등으로 사용한 금액을 차감한 잔액이다. 이 익잉여금은 법정적립금(현재 이익준비금이 유일), 임의적립금, 미처분이익잉여금으로 구분된다.

법정적립금은 법률에 의하여 강제적으로 적립하도록 되어 있어 미처분이익잉여금처분으로 적립된 금액으로 배당의 재원으로 사용할 수 없다.

임의적립금은 미처분이익잉여금처분에서 대체된 금액이지만 미처분이익잉여금으로 다시 전입되어 배당금의 재원으로 사용할 수 있다.

미처분잉여금은 회사가 창출한 당기순손익 중 배당, 자본조정항목 상각, 다른 이익잉여금으로 대체 후 남은 잔액으로 배당금의 재원으로 사용할 수 있다.

4. 미처분이익잉여금의 변동과 처분

4.1) 미처분이익잉여금의 변동

+전기이월미처분이익잉여금	전기 말 재무상태표상 미처분이익잉여금 잔액
+전기임의적립금 이입액	전기 주총에서 임의적립금 이입한 금액
−전기배당액	전기 주총에서 배당금지급 결정액
−자본조정 상각액	전기 주총에서 주식할인발행차금, 감자차손, 자기주식처분손실을 상각하기로 결정한 금액
±전기오류수정	전기 이전 오류사항을 당기에 전기오류수정이익으로 반영한 사항
−중간배당액	당기 중 이사회 결의로 지급한 중간배당액
±당기순이익	당기순손익 미처분이익잉여금대체액

• 전기임의적립금 이입액

전기주총일

차) 임의적립금 ××× 대) 미처분이익잉여금 ×××

• 전기배당액

전기주총일

차) 미처분이익잉여금 ××× 대) 미지급배당금 ×××

• 전기오류수정손익

당기 중

차) 매출채권 ××× 대) 미처분이익잉여금 ×××

• 중간배당액

이사회결의일

차) 미처분이익잉여금 ××× 대) 미지급배당금 ×××

4.2) 미처분이익잉여금의 처분

잉여금 처분안을 주주총회에 제시하여 주주총회에서 결의가 나면 주주총회 일자로 처분내용을 회계처리한다.

• 임의적립금 이입

당기주총일

차) 임의적립금 ××× 대) 미처분이익잉여금 ×××

• 현금배당

당기주총일

차) 미처분이익잉여금 ××× 대) 미지급배당금 ×××

• 법정적립금(이익준비금 적립)

당기주총일

차) 미처분이익잉여금 ××× 대) 이익준비금 ×××

• 주식배당

당기주총일

차) 미처분이익잉여금 ××× 대) 미교부주식배당금 ×××

미교부주식배당금은 자본조정항목으로 주식발행일에 자본금으로 대체된다.

• 자본조정 상각액

당기주총일

차) 미처분이익잉여금 ××× 대) 주식할인발행차금 ×××
감자차손
자기주식처분손실

5. 자본변동표

자본변동표는 기초자본 구성항목과 기말자본 구성항목의 변동내역을 구성항목별로 구분하여 제공하는 재무제표이다.

자본변동표 기본양식

	자본금	자본 잉여금	자본조정	기타포괄손익 누계액	이익 잉여금	계
기초						
유상증자						
무상증자						
유상감자						
무상감자						
중간배당						
연차배당						
재평가잉여금						
자기주식취득						
자기주식처분						
주식배당						
당기순손익						
기말						

자본원장을 보면서 증감 사유를 파악하여 해당 칸에 집계하여 작성한다.

연습문제

1. 2013년 재무상태표상에 계상될 미처분이익잉여금은 얼마인가?

2013. 1. 1.	기초미처분이익잉여금 10,000,000원
2013. 4. 5.	전기배당금 1,000,000원 지급
2013년	당기순이익 3,000,000원
2014. 3. 31.	정기 주주총회에서 2,000,000원 현금배당 결의

① 9,000,000 ② 10,000,000

③ 11,000,500 ④ 12,000,000

풀이 ④

기초미처분이익잉여금 − 당기감소액 + 당기순이익 = 기말미처분이익잉여금

10,000,000 − 1,000,000 + 3,000,000 = 12,000,000

2. 2014년 3월 31일 주주총회일에 결정된 현금배당 결의에 대한 분개를 하라.

2013. 1. 1.	기초미처분이익잉여금 10,000,000원
2013. 4. 5.	전기배당금 1,000,000원 지급
2013년	당기순이익 3,000,000원
2014. 3. 31.	정기 주주총회에서 2,000,000원 현금배당 결의

풀이

차) 미처분이익잉여금 2,000,000 대) 미지급배당금 2,000,000

주주총회에서 배당을 결의했으므로 이 날로 회사는 주주들에게 배당금을 지급해야 할 의무가 생겼으므로 부채로 계상해야 한다.

3. **다음과 같이 회사가 자기주식을 취득한 경우, 자기주식을 취득한 후의 회사의 자본은?**

- 자기주식 취득 전 순자산 10,000,000원
- 자기주식 취득 전 자본금 2,000,000원
- 자기주식 취득 전 이익잉여금 8,000,000원
- 회사는 1주당 액면 5,000원인 자기주식을 주당 10,000원에 100주를 현금으로 취득했다.

① 2,000,000　　② 7,000,000

③ 9,000,000　　④ 10,000,000

풀이 ③

회사가 취득한 자기회사 주식을 자기주식이라고 하며, 회계에서는 이를 자본조정으로 처리하도록 하고 있다.

자기주식을 취득하면서 회사입장에서는 자산이 감소하므로 회계처리를 해야 하며, 부채는 그대로 있는 상황에서 자기주식취득으로 자산이 감소한 만큼 순자산이 감소하고, 이는 주주와의 주식거래이므로 자본거래에 해당하므로 이익잉여금으로 처리해서는 안 되며, 자본을 조정하는 회계처리를 해야 한다.

4. **다음과 같은 사례에서 회사가 유상증자를 실시한 경우 유상증자 후 자본금과 주식발행초과금은 얼마인가?**

- 유상증자 전 자산 5,000,000원
- 유상증자 전 부채 2,000,000원
- 유상증자 전 자본금 2,000,000원
- 유상증자 전 이익잉여금 1,000,000원
- 유상증자 전 자본잉여금 0원
- 1주당 액면가액 10,000원, 발행주식 수 200주
- 회사는 발행가액 15,000원에 10주를 유상증자했다.

	증자 후 자본금	증자 후 주식발행초과금
①	2,000,000	150,000
②	2,150,000	0
③	2,100,000	50,000
④	2,100,000	150,000

풀이 ③

주당 10,000원인 주식을 주당 15,000원에 유상증자하였으므로 주당액면가액 10,000×10주=100,000 ⇒ 자본금 증가로 회계처리
주당액면초과액 5,000×10주=50,000 ⇒ 주식발행초과금으로 회계처리

〈회계처리〉

차) 현금	150,000	대) 자본금	100,000
		자본잉여금(주식발행초과금)	50,000

회사와 주주와의 주식거래는 자본거래로서 이익잉여금으로 처리해서는 안 된다.

5. 재무상태표의 구성요소 중에서 기업실체의 자산에서 부채를 차감한 잔여액 또는 순자산으로서 자산에 대한 잔여청구권을 무엇이라 하는가?

① 자산 ② 부채
③ 자본 ④ 수익

풀이 ③

6. 다음 중 자본조정항목이 아닌 것은?

① 주식할인발행차금
② 감자차익
③ 자기주식
④ 자기주식처분손실

풀이 ②

7. 다음 중 자본거래에 관한 설명으로 가장 적절하지 않은 것은?

① 유상감자는 주주총회의 특별결의를 거쳐서 시행한다.

② 주식분할을 할 경우 주식 수는 증가하지만 자본금은 증가하지 않는다.

③ 무상증자를 할 경우 이론상 기업이나 주주가치의 변동은 없다.

④ 감소된 자본금이 보전된 결손금보다 많은 경우, 감자차손이 발생한다.

풀이 ④

감소된 자본금이 보전된 결손금보다 많은 경우, 감자차익이 발생한다.

정리하기

1. K-IFRS상 자본의 구성은 납입자본금, 이익잉여금, 기타자본구성요소로 나누어지고 일반기업회계기준상 자본금, 자본잉여금, 자본조정, 기타포괄손익누계액, 이익잉여금으로 매칭될 수 있다.

2. 회사와 주주와의 주식거래를 자본거래라고 하며, 자본거래를 통하여 자본금, 자본잉여금, 자본조정의 변동이 생긴다. 자본거래를 통하여 발생한 잉여금, 즉 자본잉여금은 배당을 할 수 없다.

3. 순자산 변동을 가져오는 거래 중 자본거래를 제외한 거래를 손익거래라고 하며, 손익거래를 통하여 이익잉여금의 변동이 발생하고, 미처분이익잉여금은 배당의 재원이 된다.

4. 기타포괄손익은 포괄손익계산서계정이고, 기타포괄손익누계액은 재무상태표계정이다. 당기손익(실현손익)은 포괄손익계산서에 보고된 후 재무상태표의 이익잉여금으로 대체되고, 기타포괄손익(미실현손익)은 포괄손익계산서에 보고된 후 재무상태표의 기타포괄손익누계액으로 대체된다.

5. 자본거래에서 발생한 자본잉여금은 자본조정상각, 결손금보전, 자본전입으로 사용되지만 배당의 재원은 될 수 없다.

제 15 장

현금흐름표

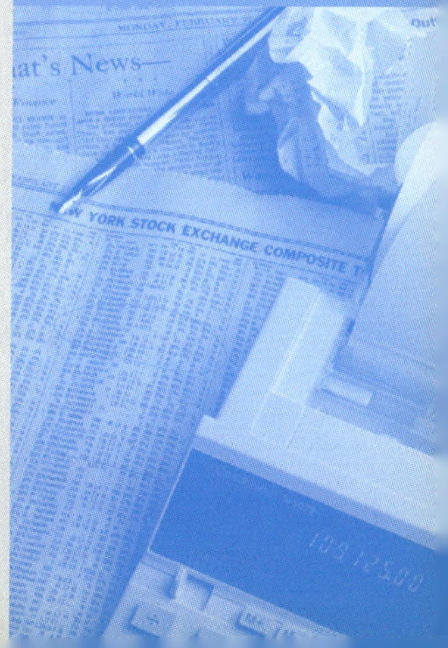

학습개요

현금흐름표의 유용성과 한계를 알아보고 현금흐름표의 작성원리를 학습한다. 현금흐름표 양식을 통하여 현금흐름의 유형이 영업활동 현금흐름, 투자활동 현금흐름, 재무활동 현금흐름으로 구분되고 현금흐름표 작성원리를 각 현금흐름에 적용하여 현금흐름표의 작성원리를 체계적으로 이해하고 간접법과 직접법에 의한 영업현금흐름 작성방법도 학습한다.

학습목표

1. 영업활동, 투자활동, 재무활동을 구분할 수 있다.
2. 현금흐름 작성원리를 각 활동에 적용하여 각 활동별 현금흐름을 산출할 수 있다.
3. 간접법과 직접법에 의한 영업활동 현금흐름을 작성할 수 있다.

주요용어

- 현금흐름표 기초와 기말의 현금의 변동내용을 영업활동, 투자활동, 재무활동으로 구분하여 각 활동별 현금의 유입과 유출을 보여주는 재무제표
- 영업활동 기업의 주요 수익창출활동 그리고 투자활동이나 재무활동이 아닌 기타의 활동. 발생주의 기준 손익계산서의 영업이익에 대응하는 현금흐름을 보여준다.
- 투자활동 장기성자산 및 현금성자산에 속하지 않는 기타 투자자산의 취득과 처분활동
- 재무활동 기업의 납입자본과 차입금의 크기 및 구성내용에 변동을 가져오는 모든 활동
- 간접법 당기순이익에서 출발하여 영업이익이 아닌 수익, 비용을 제거하여 영업이익을 구한 후, 여기에 관련 자산, 부채의 변동을 가감하여 영업활동 현금흐름을 파악하는 방법
- 직접법 포괄손익계산서에서 영업이익과 관련된 손익을 직법 구분 발췌한 후 여기에 관련 자산, 부채의 변동을 가감하여 영업활동 현금흐름을 파악하는 방법

1. 현금흐름표

1.1) 의의

현금흐름표는 일정 기간 현금이 어떻게 조달되고 사용되는지를 보여주는 재무제표이다.

자본변동표가 자본의 변동내용을 보여주는 보고서라면, 현금흐름표는 재무상태변동표의 역할을 하여 자산변동표, 부채변동표의 역할도 보조적으로 수행한다.

▲ 현금흐름 유형은 영업활동, 투자활동, 재무활동으로 구분된다.

1.2) 현금흐름표의 유용성

① 미래현금흐름의 예측과 평가에 유용한 정보제공

② 배당지급능력, 부채상환능력과 자금조달의 필요성에 대한 정보제공

③ 투자 및 재무활동에 대한 정보제공

④ 당기순이익에 대한 보완 정보제공(예: 이익의 질)

1.3) 현금흐름표의 한계

현금주의 손익계산서는 수익과 비용의 대응이 적절히 이루어지지 않아 현금흐름표가 제공하는 정보는 기간별 경영성과를 평가하는 데는 유용성이 떨어진다.

현금흐름표가 제공하는 정보는 단기적으로는 유용하나 장기적인 현금흐름을 예측하고 평가하는 데는 유용하지 못하다.

1.4) 현금의 개념

현금흐름표상 현금 = 재무상태표상 현금및현금성자산

2. 현금흐름표의 작성원리

손익계정 이익잉여금 대체 전 합계잔액시산표

	차변			대변		
기말	현금성자산	기타자산	비용	부채	자본	수익
기초	현금성자산	기타자산		부채	자본	
기말 − 기초	A	B	C	D	E	F

A + B + C = D + E + F
A = − B + D + E + F − C

(기말현금 − 기초현금) = − (기말자산 − 기초자산)
+ (기말부채 − 기초부채)
+ (기말자본 − 기초자본) + 수익 − 비용

예제 1

매출활동으로 인한 현금유입액은 얼마인가?

	기초	기말
매출채권	1,000,000	1,800,000

당기외상매출 2,000,000

당기 중 매출채권 회수 1,200,000

당기현금매출액 = 매출 − (기말매출채권 − 기초매출채권)

= 2,000,000 − (1,800,000 − 1,000,000) = 1,200,000

예제 2

매입활동으로 인한 현금유출액은 얼마인가?

	기초	기말
상품재고액	1,000,000	500,000
매입채무	300,000	200,000

당기상품매입액 1,500,000(현금매입 1,000,000, 외상매입 500,000 가정)

손익계산서상 매출원가 2,000,000

〈계정분석법〉

매입채무상환액 = 기초매입채무 + 당기발생매입채무 − 기말매입채무

= 300,000 + 500,000 − 200,000 = 600,000

따라서, 매출원가 관련 현금지출액 = 현금매입 + 매입채무상환액

= 1,000,000 + 600,000 = 1,600,000

〈공식법〉

현금매출원가 = − 매출원가 − (기말상품 − 기초상품) + (기말매입채무 − 기초매입채무)

= − 2,000,000 − (500,000 − 1,000,000) + (200,000 − 300,000) = − 1,600,000

예제 3

매출활동으로 인한 현금유입액은 얼마인가?

	기초	기말
매출채권	1,000,000	1,500,000
대손충당금	100,000	120,000

손익계산서상 매출액 5,000,000

손익계산서상 대손상각비 40,000

당기 중 매출채권 제각처리액 20,000

현금주의 매출액 = 5,000,000 − 40,000 − (1,500,000 − 1,000,000) + (120,000 − 100,000) = 4,480,000

예제 4

퇴직금 현금지급액은 얼마인가?

기초퇴직급여충당부채 1,000,000

기말퇴직급여충당부채 1,100,000

손익계산서상 퇴직급여 200,000(제조원가로 배분된 퇴직급여는 없는 것으로 가정)

현금주의 퇴직급여 = − 200,000 + (1,100,000 − 1,000,000) = − 100,000

3. 현금흐름 유형 및 현금흐름표 양식

3.1) 현금흐름 유형

현금흐름 유형은 영업활동 현금흐름, 투자활동 현금흐름, 재무활동 현금흐름으로 구분한다.

현금흐름 유형을 영업, 투자, 재무활동으로 구분하는 이유는 회사의 주된 영업활동에서 창출한 현금으로 투자활동에 얼마를 지출했고 부족한 자금은 재무활동에서 얼마를 조달했으며, 필요 없는 설비투자를 처분해서 투자활동에서 얼마를 조달했는지 등을 각각 유기적으로 파악하기 위해서이다.

3.1.1) 영업활동 현금흐름

영업활동은 기업의 주요 수익창출활동 그리고 투자활동이나 재무활동이 아닌 기타의 활동을 의미한다.

영업활동 현금흐름은 발생주의 손익계산서의 영업이익에 대응하는 현금기준의 영업이익이라고 말할 수 있다. 영업활동에서 발생하는 현금흐름의 금액은 기업이 외부의 재무자원에 의존하지 않고 영업을 통하여 차입금 상환, 영업능력의 유지, 배당금 지급 및 신규투자 등에 필요한 현금흐름을 창출할 수 있는지를 가늠하는 중요한 지표가 된다.

영업활동 현금흐름의 예는 다음과 같다.

영업활동 현금유입	영업활동 현금유출
• 재화의 판매와 용역제공에 따른 현금유입 • 로열티, 수수료, 중개료 및 기타수	• 재화와 용역 등의 구입에 따른 현금유출 • 종업원과 관련하여 직·간접으로 발

익에 따른 현금수입 • 법인세의 환급 • 단기매매목적으로 보유하는 계약에서 발생하는 현금유입 • 기타영업활동으로 인한 현금유입	생하는 현금유출 • 법인세의 납부 • 단기매매목적으로 보유하는 계약에서 발생하는 현금유입 • 기타영업활동으로 인한 현금유출

3.1.2) 투자활동 현금흐름

투자활동은 장기성자산 및 현금성자산에 속하지 않는 기타투자자산의 취득과 처분활동을 말한다.

기업의 투자활동에 대한 현금흐름은 미래수익과 미래현금흐름을 창출할 수 있는 자원의 확보를 위하여 지출한 수준을 나타낸다.

투자활동 현금흐름의 예는 다음과 같다.

투자활동 현금유입	투자활동 현금유출
• 유형자산, 무형자산 및 기타 장기성자산의 처분에 따른 현금유입 • 다른 기업의 지분상품이나 채무상품의 처분에 따른 현금유입 • 대여금의 회수에 따른 현금유입	• 유형자산, 무형자산 및 기타 장기성자산의 취득에 따른 현금유출 • 다른 기업의 지분상품이나 채무상품의 취득에 따른 현금유출 • 대여금의 지급에 따른 현금유출

3.1.3) 재무활동 현금흐름

재무활동 현금흐름은 기업의 납입자본과 차입금의 크기 및 구성내용에 변동을 가져오는 모든 활동을 말한다.

재무활동에 대한 현금흐름은 미래현금흐름에 대한 자본 제공자의 청구권을 예측하는 데 유용하다.

재무활동 현금흐름의 예는 다음과 같다.

재무활동 현금유입	재무활동 현금유출
• 주식이나 기타 지분상품의 발행에 따른 현금유입 • 사채 및 어음의 발행과 기타 장·단기차입에 따른 현금유입	• 주식이나 기타 지분상품의 상환에 따른 현금유출 • 사채 및 차입금의 상환에 따른 현금유출 • 리스이용자의 금융리스부채 상환에 따른 현금유출

3.2) 현금흐름표 양식

<u>현금흐름표</u>

구분		
Ⅰ. 영업활동으로 인한 현금흐름		×××
Ⅱ. 투자활동으로 인한 현금흐름		×××
투자활동으로 인한 현금유입액	×××	
투자활동으로 인한 현금유출액	(×××)	
Ⅲ. 재무활동으로 인한 현금흐름		×××
재무활동으로 인한 현금유입액	×××	
재무활동으로 인한 현금유출액	(×××)	
Ⅳ. 현금및현금성자산의 순증가(Ⅰ+Ⅱ+Ⅲ)		×××
Ⅴ. 기초 현금및현금성자산		×××
Ⅵ. 기말 현금및현금성자산(Ⅳ+Ⅴ)		×××

투자활동과 재무활동 관련 현금흐름은 유입액과 유출액을 상계하지 않고 별도로 구분 표시하도록 하여 더 많은 정보를 제공하도록 하고 있다.

영업활동의 경우 매일 빈번히 일어나는 거래의 성격이므로 순액으로 표시하도록 하고 있다.

영업활동 현금흐름을 파악하는 방법에는 직접법과 간접법이 있다.

① 직접법은 손익계산서상의 영업활동 관련 손익을 발췌하여 관련 자산, 부채변동을 반영하는 방식

직접법: 매출액 − 관련 자산증가변동 + 관련 부채증가변동
+ (− 매출원가 − 관련 자산증가변동 + 관련 부채증가변동)
+ (− 판관비 − 관련 자산증가변동 + 관련 부채증가변동)

② 간접법은 당기순이익에서 출발하여 영업외수익과 영업외비용 항목을 차감하면 영업이익이 간접적으로 구해지고 여기에 관련 자산, 부채변동을 반영하는 방식

간접법: 당기순이익 − 영업외수익 − 영업외비용 − 관련 자산증가변동
+ 관련 부채증가변동

예제 5

판매활동 자료가 다음과 같을 때 20011년도 매출활동으로 인한 현금 유입액은 얼마인가?

	2011년 초	2011년 말	증감
매출채권	100,000	250,000	150,000
대손충당금	30,000	50,000	20,000
선수금	100,000	160,000	60,000

	2011년도
매출	120,000
대손상각비	10,000
환율변동이익	30,000*

*매출채권 관련 변동이익 15,000원이 포함되어 있음.

$120,000-10,000+15,000-(250,000-100,000)$
$+(50,000-30,000)+(160,000-100,000)=55,000$

예제 6

매입활동 자료가 다음과 같을 때 2011년도 매입활동으로 인한 현금 유입액은 얼마인가?

	2011년 초	2011년 말	증감
재고자산	150,000	220,000	70,000
선급금	130,000	50,000	(80,000)
매입채무	180,000	260,000	80,000

	2011년도
매출원가	700,000
재고감모손실	25,000
환율변동이익	30,000*

*매입채무 관련 변동이익 20,000원이 포함되어 있음.

$-700,000-25,000+20,000-(220,000-150,000)$
$-(50,000-130,000)+(260,000-180,000)=-615,000$

4. 현금흐름표 작성원리와 현금흐름 유형의 결합

손익계정 이익잉여금 대체 전 합계잔액시산표

	차변			대변		
기말	현금성자산	기타자산	비용	부채	자본	수익
기초	현금성자산	기타자산		부채	자본	
기말－기초	A	B	C	D	E	F

A＋B＋C＝D＋E＋F
A＝－B＋D＋E＋F－C

(기말현금－기초현금)
＝－(기말자산－기초자산)＋(기말부채－기초부채)
＋(기말자본－기초자본)＋수익－비용

(기말현금－기초현금)
＝－(기말자산－기초자산)＋(기말부채－기초부채)
＋(기말자본－기초자본)＋수익(영업수익＋영업외수익)
－비용(영업비용＋영업외비용)

① 영업활동 현금흐름

(기말현금－기초현금)
＝－(기말자산－기초자산)＋(기말부채－기초부채)
＋수익(영업수익)－비용(영업비용)

② 투자활동 현금흐름

(기말현금－기초현금)
＝－(기말자산－기초자산)＋수익(영업외수익)－비용(영업외비용)

③ 재무활동 현금흐름

(기말현금 - 기초현금)
= (기말부채 - 기초부채) + (기말자본 - 기초자본) + 수익(영업외수익)
 - 비용(영업외비용)

자산 중 유동자산은 주로 영업활동 관련 자산을 구성하고, 부채 중 유동부채는 주로 영업활동 관련 부채를 구성한다.

자산 중 비유동자산은 주로 투자활동 관련 자산을 구성하고, 부채 중 비유동부채는 주로 재무활동 관련 부채를 구성한다. 자본은 대부분 재무활동과 관련이 있다.

영업외수익의 대표적인 예인 이자수익과 영업외비용의 대표적인 예인 이자비용은 영업활동으로 분류할 수도 있고, 이자수익은 투자활동 현금흐름으로, 이자비용은 재무활동 현금흐름에 포함시킬 수 있다. 이러한 선택조항을 둔 이유는 제조업종이더라도 이자수익, 이자비용은 계속·반복적 성격을 갖는 수익 및 비용이므로 영업활동 내지 영업이익을 계속·반복적 이익의 관점에서 파악한다면 이자수익, 이자비용을 영업활동에 포함시키고, 이자수익을 성격상 투자활동의 결과물이므로 투자활동에 포함시킬 수도 있으며, 이자비용은 재무활동(자금조달)의 결과물이므로 기업이 선택적으로 적용하라는 것이다. 다만, 선택한 방법은 기간별 비교가능성을 위해서 계속적으로 적용하도록 하고 있다.

5. 현금흐름표 작성 사례

현금흐름표 작성시 필요한 정보는 비교재무상태표, 포괄손익계산서, 자본변동표, 특정 계정에 대한 회계기록으로부터 입수할 수 있다.

재무상태표

회사명: 프라임상사　　　　2014. 12. 31. 현재

자산	2013년 말	2014년 말	부채 및 자본	2013년 말	2014년 말
현금및현금성자산	50,000	120,000	단기차입금	20,000	10,000
매출채권	190,000	180,000	매입채무	20,000	30,000
선급보험료	20,000	40,000	미지급이자	10,000	20,000
미수이자	30,000	10,000	선수임대료	40,000	20,000
상품	90,000	60,000	미지급법인세	20,000	40,000
투자부동산	100,000	120,000	장기차입금	110,000	140,000
토지	300,000	250,000	자본금	500,000	550,000
건물	150,000	210,000	자본잉여금	100,000	50,000
감가상각누계액	−20,000	−30,000	일반적립금	50,000	60,000
			이익잉여금	40,000	40,000
합계	910,000	960,000	합계	910,000	960,000

포괄손익계산서

회사명: 프라임상사　　　2014. 1. 1.~2014. 12. 31.

매출액		750,000
기타수익		40,000
이자수익	15,000	
임대료	10,000	
유형자산처분이익	15,000	

상품의 변동	30,000
상품매입액	600,000
종업원 급여	60,000
대손상각비	10,000
보험료	20,000
감가상각비	10,000
이자비용	10,000
법인세차감전순이익	50,000
법인세비용	20,000
당기순이익	30,000

〈추가자료〉

1. 투자부동산에 20,000원을 투자했다.
2. 장부금액 50,000원의 토지를 65,000원에 처분했다.
3. 건물을 60,000원에 구입하였으며, 10,000원의 감가상각비를 계상했다.
4. 단기차입금 20,000원을 상환하고 추가로 10,000원을 차입했다.
5. 장기차입금 30,000원을 차입했다.
6. 자본잉여금 50,000원을 자본에 전입했다.
7. 2011년의 이익잉여금 처분은 다음과 같다.

현금배당: 20,000원　　　이익준비금: 10,000원

5.1) 현금흐름표의 작성

① 간접법에 의한 영업현금흐름

현금흐름표

회사명: 프라임상사　　2014. 1. 1.~2014. 12. 31.

Ⅰ. 영업활동으로 인한 현금흐름		85,000
1. 당기순이익	30,000	
2. 영업현금흐름과 관련 없는 손익제거	(5,000)	
가. 감가상각비	10,000	
나. 유형자산처분이익	(15,000)	
3. 영업활동과 관련된 자산부채의 증감	60,000	
가. 매출채권의 감소	10,000	
나. 선급보험료의 증가	(20,000)	
다. 미수이자의 감소	20,000	
라. 상품의 감소	30,000	
마. 매입채무의 증가	10,000	
바. 미지급이자의 증가	10,000	
사. 선수임대료의 감소	(20,000)	
아. 미지급법인세의 증가	20,000	
Ⅱ. 투자활동으로 인한 현금흐름		(15,000)
1. 토지 처분	65,000	
2. 투자부동산 취득	(20,000)	
3. 건물 취득	(60,000)	
Ⅲ. 재무활동으로 인한 현금흐름		0
1. 장기차입금	30,000	
2. 단기차입금 상환	(10,000)	
3. 배당금 지급	(20,000)	
Ⅳ. 현금의 순증가		70,000
Ⅴ. 기초의 현금		50,000
Ⅵ. 기말의 현금		120,000

손익계산서		A	B		직접법
1. 매출활동 관련 손익					C
매출액	750,000		매출채권	10,000	760000
대손상각비	(10,000)				(10,000)
2. 매입활동 관련 손익					D
상품의 변동	(30,000)		상품	30,000	(590,000)
상품매입액	(600,000)		매입채무	10,000	
3. 기타수익					E
이자수익	15,000		미수이자	20,000	35,000
임대료	10,000		선수임대료	(20,000)	(10,000)
유형자산처분이익	15,000	(15,000)			
4. 기타비용					F
종업원 급여	(60,000)				(60,000)
보험료	(20,000)		선급보험료	(20,000)	(40,000)
감가상각비	(10,000)	10,000			
이자비용	(10,000)		미지급이자	10,000	
법인세비용	(20,000)		미지급법인세	20,000	
당기순이익	30,000	(5,000)		60,000	85,000

A: 영업활동과 관련 없는 손익제거
B: 영업활동 관련 자산·부채의 증감
C: 고객으로부터 수취한 현금
D: 공급자에게 지급한 현금
E: 기타영업활동으로 수취한 현금
F: 기타영업활동에서 지급한 현금

② 투자활동 현금흐름

투자부동산	관련 계정 및 손익		현금흐름분석
투자부동산의 증가	(20,000)	취득으로 인한 유출	(20,000)
		처분으로 인한 유입	
합계	(20,000)	합계	(20,000)

토지	관련 계정 및 손익		현금흐름분석
토지의 감소	50,000	취득으로 인한 유출	–
유형자산처분이익	15,000	처분으로 인한 유입	65,000
합계	65,000	합계	65,000

건물	관련 계정 및 손익		현금흐름분석
건물의 증가	(60,000)	취득으로 인한 유출	(60,000)
감가상각누계액의 증가	10,000	처분으로 인한 유입	
감가상각비	(10,000)		
합계	(60,000)	합계	(60,000)

③ 재무활동 현금흐름

단기차입금	관련 계정 및 손익		현금흐름분석
단기차입금감소	(10,000)	상환으로 인한 유출	(20,000)
		차입으로 인한 유입	10,000
합계	(10,000)	합계	(10,000)

장기차입금	관련 계정 및 손익		현금흐름분석
장기차입금의 증가	30,000	상환으로 인한 유출	
		차입으로 인한 유입	30,000
합계	30,000	합계	30,000

자본금	관련 계정 및 손익		현금흐름분석
자본금의 증가	50,000		
자본잉여금의 감소	(50,000)		
일반적립금의 증가	10,000		
이익잉여금의 증가		현금배당 유출	(20,000)
당기순이익	(30,000)		
합계	(20,000)	합계	(20,000)

연습문제

1. 다음 사례의 경우 현금주의 매출액은?

기초매출채권	1,000,000
기말매출채권	1,500,000
손익계산서상 매출액	5,000,000

① 4,500,000 ② 5,000,000

③ 6,000,000 ④ 6,500,000

풀이 ①

현금주의 매출액 = 발생주의 매출액 − 매출채권 증가

5,000,000 − (1,500,000 − 1,000,000) = 4,500,000

2. 다음 사례의 경우 현금주의 매출원가는?

기초상품재고액	1,000,000
당기상품매입액	1,500,000
기말상품재고액	500,000
기초매입채무	300,000
기말매입채무	200,000
손익계산서상 매출원가	2,000,000

① 2,100,000 ② 2,000,000

③ 1,900,000 ④ 1,600,000

풀이 ④

일단 손익계산서상 매출원가 자체를 모두 현금매출원가로 가정한 후 관련 자산부채의 증감을 반영한다. 자산의 증가는 차감하고, 부채의 증가는 현금을 늘린다.

$-2,000,000-(500,000-1,000,000)+(200,000-300,000)=-1,600,000$

3. 프라임상사의 2014년 영업활동에 관련된 자료는 다음과 같다.

당기순이익	10,000,000
매출채권의 감소	3,000,000
매입채무의 증가	5,000,000
감가상각비	4,000,000
미지급비용의 증가	1,000,000
재고자산의 감소	2,000,000

2014년 12월 31일 종료되는 회계연도의 현금흐름표에 보고되어야 할 영업활동으로 인한 현금흐름은 얼마인가?

① 10,000,000　② 20,000,000
③ 24,000,000　④ 25,000,000

풀이 ④

현금활동으로 인한 현금흐름
=당기순이익+매출채권 감소+매입채무 증가+감가상각비
+미지급비용 증가+재고자산 감소

4. 다음 사례의 경우 당기 중 퇴직금 현금 지급액은?

기초퇴직급여충당부채	1,000,000
기말퇴직급여충당부채	1,100,000
손익계산서상 퇴직급여	200,000
(제조원가로 배분된 퇴직급여는 없는 것으로 가정)	

① 100,000 ② 200,000

③ 300,000 ④ 400,000

풀이 ①

현금주의 퇴직금 지급액 = 퇴직급여 + 퇴직급여충당부채 증가

$$= -200,000 + (1,100,000 - 1,000,000)$$
$$= -100,000$$

5. 다음 중 현금흐름표에서 확인할 수 있는 사항이 아닌 것은?

① 경영활동으로 인한 현금흐름

② 영업활동으로 인한 현금흐름

③ 재무활동으로 인한 현금흐름

④ 투자활동으로 인한 현금흐름

풀이 ①

6. 재무제표 중 일정 기간 현금이 어떻게 조달되고 사용되는지를 보여주는 것은?

① 재무상태표 ② 현금흐름표

③ 손익계산서 ④ 자본변동표

풀이 ②

7. 다음 중 재무활동에 대한 현금흐름은?

① 건물의 처분 ② 법인세 납부

③ 대여금 회수 ④ 사채발행

풀이 ④

8. 간접법에 의해 현금흐름표 작성시 당기순이익에 가산할 항목이 아닌 것은?

① 감가상각비 ② 유형자산처분이익

③ 대손상각비 ④ 매출채권의 감소분

풀이 ②

유형자산처분이익은 현금흐름표 작성시 당기순이익에서 차감할 항목이다.

9. 투자활동으로 인한 현금흐름에 속하지 않는 것은?

① 대여금 회수 ② 유가증권 취득

③ 기계장치 처분 ④ 사채상환

풀이 ④

사채상환은 재무활동으로 인한 현금흐름이다.

10. 현금흐름표가 제공하는 정보가 아닌 것은?

① 미래현금흐름의 예측과 평가에 유용한 정보

② 배당지급능력, 부채상환능력과 자금조달의 필요성에 대한 정보

③ 당기순이익에 대한 보완 정보

④ 기간별 경영성과에 대한 정보

풀이 ④

현금흐름표가 제공하는 정보는 수익과 비용의 대응이 적절히 이루어지지 않아 기간별 경영성과를 평가하는 데는 유용성이 떨어진다.

정리하기

1. 현금흐름표는 미래현금흐름을 예측하는 데 유용한 정보를 제공하지만, 장기적인 현금흐름예측과 기업의 경영성과측정에는 한계가 있다.
2. 현금흐름표는 기업의 활동을 영업활동, 투자활동, 재무활동으로 구분한 후 각 활동별 현금흐름을 파악한다.
3. 영업활동 현금흐름은 포괄손익계산서의 영업이익을 현금기준으로 전환한 것으로 해석할 수 있고, 간접법과 직접법에 의하여 파악한다.
4. 현금흐름표 작성의 기본원리는 발생주의 손익에 관련 자산, 부채, 자본의 변동을 가감하여 구하는 것이다.
5. 간접법은 손익계산서와의 연계성 측면에서 작성하기는 쉬우나, 각 영업활동별 현금흐름을 파악하기는 곤란하고, 이러한 단점을 보완해 주는 방법이 직접법이다.

부 록

[부표 – 1]

복리이자요소

$$CVIF_{r,n} = (1+r)^n$$

기 간	이 자 율									
	1%	2%	3%	4%	5%	6%	7%	8%	9%	10%
1	1.0100	1.0200	1.0300	1.0400	1.0500	1.0600	1.0700	1.0800	1.0900	1.1000
2	1.0201	1.0404	1.0609	1.0816	1.1025	1.1236	1.1449	1.1664	1.1881	1.2100
3	1.0303	1.0612	1.0927	1.1249	1.1576	1.1910	1.2250	1.2597	1.2950	1.3310
4	1.0406	1.0824	1.1255	1.1699	1.2155	1.2625	1.3108	1.3605	1.4116	1.4641
5	1.0510	1.1041	1.1593	1.2167	1.2763	1.3382	1.4026	1.4693	1.5386	1.6105
6	1.0615	1.1262	1.1941	1.2653	1.3401	1.4185	1.5007	1.5869	1.6771	1.7716
7	1.0721	1.1487	1.2299	1.3159	1.4071	1.5036	1.6058	1.7138	1.8280	1.9487
8	1.0829	1.1717	1.2668	1.3686	1.4775	1.5938	1.7182	1.8509	1.9926	2.1436
9	1.0937	1.1951	1.3048	1.4233	1.5513	1.6895	1.8385	1.9990	2.1719	2.3579
10	1.1046	1.2190	1.3439	1.4802	1.6289	1.7908	1.9672	2.1589	2.3674	2.5937
11	1.1157	1.2434	1.3842	1.5395	1.7103	1.8983	2.1049	2.3316	2.5804	2.8531
12	1.1268	1.2682	1.4258	1.6010	1.7959	2.0122	2.2522	2.5182	2.8127	3.1384
13	1.1381	1.2936	1.4685	1.6651	1.8856	2.1329	2.4098	2.7196	3.0658	3.4523
14	1.1495	1.3195	1.5126	1.7317	1.9799	2.2609	2.5785	2.9372	3.3417	3.7975
15	1.1610	1.3459	1.5580	1.8009	2.0789	2.3966	2.7590	3.1722	3.6425	4.1772
16	1.1726	1.3728	1.6047	1.8730	2.1829	2.5404	2.9522	3.4259	3.9703	4.5950
17	1.1843	1.4002	1.6528	1.9479	2.2920	2.6928	3.1588	3.7000	4.3276	5.0545
18	1.1961	1.4282	1.7024	2.0258	2.4066	2.8543	3.3799	3.9960	4.7171	5.5599
19	1.2081	1.4568	1.7535	2.1068	2.5270	3.0256	3.6165	4.3157	5.1417	6.1159
20	1.2202	1.4859	1.8061	2.1911	2.6533	3.2071	3.8697	4.6610	5.6044	6.7275
21	1.2324	1.5157	1.8603	2.2788	2.7860	3.3996	4.1406	5.0338	6.1088	7.4002
22	1.2447	1.5460	1.9161	2.3699	2.9253	3.6035	4.4304	5.4365	6.6586	8.1403
23	1.2572	1.5769	1.9736	2.4647	3.0715	3.8197	4.7405	5.8715	7.2579	8.9543
24	1.2697	1.6084	2.0328	2.5633	3.2251	4.0489	5.0724	6.3412	7.9111	9.8497
25	1.2824	1.6406	2.0938	2.6658	3.3864	4.2919	5.4274	6.8485	8.6231	10.835
30	1.3478	1.8114	2.4273	3.2434	4.3219	5.7435	7.6123	10.063	13.268	17.449
40	1.4889	2.2080	3.2620	4.8010	7.0400	10.286	14.974	21.725	31.409	45.259
50	1.6446	2.6916	4.3839	7.1067	11.467	18.420	29.457	46.902	74.358	117.39
60	1.8167	3.2810	5.8916	10.520	18.679	32.988	57.946	101.26	176.03	304.48

* $CVIF$ >99,999

[부표 - 2]

연금의 복리이자요소

$$CVIFA_{r,n} = \left[\frac{(1+r)^n}{r} - \frac{1}{r}\right]$$

기 간	이 자 율									
	1%	2%	3%	4%	5%	6%	7%	8%	9%	10%
1	1.0000	1.0000	1.0000	1.0000	1.0000	1.0000	1.0000	1.0000	1.0000	1.0000
2	2.0100	2.0200	2.0300	2.0400	2.0500	2.0600	2.0700	2.0800	2.0900	2.1000
3	3.0301	3.0604	3.0909	3.1216	3.1525	3.1836	3.2149	3.2464	3.2781	3.3100
4	4.0604	4.1216	4.1836	4.2465	4.3101	4.3746	4.4399	4.5061	4.5731	4.6410
5	5.1010	5.2040	5.3091	5.4163	5.5256	5.6371	5.7507	5.8666	5.9847	6.1051
6	6.1520	6.3081	6.4684	6.6330	6.8019	6.9753	7.1533	7.3359	7.5233	7.7156
7	7.2135	7.4343	7.6625	7.8983	8.1420	8.3938	8.6540	8.9228	9.2004	9.4872
8	8.2857	8.5830	8.8932	9.2142	9.5491	9.8975	10.260	10.637	11.028	11.436
9	9.3685	9.7546	10.159	10.583	11.027	11.491	11.978	12.488	13.021	13.570
10	10.462	10.950	11.464	12.006	12.578	13.181	13.816	14.487	15.193	15.937
11	11.567	12.169	12.808	13.486	14.207	14.972	15.784	16.645	17.560	18.531
12	12.683	13.412	14.192	15.026	15.917	16.870	17.888	18.977	20.141	21.384
13	13.809	14.680	15.618	16.627	17.713	18.882	20.141	21.495	22.953	24.523
14	14.947	15.974	17.086	18.292	19.599	21.015	22.550	24.215	26.019	27.975
15	16.097	17.293	18.599	20.024	21.579	23.276	25.129	27.152	29.361	31.772
16	17.258	18.639	20.157	21.825	23.657	25.673	27.888	30.324	33.003	35.950
17	18.430	20.012	21.762	23.698	25.840	28.213	30.840	33.750	36.974	40.545
18	19.615	21.412	23.414	25.645	28.132	30.906	33.999	37.450	41.301	45.599
19	20.811	22.841	25.117	27.671	30.539	33.760	37.379	41.446	46.018	51.159
20	22.019	24.297	26.870	29.778	33.066	36.786	40.995	45.762	51.160	57.275
21	23.239	25.783	28.676	31.969	35.719	39.993	44.865	50.423	56.765	64.002
22	24.472	27.299	30.537	34.248	38.505	43.392	49.006	55.457	62.873	71.403
23	25.716	28.845	32.453	36.618	41.430	46.996	53.436	60.893	69.532	79.543
24	26.973	30.422	34.426	39.083	44.502	50.816	58.177	66.765	76.790	88.497
25	28.243	32.030	36.459	41.646	47.727	54.865	63.249	73.106	84.701	98.347
30	34.785	40.568	47.575	56.085	66.439	79.058	94.461	113.28	136.31	164.49
40	48.886	60.402	75.401	95.026	120.80	154.76	199.64	259.06	337.88	442.59
50	64.463	84.579	112.80	152.67	209.35	290.34	406.53	573.77	815.08	1163.9
60	81.670	114.05	163.05	237.99	353.58	533.13	813.52	1253.2	1944.8	3034.8

* $CVIFA$ >99,999

[부표 – 3]

현가이자요소

$$PVIF_{r,n} = \frac{1}{(1+r)^n}$$

기 간	이자율 1%	2%	3%	4%	5%	6%	7%	8%	9%	10%
1	0.9901	0.9804	0.9709	0.9615	0.9524	0.9434	0.9346	0.9259	0.9174	0.9091
2	0.9803	0.9612	0.9426	0.9246	0.9070	0.8900	0.8734	0.8573	0.8417	0.8264
3	0.9706	0.9423	0.9151	0.8890	0.8638	0.8396	0.8163	0.7938	0.7722	0.7513
4	0.9610	0.9238	0.8885	0.8548	0.8227	0.7921	0.7629	0.7350	0.7084	0.6830
5	0.9515	0.9057	0.8626	0.8219	0.7835	0.7473	0.7130	0.6806	0.6499	0.6209
6	0.9420	0.8880	0.8375	0.7903	0.7462	0.7050	0.6663	0.6302	0.5963	0.5645
7	0.9327	0.8706	0.8131	0.7599	0.7107	0.6651	0.6227	0.5835	0.5470	0.5132
8	0.9235	0.8535	0.7894	0.7307	0.6768	0.6274	0.5820	0.5403	0.5019	0.4665
9	0.9143	0.8368	0.7664	0.7026	0.6446	0.5919	0.5439	0.5002	0.4604	0.4241
10	0.9053	0.8203	0.7441	0.6756	0.6139	0.5584	0.5083	0.4632	0.4224	0.3855
11	0.8963	0.8043	0.7224	0.6496	0.5847	0.5268	0.4751	0.4289	0.3875	0.3505
12	0.8874	0.7885	0.7014	0.6246	0.5568	0.4970	0.4440	0.3971	0.3555	0.3186
13	0.8787	0.7730	0.6810	0.6006	0.5303	0.4688	0.4150	0.3677	0.3262	0.2897
14	0.8700	0.7579	0.6611	0.5775	0.5051	0.4423	0.3878	0.3405	0.2992	0.2633
15	0.8613	0.7430	0.6419	0.5553	0.4810	0.4173	0.3624	0.3152	0.2745	0.2394
16	0.8528	0.7284	0.6232	0.5339	0.4581	0.3936	0.3387	0.2919	0.2519	0.2176
17	0.8444	0.7142	0.6050	0.5134	0.4346	0.3714	0.3166	0.2703	0.2311	0.1978
18	0.8360	0.7002	0.5874	0.4936	0.4155	0.3503	0.2959	0.2502	0.2120	0.1799
19	0.8277	0.6864	0.5703	0.4746	0.3957	0.3305	0.2765	0.2317	0.1945	0.1635
20	0.8195	0.6730	0.5537	0.4564	0.3769	0.3118	0.2584	0.2145	0.1784	0.1486
21	0.8114	0.6598	0.5375	0.4388	0.3589	0.2942	0.2415	0.1987	0.1637	0.1351
22	0.8034	0.6468	0.5219	0.4220	0.3418	0.2775	0.2257	0.1839	0.1502	0.1228
23	0.7954	0.6342	0.5067	0.4057	0.3256	0.2618	0.2109	0.1703	0.1378	0.1117
24	0.7876	0.6217	0.4919	0.3901	0.3101	0.2470	0.1971	0.1577	0.1264	0.1015
25	0.7798	0.6095	0.4776	0.3751	0.2953	0.2330	0.1842	0.1460	0.1160	0.0923
30	0.7419	0.5521	0.4120	0.3083	0.2314	0.1741	0.1314	0.0994	0.0754	0.0573
40	0.6717	0.4529	0.3066	0.2083	0.1420	0.0972	0.0668	0.0460	0.0318	0.0221
50	0.6080	0.3715	0.2281	0.1407	0.0872	0.0543	0.0339	0.0213	0.0134	0.0085

* 소수 넷째 자리까지 0임.

[부표 - 4]

연금의 현가이자요소

$$PVIFA_{r,n} = \left[\frac{1}{r} - \frac{1}{r(1+r)^n}\right]$$

기 간	이 자 율									
	1%	2%	3%	4%	5%	6%	7%	8%	9%	10%
1	0.9901	0.9804	0.9709	0.9615	0.9524	0.9434	0.9346	0.9259	0.9174	0.9091
2	1.9704	1.9416	1.9135	1.8861	1.8594	1.8334	1.8080	1.7833	1.7591	1.7355
3	2.9410	2.8839	2.8286	2.7751	2.7232	2.6730	2.6243	2.5771	2.5313	2.4869
4	3.9020	3.8077	3.7171	3.6299	3.5460	3.4651	3.3872	3.3121	3.2397	3.1699
5	4.8534	4.7135	4.5797	4.4518	4.3295	4.2124	4.1002	3.9927	3.8897	3.7908
6	5.7955	5.6014	5.4172	5.2421	5.0757	4.9173	4.7665	4.6229	4.4859	4.3553
7	6.7282	6.4720	6.2303	6.0021	5.7864	5.5824	5.3893	5.2064	5.0330	4.8684
8	7.6517	7.3255	7.0197	6.7327	6.4632	6.2098	5.9713	5.7466	5.5348	5.3349
9	8.5660	8.1622	7.7861	7.4353	7.1078	6.8017	6.5152	6.2469	5.9952	5.7590
10	9.4713	8.9826	8.5302	8.1109	7.7217	7.3601	7.0236	6.7101	6.4177	6.1446
11	10.3676	9.7868	9.2526	8.7605	8.3064	7.8869	7.4987	7.1390	6.8052	6.4951
12	11.2551	10.5753	9.9540	9.3851	8.8633	8.3838	7.9427	7.5361	7.1607	6.8137
13	12.1337	11.3484	10.6350	9.9856	9.3936	8.8527	8.3577	7.9038	7.4869	7.1034
14	13.0037	12.1062	11.2961	10.5631	9.8986	9.2950	8.7455	8.2442	7.7862	7.3667
15	13.8651	12.8493	11.9379	11.1184	10.3797	9.7122	9.1079	8.5595	8.0607	7.6061
16	14.7179	13.5777	12.5611	11.6523	10.8378	10.1059	9.4466	8.8514	8.3126	7.8237
17	15.5623	14.2919	13.1661	12.1657	11.2741	10.4773	9.7632	9.1216	8.5436	8.0216
18	16.3983	14.9920	13.7535	12.6593	11.6896	10.8276	10.0591	9.3719	8.7556	8.2014
19	17.2260	15.6785	14.3238	13.1339	12.0853	11.1581	10.3356	9.6036	8.9501	8.3649
20	18.0456	16.3514	14.8775	13.5903	12.4622	11.4699	10.5940	9.8181	9.1285	8.5136
21	18.8570	17.0112	15.4150	14.0292	12.8212	11.7641	10.8355	10.0168	9.2922	8.6487
22	19.6604	17.6580	15.9369	14.4511	13.1630	12.0416	11.0612	10.2007	9.4424	8.7715
23	20.4558	18.2922	16.4436	14.8568	13.4886	12.3034	11.2722	10.3741	9.5802	8.8832
24	21.2434	18.9139	16.9355	15.2470	13.7986	12.5504	11.4693	10.5288	9.7066	8.9847
25	22.0232	19.5235	17.4131	15.6221	14.0939	12.7834	11.6536	10.6748	9.8226	9.0770
30	25.8077	22.3965	19.6004	17.2920	15.3725	13.7648	12.4090	11.2578	10.2737	9.4269
40	32.8347	27.3555	23.1148	19.7928	17.1591	15.0463	13.3317	11.9246	10.7574	9.7791
50	39.1961	31.4236	25.7298	21.4822	18.2559	15.7619	13.8007	12.2335	10.9617	9.9148

찾아보기

[저자 약력]

최 창 식

서울대학교 경영학과 졸업
서울대학교 경영대학원 졸업
공인회계사, 세무사
교보생명, 영화회계법인, 수협중앙회 근무
기술보증기금 자문위원 등
現 평진회계법인 이사

윤 진 기

동국대학교 회계학과 졸업
동국대학교 대학원 졸업
동국대학교 대학원 경영학박사 과정
경영지도사, 신용분석사
동화은행, KB선물, 메리츠증권, 보아스투자자문, 센트럴홀딩스 근무
벤처기업협회 M&A자문위원, 중소기업청 비즈니스지원단 자문위원 등
[주요 논문 등]
EVA의 유용성에 관한 실증연구
EVA의 유용성 및 활용실태 분석
SWOT분석을 이용한 사업화전략 연구
월간금융계 재테크 칼럼 원고 기고

회계원리 에센스

2015년 2월 23일 초판인쇄
2015년 3월 2일 초판발행

저 자 최창식 · 윤진기
발행인 이 구 만
발행처 유원북스 도서출판
121-130 서울특별시 마포구 토정로 198, 2
전화 (02)593-1800 FAX (02)593-1801
등록 2011. 9. 6. 제25100-2012-3호
www.uwonbooks.com uwbooks@daum.net

정 가 20,000원 ISBN 978-89-97926-37-4

이 도서의 국립중앙도서관 출판예정도서목록(CIP)은 서지정보유통지원시스템 홈페이지(http://seoji.nl.go.kr)와 국가자료공동목록시스템(http://www.nl.go.kr/kolisnet)에서 이용하실 수 있습니다.(CIP제어번호 : CIP2015003011)